数字政府

从数字到智慧的升级路径

严 谨 / 著

九州出版社
JIUZHOUPRESS

图书在版编目（CIP）数据

数字政府：从数字到智慧的升级路径 / 严谨著. --
北京：九州出版社，2021.5
ISBN 978-7-5225-0192-5

Ⅰ. ①数… Ⅱ. ①严… Ⅲ. ①电子政务－研究 Ⅳ.
①D035-39

中国版本图书馆CIP数据核字(2021)第117188号

数字政府：从数字到智慧的升级路径

作　　者	严谨 著
责任编辑	赵恒丹
出版发行	九州出版社
地　　址	北京市西城区阜外大街甲 35 号 (100037)
发行电话	(010)68992190/3/5/6
网　　址	www.jiuzhoupress.com
印　　刷	武汉市洪林印务有限公司
开　　本	787 毫米 ×1092 毫米　16 开
印　　张	17.5
字　　数	280 千字
版　　次	2021 年 7 月第 1 版
印　　次	2021 年 7 月第 1 次印刷
书　　号	ISBN 978-7-5225-0192-5
定　　价	88.00 元

序言

数字浪潮,席卷全球;智慧风云,奋跃叱咤。

由于科技革命和产业变革,智慧经济蓬勃发展,深刻改变着人类生产生活方式,对各国经济社会发展、全球治理体系、人类文明进程影响深远。据《全球数字化报告》,每11秒就有1位网络新人接入互联网。2020年,全球上网人数已经超过45亿,占全球人口的近60%,而社交媒体用户已突破38亿大关,形成盛况空前的数字化狂欢。最新趋势表明,数字与智能已经成为全世界人们日常生活不可或缺的一部分。全年人均在线时间可能超过100天,每天人均在线6小时43分钟。如果每天用8小时睡眠,则意味着人均清醒时间中超过40%是在网上度过的。未来,数字和智能技术将改变一切,使我们的社会和生活更加丰富。你能想象未来的样子吗?根据世界经济论坛全球议程委员会发布的关于未来的软件和社会研究报告显示,到2025年,很多新型技术都会达到新的变革临界点,进而渗透到衣食住行。曾经有专业机构依此预测了未来的世界状态:2021年,首款机械药剂师将登场,成为智慧医疗新的里程碑事件;2022年,将有一万亿个传感器接入因特网,会让人们更好的感知周围环境;2022年,世界上10%的人会穿着联网的衣服,以及汽车、电器等日常用品都将如此;2022年,世界第一台 3D 打印汽车将面世，生产效率远超原来的生产流程；2023 年政府会用大数据技术代替人口普查工作；2023 年地球上 80% 的人将会有在线数字化身份；2024 年世界第一例 3D 打印肝脏移植手术出现；2025 年，首款植入式手机上市，它不仅可以精准监测健康状况，而且可以通过脑电波或者信号进行沟通；2026 年无人驾驶汽车将占美国汽车保有量的 10%；2026 年第一位机器人董事将会出现。

智能驱动，一日千里，神州大地，万马奔腾。

据中国互联网络信息中心（CNNIC）发布的第 43 次《中国互联网络发展状况统计报告》：2019 年，我国网民规模超过 8.29 亿，全年新增网民超过 5653 万，互联网普及率超过 59.6%；手机网民规模超过 8.17 亿，手机上网已成为网民最常用的上网渠道之一；个人互联网应用保持良好发展势头，网约专车或快车用户规模增速最高，年增长率超过 40.9%；在线教育取得较快发展，用户规模年增长率超过 29.7%；网络购物用户规模超过 6.10 亿，占网民整体比例超过 73.6%；网络支付用户规模超过 6 亿；社交电商等新玩法增添新活力。另据阿里云研究中心发布的《2019 数字化趋势报告》：数字化、智能化的应用领域正从互联网行业向政府、金融、零售、农业、工业、交通、物流、医疗健康等行业深入，在未来 3-5 年数字化程度有望达到 70%—80%。这种数字化、智能化转型具体带来哪些变化？办证、审批一次都不用跑，在机器人与 AI 技术助力下，7×24 小时在线办公成为可能；智能工厂大面积兴起，AI、IoT、云计算、区块链等技术真实收集用户需求，商品在生产之前就知道它的顾客是谁；线上线下无差别体验，消费者打开手机就能发现附近有什么店铺、有什么品牌、有哪些潮流新款；政企 IT 架构中台化，打破不同业务部门之间的烟囱式 IT 架构，实现"一切业务数据化"；地产商从卖楼变为卖服务，自动呼叫、私人医生、私人厨师将成为智能社区标配；居住的小区会认识你是谁，刷脸通行、刷脸取快递、刷脸购物逐渐普及；你知道餐桌上的肉来自哪里，在区块链技术的支持下，农产品可实现质量安全追溯；农民手上的烂苹果会减少，人工智能、大数据等技术不仅能及时了解市场需求，还能通过水肥灌溉、疾病预警等人工智能决策手段，种植出最受欢迎的农产品。

顺时而动，顺势而为，淑质英才，远见卓识。

据检索，当前关于数字化、智能化、智慧化的论文较多，但系统性的论著较少。本书的作者是一名互联网行业的"前线战士"和数字化建设的"一线工人"。他历时十年，查阅文献资料7000万字，足迹遍布大江南北，运用调查法、文献研究法、定量分析法、定性分析法、个案研究法、经验总结法和探索性研究法，去粗取精、去伪存真、由此及彼、由表及里地进行研究，力求认识事物的本质，揭示其内在规律；力求通过对实践活动中的具体情况进行归纳与分析，使之系统化、理论化，上升为经验；力求利用已知的信息，探索、创造出新颖而独特的成果。通过以上研究方法的综合运用，已取得了一些阶段性成果，形成了《数字政府》《数字经济》《智慧社会》等信息化系列专著。从写作风格来看，该系列专著理论体系严密，表达形式生动。从作品内容来看，立足专业而又通俗易懂，立足当前而又放眼未来，立足国内而又面向世界。从专业性看，无论是文字还是图表，都力求精确，体现了一个高级工程师的职业水准。从可读性来看，无论是"区块链"还是"事件流"，无论是"机器学习"还是"智能空间"，这些深奥难懂的专用技术力求解说得生动有趣、通俗易懂，体现出以读者为中心的写作理念。从现实性来看，无论是广东经验还是浙江案例，都面对现实，力求客观。从前瞻性来看，无论是数字应用的革新，还是智慧社会的演进，都有清醒的认识和预判。当然，由于时间和专业背景的局限，论著中涉及深层次技术问题的研究不够深入，希望继续努力。

总之，十年磨一剑，今朝出锋芒。作者的系列论著研究的论题属于当今热点话题，事关全球新一轮发展环境较量，事关世界各国经济发展的质量和速度，事关政府治理模式的全面变革，事关普天之下每个人的"幸福指数"。该论著的问世，必将对人们的学习、工作和生活产生积极而深远的影响。可谓：功在当代，利在千秋。

是为序。

2020年12月20日于国务院

前言

数字化已成全球热潮。它事关全球新一轮发展环境较量,事关世界各国经济发展的质量和速度,事关政府治理模式的全面变革,事关普天之下每个人的"幸福指数",其意义重大,影响深远。

据检索,当前关于数字化、智能化的论文较多,但系统性的论著较少。本人作为互联网行业的"前线战士",作为数字化建设的"一线工人",历时十年,运用以下研究方法,对数字化、智能化进行了系统研究。一是调查法。有目的、有计划、有系统地搜集各地信息化建设的现状或历史材料,综合运用观察、谈话、问卷、个案研究、测验等科学方式,对美国、英国、新加坡,以及国内的广东、浙江等省市进行有计划、周密、系统的了解,并对调查搜集到的大量资料进行分析、综合、比较、归纳,尽量寻找规律性的知识。二是文献研究法。根据"智慧中国"这一课题,大量收集、查阅相关文献。多年来,查阅文献资料7000万字以上,媒体形式包括报刊、书籍、网络等等,从而比较系统、正确地掌握国际国内的数字化、智能化全貌。三是定量分析法。在关于数字人才、数字技术、数字化指数等方面的研究中,努力通过定量分析法使研究对象的进一步精确化,以便更加科学地把握本质,预测发展趋势。四是定性分析法。运用归纳和演绎、分析与综合以及抽象与概括等方法，对获得的各种材料进行思维加工，从而去粗取精、去伪存真、由此及彼、由表及里，认识其本质、揭示其内在规律。五是个案研究法。在国际上，把美国、新加坡等数字化、智能化前列的国家作为特定对象；在国内，把广东作为特定对象，加以调查分析，弄清其特点及其形成过程。六是经验总结法。由于本人十几年来一直与政府及政府各部门打交道，尤其是近10多年来一直从事互联网工作，通过对实践活动中的具体情况进行归纳与分析，使之系统化、理论化，上升为经验。七是探索性研究法。本人努力尝试用已知的信息，探索、创造新知识，产生出新颖而独特的成果或产品。

通过以上研究方法的综合运用，取得了一些阶段性、突破性成果，形成了《数字政府》《数字经济》《智慧社会》等信息化系列专著。

在研究写作的过程中，本人力求做到，理论体系严密、完整；表达形式简洁、生动。常常用以下三点警示自己并努力贯穿研究写作的始终。一是立足专业而又通俗易懂。二是立足当前而又放眼未来。三是立足国内而又面向世界。从专业性看，无论是文字还是图表，力求准确。从可读性来看，无论是"区块链"还是"事件流"，无论是"机器学习"还是"智能空间"，这些深奥难懂的专用技术力求解说得生动有趣、通俗易懂，体现以读者为中心的写作理念。从现实性来看，无论是广东经验还是浙江案例，论著都能面对现实，力求客观，不讳功过，不避是非。从前瞻性来看，无论是数字技术的提升还是数字应用的革新，无论是智慧政府的管理还是智慧社会的演进，努力保持清醒的认识和预判。从微观角度看，无论是政府网站还是政务网站，无论是政务微信还是政务微博，努力进行较深入的剖析。从中观角度看，无论是我国的数字人才分布还是智能技术应用，无论是智慧工业还是数字农业，力求有比较深入的了解，努力追求研究的广度和深度。从宏观角度看，无论是美国还是英国，无论是国内还是国外，力图进行客观介绍，努力展现这些学科深厚的背景和宽广的视野。以上这些，由于水平有限，虽不能及，心向往之。

受时间、精力和专业的局限性，以及大数据、物联网、人工智能等新技术发展的不确定性影响，本书在涉及数字化、智能化的深层次技术研究仍显不足和浅显，以后将继续努力。

目 录

内容摘要

数字政府直接影响每个人的生存和生活，直接影响每个人的生命质量和幸福指数。综观世界，从提出数字地球的概念，到我国提出数字中国、数字政府概念，大约经历了 20 年。综观国内，从电子政务到电子政府，再到数字政府，概念更迭，大约走过了 30 年历程。

前期，在信息化目标引领下，我国初步形成了 G2G（政府—政府）、G2B（政府—企业）、G2C（政府—市民）、G2E（政府—干部）齐头并进的格局，这可以看成是数字政府的雏形。如果给数字政府作一个简洁而通俗的定义，那就是在传统政府模式基础上，全面融入数字技术，形成数据化、智能化的政府组织、运行、管理新模式。数字政府建设的主要内容包含：政府办公自动化、网上在线提供政务服务、政府实时信息发布、各级政府间可视远程会议、公民随机网上查询政府信息、电子化民意调查和社会经济统计、电子选举等。其中，信息发布、查询信息、在线服务、民意调查等功能均可通过政府网站实现。

数字政府建设要坚持系统性原则、整体性原则、协同性原则、开放性原则。要科学构建数字政府，首先需要做到"三通一平"：网络基础互联互通、数据资源互联互通、政务服务互联互通，"各大山头"全部铲平。

建设数字政府,关键在人才。当前,计算机科学、软件工程、电气和电子工程以及工商管理等专业背景的几大类人才成为数字政府的"定海神针"。当前我国数字人才分布呈现向一线城市聚集和南强北弱之势。针对数字人才不足问题,应该采取以下策略:做好数字人才发展战略研究和顶层设计;加大培养力度,提高人才数量和质量;优化数字人才培养结构,形成多层次人才培养体系;借鉴发达国家经验,加强职业教育和继续教育。

建设数字政府,核心在技术。除了常规技术之外,有诸多新技术预计将在未来10年左右的时间为政府机构带来最大变革效益。包括:可信任的技术——区块链;智能化的技术——机器学习;可感知的技术——智能空间;便捷化的技术——事件流处理;人性化的技术——会话式界面。除此,新技术撬动数字政府新时代:云计算的支点效应;数字政府 + 5G 为城市赋能;大数据成为智慧政府"催化剂";物联网提高决策准确性;人工智能强化监管和执法。

数字政府的内部结构是怎样的?广东省政府率先建成数字政府,他们数字政府的总体架构包括:管理架构、业务架构、技术架构。其中,管理架构体现"管运分离"的建设运营模式;业务架构包括管理能力应用和服务能力应用,促进机构整合、业务融合的整体型、服务型政府建设;技术架构采用分层设计,实现全省应用系统、应用支撑、数据服务、基础设施、安全、标准、运行管理的集约化、一体化建设和运行。另外,浙江数字政府 123466 建设思路,贵州"政务云"+"淘宝式"政务,值得借鉴。

与数字政府的其他因素相比,政府网站的影响力最大,受众面最广,基础性最好,必须让它成为数字政府的"核心窗口"。政府网站的领导管理和具体运维工作,应该做到"统分结合"。本人在长期调研的基础上,提出了"三位一体"的构想。当前,政府网站内容方面应该主攻的重点和痛点是什么?应该是政务服务、信息公开、政民互动。只有做好这些,网站才有活力,有生命力,有竞争力,有公信力,有影响力。

《国务院办公厅关于推进政务新媒体健康有序发展的意见》明确提出:到 2022 年,建成以中国政府网政务新媒体为龙头,整体协同、响应迅速的政务新媒体矩阵体系,形成全国政务新媒体规范发展、创新发展、融合发展新格局。如何实现上述目标？一要加强功能建设。二要规范运维管理。三要强化保障措施。

　　随着数字政府的成长与成熟，以及大数据、物联网、人工智能等技术叠加，数字政府最终成为智慧政府。智慧政府主要表现在办公智能化、服务智能化、决策智能化、监管智能化四个方面。面向未来的智慧政府，我们应该怎么做？一是大力发展新一代信息技术产业；二是大力推广物联网和云计算技术；三是大力推广应用新一代互联网技术；四是大力推广新的应用系统；五是大力推进一点多面的"智慧体系"建设。

　　没有大数据中心就没有数字化，没有大数据中心何谈云计算？因此，新基建写进政府工作报告。新基建包括：5G基建、特高压、城际高速铁路和城市轨道交通、新能源汽车充电桩、大数据中心、人工智能、工业互联网等七大领域。新基建将起到怎样的作用？一是创新社会治理；二是加速智能生产；三是方便民众生活。

数字政府

第一章

数字政府的"前世今身"

数字地球提出之后，中国科学家展开了针对性研究，并提出了与之相对应的"数字中国"概念。1999 年 10 月 14 日，在太原卫星发射中心，由上海航天技术研究院研制的长征四号运载火箭将中巴地球资源卫星（又称资源 1 号卫星）和巴西小卫星 SCAI-1 送上太空。……"资源 1 号"的发射成功，被认为是开辟了"数字中国"的新纪元，国际宇航界为之震惊。

数字 政府

　　"数字"是一个技术名词,"政府"是一个严肃的话题。这两个词语组合在一起,让很多人感觉索然无味。这里,我想首先用两个小故事告诉大家,"数字政府"不但非常有趣,而且直接影响每个人的生存和生活,直接影响每个人的生命质量和幸福指数。因此,你不得不关注它、学习它。

　　关于"数字",有这样一个小故事:在地铁里,一个数据分析师一边听歌一边拿着平板看图表。这时,一个乞丐过来讨钱。分析师觉得他可怜,就给他一块钱,然后继续看图表。乞丐被很多人嫌弃,就无聊地看着分析师和他手上的平板。过了好久,乞丐幽幽地说:"你这种简单的分析,不必用 SPSS 和 Excel(统计软件和表格软件)就能搞定!"这个故事说明,时代发展到今天,乞丐都知道数字技术,你却还不学习,一定会如马云所说:"这是一个摧毁你却与你无关的时代;这是一个跨界打劫你,你却无力反击的时代;这是一个你醒来太慢,干脆就不用醒来的时代;这是一个不是对手比你强,而是你根本连对手是谁都不知道的时代。在这个大跨界的时代,告诫你唯有不断学习。"这是马云在互联网大会上的发言原文。

　　关于"政府",也有一个小故事:甲问:换一个灯泡需要多少分析学家?乙答:三个。因为,一个要证明存在性,一个要证明唯一性,第三个需要推导出一种非构建算法来实现它。听到这个觉得可笑吗,其实,它天天发生在我们身边。据 2012 年 12 月 11 日《半岛都市报》刊载:当年 4 月,在北京工作的高先生得知妻子怀孕,便打电话到自己户口所在地南京咨询准生证办理程序。南京规定,头胎不需办理准生证,但他是集体户口仍需办理,并且只能去女方户籍所在地办理。他转战妻子老家河南的计生部门,依照所需材料清单准备了诸多材料,准生证还是被"卡"住了。按照河南当地规定，需要填写"一孩生育证发放登记表"，并加盖男方户籍所在地居委会和街办两级政府公章。他只好再次赶赴南京。不料，南京方面说，因为南京和河南没有属地关系，根据规定不能在南京市以外地区的公文上盖章，只能出具加盖公章的证明信。当他把证明信拿到河南，计生办说，没在登记表规定的地方盖章，仅有证明信不符合要求，不能办理准生证。就这样，他在北京、南京、河南三地来回往返数月，还五次三番地托人帮忙，准生证仍未办成。直到9月，他一怒之下发了条微博引起广泛关注，最终还是通过媒体介入和政府协调才把难题解决掉。

关于准生证办理，如果是数字政府的成熟模式，最终形成智慧政府，过程应该是这样的：将要临产的张女士坐在家里的沙发上，打开政府App，正要伸出手指点击进入办理准生证的页面时，App主动语音询问："你是不是想要办理准生证？"屏幕上同时跳出"是，不是"两个选项。她轻点"是"，App便说："您的要求合规，资料完整。电子准生证已自动生成并发送到你的电子信箱。"她打开邮箱，不仅收到了电子准生证，而且还收到诸如临产注意事项、医院床位预订、婴儿护理手册等一系列相关知识推荐。整个过程不到3分钟。她准备关闭网页时忍不住好奇地提出问题："你怎么知道我想办理准生证？为什么不提交任何资料就能办理准生证？"App应答："在你打开App的同时，摄像头捕捉到您的头像，并确认了您的身份证号，继而通过大数据对您的个人信息进行分析。您8个月前在人民医院进行过孕检，3个月前购买了胎教产品，8天前办理了预产假手续，现在只差一张准生证。在数据库中，您的身份、结婚、体检等一切资料完备，而且是第一胎，所以不需要补充任何资料，人工智能直接对数据进行了审核并输出了证件。"

通过以上的开篇小故事，我们对数字和数字政府有了形象化的认识。下面我们开始理论探讨。本章，主要从国际国内背景这个角度，审视数字政府的"前世今身"。

1.1 国际背景：从数字地球到数字政府

综观世界，从提出数字地球的概念，到我国提出要建设数字中国，再到我国的数字政府概念的形成，大约经历了 20 年。

1.1.1 数字地球

数字地球（Digital Earth）是 1998 年 1 月 31 日美国时任副总统阿尔·戈尔在加利福尼亚科学中心所作的演讲中提出的一个新概念（1992 年戈尔在其著作《濒临失衡的地球》中已提到了"数字地球"）。他在讲如何研究全球气候变化，建立全球气候模型时就说："如何来处理每天从卫星轨道上扫描下来的庞大数据。我们过去从未想到能收集这么多的数据。为了整理和解释这些数据，我提出了一个姑且称为'数字地球'的计划，旨在建立一个新的全球气候模型。"

此后，在 1998 年 1 月的演讲中，戈尔对"数字地球"概念作了比较全面和通俗的说明，从而才引起人们的兴趣和重视。戈尔在其演讲的开头就说："一场新的技术革新浪潮正允许我们能够获取、存储，处理并显示有关地球的空前浩瀚的数据以及广泛而又多样的环境和文化数据信息。今天，我们经常发现我们拥有很多数据，却不知如何处置：正如我们过去一个时期的农业政策一样，一方面生产的粮食被堆积在中西部的粮食仓库里霉烂，另一方面却有数百万人被饿死。现在，我们贪婪地渴求知识，而大量的资料却闲置一边，无人问津。"接着他提出："我相信我们需要一个数字地球，即一种可以嵌入海量地理数据的、多分辨率的和三维的地球的表示。"戈尔形象地描绘说："比如，可以设想一个女孩来到地方博物馆的一个数字地球陈列室，当她戴上头盔显示器，她将看到就像是出现在空中的地球。使用'数据手套'，她开始放大景物，伴随越来越高的分辨率，她会看到大洲，随之是区域、国家、城市，最后是房屋、树木以及其他各种自然和人造物体。在发现自己特别感兴趣的某地块时，她可乘上'魔毯'，即通过地面三维图象显示去深入查看。当然，地块信息只是她可以了解的多种信息的一种。使用数字地球系统的声音识别装置，小女孩还可以询问有关土地覆盖、植物和动物种类的分布、实时的气候、道路、行政区线以及人口等方面的文本信息。""她不仅可以跨越不同的空间，也可以在时间线上奔驰。为了去参观卢浮宫，她先在巴黎作了一番虚拟旅游之后，又通过细读重叠在数字地球表面上的数字化地图、时事摘要、传说、报纸以及其他第一手材料，她便回到过去，了解法国历史。她会把其中一些信息转送到自己的 E-mail 库里，等着以后再读。这条时间线可伸回很远，从数日、数年、数世纪甚至地质纪元，去了解恐龙的情况。"戈尔的这种描绘为我们勾勒出一个诱人的数字地球景象，真实地球作为一个虚拟地球进入了陈列室，使普通老百姓，甚至一个小孩子都能方便地运用一定的科学手段获得自己所想了解的有关地球的现状的和历史的信息。真可谓"全部地球尽收眼底"，当然，这个虚拟的"全部地球"，只是人们今天所认识别的地球，还不可能是真实的全部地球。

通读戈尔这篇约 5000 字的演讲。他只对数字地球作了一个大概的轮廓的设想和描述，列举了建立数字地球所需要的数种关键性技术，如科学计算、海量储存、卫星图像、宽带网络、互操作、元数据等，指出了数字地球可能的无比广阔的应用前景，诸如指导仿真外交、打击犯罪、保护生态多样性、预报气候变化、提高农业生产率等，以及建立数字地球的大致步骤。这不是一篇严谨的学术论文，甚至并没有对数字地球给出清晰的科学定义，然而，数字地球，21 世纪认识地球的新方式，作为一个新颖的概念，一经在这篇演讲中提出，立即引起人们的兴趣和关注，在科技界成为现时的热门话题。

那么，到底数字地球是什么？对这个问题的回答主要有"号召论"和"工程论"，具体来说有以下几种观点：（1）可以嵌入海量地理数据、多分辨率、三维的对地球的表示（戈尔）。（2）虚拟地球（美国 1998 年 6 月 23 日数字地球研讨会）。（3）对真实地球及其相关现象的统一性的数字化重现和认识，其核心思想是用数字化的手段来处理整个地球方面的问题（中国部分高级学者）。

正如 20 世纪 90 年代以前，在 GIS 产生近 30 年后科学家们还无法给出一个准确的 GIS 定义一样，对数字地球的含义很久没有一个明确的限定，只可有一个方向性的认识，如：信息获取、处理和应用是数字地球的三个重要组成部分。数字地球的核心思想是用数字化手段统一性地处理地球问题、最大限度地利用信息资源。数字地球主要是由空间数据、文本数据、基于互联网的操作平台和应用模型组成。

经过多年的讨论和完善，人们逐渐形成了比较一致地认识。那就是，数字地球是模拟地球表面和近表面的特殊和一般现象两方面特征的一系列努力，其在将地球所有部分的知识综合为一个计算环境，即全球化和完全数字形式表达知识的数字化两个方面有着与以往在这方面的努力根本不同的创新。正如戈尔所说，"数字地球"，即一种可以嵌入海量数据的、多分辨率的和三维的地球表达。他明确地将"数字地球"与遥感技术、地理信息系统、计算机技术、网络技术、多维虚拟现实技术等高技术和可持续发展决策、农业、灾害、资源、全球变化、教育、军事等方面的社会需求联系在一起。

数字地球的内容体系是怎样的？"数字地球"的基础研究系列及重点发展方向如何？"数字地球"的基础研究包括以下内容：首先是对数字化的地球信息的分类，即在传统的地球信息分类体系基础上，构造数字地球信息的分类体系。近年的基础研究实践表明，数字地球信息的分类要考虑地球信息的空间和时间尺度、性质属性、精度分辨率。当前发展的重点方向为：资源、环境、灾害和人口、经济等数字化信息的分类体系的建立。其次是地球系统遥感观测数据的信息识别和传输机理，其重点发展的方向是地球表层特性的遥感信息识别模型，以及自动数字化制图的信息传输机理。再次是数字地球海量数据的管理技术方法，其内容包括：空间坐标体系、信息共享与互操作的技术方法，智能化软件对海量数据的管理方法，以及海量数据的安全技术方法。当前发展的重点方向是"数据仓库"的建设和管理方法。

数字地球主要运用哪些技术手段？（1）虚拟技术。虚拟可视是数字地球与人交互的窗口和工具，没有可视化技术，计算机中的一堆数字是无任何意义的。数字地球的显著技术特点就是虚拟现实技术。建立了数字地球以后，我们每个人戴上显示头盔，就可以看见地球从太空中出现，使用"用户界面"的开窗放大数字图像；随着分辨率的不断提高，可以看见大陆，然后是乡村、城市，最后是私人住房、商店、树木、天然或人造景观，以及具体的个人；当我们对某一商品感兴趣的时候，可以进入商店之内，欣赏商场内的某一件衣服，并可以根据自己的体型，构造虚拟自己试穿衣服。这种虚拟现实技术为人类观察自然、欣赏景观、了解实体提供了身临其境的感觉。近年来，虚拟现实技术发展很快。虚拟现实造型语言（VRML）是一种面向 Web、面向对象的三维造型语言，而且它是一种解释性语言。它不仅支持数据和过程的三维表示，而且能使用户走进视听效果逼真的虚拟世界，从而实现数字地球的表示以及通过数字地球实现对各种地球现象的研究和人们的日常应用。实际上，人造虚拟现实技术在摄影测量中早已是成熟的技术，近几年的数字摄影测量的发展，已经能够在计算机上建立可供量测的数字虚拟技术。当然，当前的技术是对同一实体拍摄照片，产生视差，构造立体模型，通常是当模型处理。进一步的发展是对整个地球进行无缝拼接，任意漫游和放大，由三维数据通过人造视差的方法，构造虚拟立体。（2）定位（GPS）技术。GPS 作为一种全新的现代定位方法，已逐渐在越来越多的领域取代了常规光学和电子仪器。20 世纪 80 年代以来，尤其是 90 年代以来，GPS 卫星定位和导航技术与现代通信技术相结合，在空间定位技术方面引起了革命性的变化。用 GPS 同时测定三维坐标的方法将测绘定位技术从陆地和近海扩展到整个海洋和外层空间，从静态扩展到动态，从单点扩展到局部与广域，从事后处理扩展到实时（准实时）定位与导航，绝对和相对精度扩展到米级、厘米级乃至亚毫米级，从而大大拓宽它的应用范围和在各行各业中的作用。不久的将来，人人可以戴上 GPS 手表，加上移动电话，你的活动就可以自动进入数字地球中去。（3）遥感（RS）技术。当代遥感的发展主要表现在它的多传感器、高分辨率和多时相特征。现在遥感技术已能全面覆盖大气窗口的所有部分。光学遥感可包含可见光、近红外和短波红外区域。热红外遥感的波长可从 8—14 毫米，微波遥感观测目标物电磁波的辐射和散射，分为被动微波遥感和主动微波遥感，波长范围为 1—100 厘米。高分辨率体现在空间分辨率、光谱分辨率和温度分辨率 3 个方面，长线阵 CCD 成像扫描仪可以达到 1—2 米的空间分辨率，成像光谱仪的光谱细分可以达到 5—6nm 的水平（1 纳米 =0.001 微米，即十亿分之一米，约为 10 个原子的长度，假设把一根头发平均剖成 5 万根，每根的厚度即约为 1 纳米）。热红外辐射计的温度分辨率可从 0.5K 提高到 0.3K 乃至 0.1K。随着小卫星群计划的推行，可以用多颗小卫星，实现每 2—3 天对地表重复一次采样，获得高分辨率成像光谱仪数据，多波段、多极化方式的雷达卫星，将能解决阴雨多雾情况下的全天候和全天时对地观测,通过卫星遥感与机载和车载遥感技术的有机结合,是实现多时相遥感数据获取的有力保证。遥感信息的应用分析已从单一遥感资料向多时相、多数据源的融合与分析,从静态分析向动态监测过渡,从对资源与环境的定性调查向计算机辅助的定量自动制图过渡,从对各种现象的表面描述向软件分析和计量探索过渡。由于航空遥感具有的快速机动性和高分辨率的显著特点使之成为遥感发展的重要方面。(4)地理信息(GIS)技术。随着"数字地球"这一概念的提出和人们对它的认识的不断加深,从二维向多维动态以及网络方向发展是地理信息系统发展的主要方向,也是地理信息系统理论发展和诸多领域的迫切需要如资源、环境、城市等。在技术发展方面,一个发展是基于 Client/Server 结构,即用户可在其终端上调用在服务器上的数据和程序。另一个发展是通过互联网络发展 Internet GIS 或 Web-GIS,可以实现远程寻找所需要的各种地理空间数据,包括图形和图像,而且可以进行各种地理空间分析,这种发展是通过现代通信技术使 GIS 进一步与信息高速公路相接轨。另一个发展方向,则是数据挖掘(Data Mining),从空间数据库中自动发现知识,用来支持遥感解译自动化和 GIS 空间分析的智能化。(5)集成技术。数字地球的核心是地球空间信息科学,而这种空间信息科学的技术体系中最基础和基本的技术核心是"3S"技术及其集成。所谓"3S"是全球定位系统(GPS)、地理信息系统(GIS)和遥感(RS)的统称。没有"3S"技术的发展,现实变化中的地球是不可能以数字的方式进入计算机网络系统的。"3S"集成是指将上述三种对地观测新技术及其他相关技术有机地集成在一起。这里所说的集成,是英文的中译文,是指一种有机的结合,在线的连接、实时的处理和系统的整体性。GPS、RS、GIS 集成的方式可以在不同技术水平上实现。"3S"集成包括空基 3S 集成与地基 3S 集成。空基"3S"集成:用空一地定位模式实现直接对地观测,主要目的是在无地面控制点(或有少量地面控制点)的情况下,实现航空航天遥感信息的直接对地定位、侦察、制导、测量等。

数字地球的有哪些应用?数字地球可以充分地利用有关地球的所有信息(关于我们星球的各种环境和文化现象信息),以促进社会进步和经济发展。数字地球的应用可以划分为全球层、国家层、区域层 3 个层次。全球层是指以整

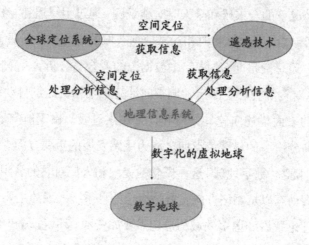

1-1 数字地球主要技术示意图

个地球为对象,主要包括全球气候变化、全球植被与土地利用、土地覆盖变化、生物多样性变化、全球海平面及海洋环境变化、全球地形变化及地壳运动监测(地震)及全球经济发展水平监测与评估等。国家层是指以一个国家为对象,包括资源、环境、经济、社会、人口的动态监测与分析作为研究对象,尤其对于农作物种植面积、长势及估产、洪涝、干旱、火灾、虫害等的监测,交通及经济状况监测等。区域层是指以城市、集镇、农村、社区为对象,包括信息化带动传统产业改造和升级、经济社会发展态势、管理和服务等。目前,数字地球、数字中国、数字城市、数字流域等研究在我国已蓬勃开展,取得了显著的成就。

数字地球对于发展全球信息产业具有非常重要的作用,数字地球作为Intetnet上一个最主要的信息载体,社会经济生活的各个部门和行业都可以将自己的信息加载到上面,最终将会形成全世界每年数百亿美元的新的经济增长点。目前国外一些软件厂商已经开发了一些与数字地球有关的系统,不过他们的目标和服务价值主要体现在地图搜索和其他的辅助商业服务。目前这方面做得很不错的主要有 Google 公司推出的 Google Earth,Microsoft 公司推出的 MSN Visual Earth 等。在现代化战争和国防建设中,数字地球具有十分重要的意义。建立服务于战略、战术和战役的各种军事地理信息系统,并运用虚拟现实技术建立数字化战场,显示数字地球在国防中有重要应用潜力。

数字地球已极大地方便了百姓的生活。普通大众可以在数字地球上学习、购物、参观、旅游,也可以通过时间和空间的变化,穿越时间和空间范围,领略风土人情、文学艺术、自然景观、植物、动物、天气等,仿佛身临其境。总之,数字地球将对我们社会生活的各个方面产生巨大的影响。其中有些影响我们可以想象,有些影响也许我们今日还无法想象。

1.1.2 数字中国

数字地球提出之后,中国科学家展开了针对性研究,并提出了与之相对应的"数字中国"概念。1999年10月14日,在太原卫星发射中心,由上海航天技术研究院研制的长征四号运载火箭将中巴地球资源卫星(又称资源1号卫星)和巴西小卫星SCAI-1送上太空。当晚,据测控数据,资源卫星准确进入预定的近极地太阳同步轨道。15日中午12时左右,北京卫星地面接收到第一张卫星CCD相机遥感图片,图像清晰,随后收到红外相机的早期成像网图。这是中巴发射后第一颗传输型资源卫星。"资源1号"的发射成功,被认为是开辟了"数字中国"的新纪元,国际宇航界为之震惊。

以前中国考察国土资源与环境时大都采用常规手段,不能及时反映土地、森林、农业资源和环境状况的动态变化。比如罗布泊已经干涸了,地图上还画着;洞庭湖小了一半,地图上还没有变等等。

有了"资源1号"后,就可绘制1∶10万比例尺的数字地图,并可为完成1∶5万、1∶1万等比例尺的数字地图打下基础,可收集土地利用、农作物估产、水资源、地质矿产、城市规划、环境保护及海岸带监测等重要信息,所获得的资料对国土资源部新一轮国土普查具有重要价值。

为加快"数字中国"建设,中国政府开展了很多工作,包括积极实施"互联网+"行动,推进实施"宽带中国"战略和国家大数据战略等。此外,还将启动一批战略行动和重大工程,推进5G研发应用,实施IPv6规模部署行动计划等。随着后续政策的出台和新技术的不断应用,中国数字经济发展努力进入快车道。

2009年10月16日,几十位地理信息系统方面的专家聚集北京,参加由国家发展计划委员会和国家地理空间信息协调委员会共同组织的国家空间信息基础设施发展战略研讨会。就我国国家空间信息基础设施建设和应用、地理空间信息共享、"数字省区"发展战略等问题进行研讨，共同勾勒"数字中国"的蓝图。与会专家认为，中国国家空间信息基础设施建设和应用是中国国民经济和社会信息化的重要内容，其主要目标是要健全我国地理空间信息标准和政策法规，建立完善的公益性、基础性地理空间信息系统及其交换网络体系，为相关产业的发展创造条件；各地"数字省区"的发展对于整个"数字中国"的最终建成有着十分重要的意义。专家建议，中国国家空间信息基础设施的建设和应用，在"十五"期间应当以促进中国地理空间信息共享为主要目标，完善地理空间信息标准规范；加速完善国家级地理空间信息系统和遥感对地观测体系；并尽快建成多层次地理空间信息交换网络；要进一步加强对各地"数字省区"发展的规划指导统一标准，促进信息共享，避免重复建设。

据悉，国家将进一步支持各类基础性、业务化地理空间信息系统应用工程的开发，促其实用化，并积极支持国家空间信息基础设施关键技术的开发和产业化，不断提高国产化水平。

当前，"数字中国"建设取得了哪些成效？（1）构建了基于网络空间的新型治理的基础设施，即数字化的公路、空港、高铁、海港，为国家治理现代化打下了坚实基础，为建设政务运行一张网、政务办公无纸化、社会治理智能化、公共服务精准化的新型政府形态提供了技术支撑。（2）构建了以人民为中心的行政治理体系，打通政府各部门、各层级之间的信息孤岛，建立起基于政府内部数据融通的高效办事网络，有效提高行政能力，整合各种资源，应用大数据为社会赋能，真正实现"以民为本"的社会公共服务价值。（3）构建了基于政府"自上而下"与企业、社会组织、公民自发"自下而上"相融合的内生驱动的治理体系，通过还数于民的实施，加强政府与公众之间的联系，促进社会公共信息在社会成员之间的可获取和可共享，实现共同参与，协同治理。（4）构建了社会全要素资源正向、良性互动、相互赋能的体系，以数字化手段辅助社会治理，解决信息不对称、资源碎片化、运作条块化、社会运行成本高、快速反应能力不足，整合社会资源，赋能他人，实现公共利益最大化和效益最大化。

1-2 数字中国的城市模型

未来,"数字中国"还会起到怎样的作用?以数字化方式推进了国家治理体系和治理能力现代化。构建全国数据资源共享体系,形成基于大数据应用的数字政府、数字社会和数字公民。整合碎片化、片面化数据,以纵向、横向的"360度无死角"模式描绘出解决问题的画像模型,依靠人工智能等新技术分析问题、找到源头、综合施策。"数字中国"融合社会多元主体的共同治理,打通信息壁垒,用大数据和人工智能的手段感知社会态势、畅通沟通渠道、辅助科学决策,催生出一个"政府主导、市场机制、企业运作"的良好治理格局,推进智慧社会建设,最终达到国家治理体系和治理能力现代化。具体来说主要有以下几点:(1)将有效破解当前主要矛盾。"数字中国"建设从社会管理层面上讲,是政府实现社会管理与监督的有力手段和治理,比如综合治安、食品安全、交通出行、移动支付、金融科技等,使社会治理做到精准需求的精准分析、精准服务、精准治理、精准监督、精准反馈、精准施策。提高效能、降低成本、提高资源共享;从公共服务层面上讲,是利用网络化、数字化、智能化来服务公民,提升个人数字化水平,真正做到从老百姓的痛点出发解决问题,实现人民群众对美好生活的向往的需求。"数字中国"带来的不仅是工作方式的改变,更是管理思维的变革和治理智慧的提升。"数字中国"让政府对外开放数据"还数于民",打通各部门间的信息孤岛和壁垒,破解社会资源分配不公的痛点,政府通过购买服务等方式当好"掌舵人",通过"自下而上"的有序、良性互动,形成多中心治理结构、多维度管理过程,实现人人参与、人人有责、人人分享、人人出彩。(2)为社会发展提供新动能。"数字中国"建设让数字技术服务政府、社会和公民,让政府决策从百姓的需求和痛点出发,让科学技术创新回归为人民服务的初心,让数字红利惠及每一位百姓。"数字中国"在数字世界根据全方位视角的数据维度,通过大数据、云计算、人工智能的技术融合,将弥补物理世界认知的盲点,构成一个在时间轴和空间轴上均实现 360 度全方位分析判断事物"无死角"系统,用科学、正确的数字模型,让人类社会运行和治理回归真实的本质,而不是人造的、现象的、主观的、猜测的,由此颠覆传统的所思、所想、所说、所行、所为。大道至简,做正确的人,行正确的事,说正确的话,走正确的路,思考正确的方向。(3)提升国家的核心竞争力。以"数字中国"为抓手,实现治理体系和治理能力的现代化,就是抓住了数字时代的最核心竞争力。"数字中国"建设,是治理路径、方法、执行实施、结果复盘的全方位创新实践,也进一步推动经济、政治、文化、科技、生态文明等各领域的变革再造和重塑。在治理能力竞争的赛道上,我们通过"数字中国"的建设基础、驰而不息。以"数字福建"为思想源头和实践起点,以党和国家的顶层设计和大力支持为强大推进力,"数字中国"输出的成果将丰富多彩且具有更强的复制性。我们已经看到,中国在经济、政治、社会、文化、生态文明等领域信息化建设已经有不少成功案例,今后通过数据的互联互通、共享创新,创造出基于人、事、物、数据的运营平台,在有域无疆的,新的数字世界里,根据多维度的数据对物理世界的治理进行创新和重构。而中国的实践模式也可以走向世界,实现能力输出,成为可以为人所借鉴的"中国方案"。

1.1.3 数字政府

想要建好数字中国,必先建好数字政府。

数字政府可以提高政府办公效率。传统的繁文缛节、拖泥带水的作风将被高效、快捷的办公方式取代。各种文件、档案、社会经济数据都以数字形式存贮于网络服务器中,可通过计算机检索机制快速查询、即用即调。社会经济统计数据是花费了大量的人力、财力收集的宝贵资源,如果以纸质存贮,其利用率极低;若以数据库文件存储于计算机中,可以从中挖掘出许多未知的有用知识和信息,服务于政府决策。

数字政府的办公方式从地理空间和时间上看,一改过去集中在一个办公大楼、一周五天、一天八小时工作制。"网上在线办公"创造出"虚拟政府"环境。政府官员和公务人员处理公务不受时空限制。无论他在家、在办公室、在车上还是出差在外,随时随地便可使用便携电脑,通过有线或无线网络通信,登录到自己的办公站点,处理事务。个人、企业或组织足不出户,便可同政府联系。数字政府改变了政府的组织形式。传统的政府机构是层次结构,从中央到地方分为数级,上一级管若干下一级;公务人员多,机构庞大;"麻雀虽小,五脏俱全"。数字政府表现为分布式的网络结构,公务人员的等级表现为一定的网络用户权限;政府高效、精简,公务人员数量大减;国家节省大量人力资源。

数字政府是高度民主的政府。传统的行政方式避免不了官僚风气。人类社会的发展,是朝着民主进程前进的;技术的进步使民主化成为可能。由于"数字政府"与千家万户的计算机相连,任何公民都可参政议政。人民创造历史,人民的智慧无穷无尽;只有全民参与,群策群力,才能合理决策,减少失误。

数字政府可以减少官员腐败。从概念上讲,"数字政府"不存在官员,至多官员的身份是以用户权限来体现的,其一切公务活动都可通过日志文件有据可查。公务处理按计算机程序进行,避免人为干预。一些陋习在技术机制的制约下受到一定程度的限制。

 ## 1.2 国内背景:从电子政务到数字政府

综观国内,根据大量的资料研究,从电子政务到电子政府,再到数字政府,概念更迭,走过了大约 30 年历程。

1.2.1 电子政务

自 20 世纪 90 年代电子政务产生以来,关于电子政务(Electronic Government)的定义有很多,并且随着实践的发展而不断更新。目前,比较公认的说法是,电子政务是国家机关在政务活动中,应用信息技术、网络技术以及办公自动化技术等进行办公、管理和为社会提供公共服务的一种管理模式。广义电子政务的范畴,应包括所有国家机构在内;而狭义的电子政务主要包括直接承担管理国家公共事务、社会事务的各级行政机关。联合国经济社会理事会将电子政务定义为,政府通过信息通信技术手段的密集性和战略性应用组织公共管理的方式,旨在提高效率、增强政府的透明度、改善财政约束、改进公共政策的质量和决策的科学性,建立良好的政府之间、政府与社会、社区以及政府与公民之间的关系,提高公共服务的质量,赢得广泛的社会参与度。其主要内容包括:政府从网上获取信息,推进网络信息化;加强政府的信息服务,在网上设有政府自己的网站和主页,向公众提供可能的信息服务,实现政务公开;建立网上服务体系,使政务在网上与公众互动处理,实现政务服务电子化;将电子商业用于政府,实现政府采购电子化;充分利用政务网络,实现政府"无纸化办公"等等。

观其实践,究其实质,我国在提倡电子政务这一阶段,主要是运用电子手段(包括电话、电视、网络等)提高政务工作的质量和效率。

1.2.2 电子政府

电子政府是指在政府内部采用电子化和自动化技术的基础上,利用现代信息技术和网络技术,建立起网络化的政府信息系统,并利用这个系统为政府机构、社会组织和公民提供方便、高效的政府服务和政务信息。"电子政府"实质上是将工业化模型的大政府(特点是集中管理、分层结构、在物理经济中运行)转变为适应以知识经济为基础,同时适应社会不断发展变化的虚拟政府(新型公共行政管理模式)。

电子政府的主要功能如下:一是便捷化。通过政府业务信息化,精简机构,简化办事程序，大幅度提高工作和服务效率。二是服务化。政府由管理型向服务型转变，力求为公众、为社会提供优质服务。三是信息化。政府工作及服务信息化，并以政府信息化推动社会信息化。

电子政府主包括以下三个重要方面：一是E政务。以电子形式发布政府信息、计划及服务，常常通过（但绝不是全部）因特网来实现。还包括实物和服务的电子交换，例如市民交付税和公共设施费用、续办车辆登记、娱乐项目消费，或政府购买供给物品和拍卖设备。二是E管理。利用信息与技术改进政府管理，从流线化业务流程到维护电子记录，改善工作流程并对信息加以整合。三是E民主。采用电子通信手段帮助市民参与公共决策过程。

其实，我国在提倡电子政府这一阶段，进一步强化了网络手段，开始意识到开展网上政务服务的重要性，是数字政府的雏形阶段。

1.2.3 数字政府

数字政府是指在现代计算机、网络通信等技术支撑下，政府机构日常办公、信息收集与发布、公共管理等事务在数字化、网络化的环境下进行的国家行政管

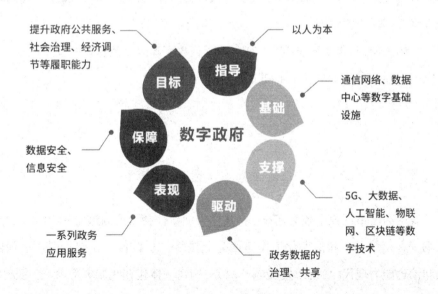

1-3 数字政府内涵示意图

理形式。数字政府包含多方面的内容：政府办公自动化、政府实时信息发布、各级政府间可视远程会议、公民随机网上查询政府信息、电子化民意调查和社会经济统计、电子选举(或称"数字民主")等等。数字政府是一种遵循"业务数据化，数据业务化"的新型政府运行模式，它以大数据技术为支撑，重塑政务信息化管理架构、业务架构、技术架构，通过构建大数据驱动的政务新机制、新平台、新渠道，进一步优化调整政府内部的组织架构、运作程序和管理服务，全面提升政府在经济调节、市场监管、社会治理、公共服务、环境保护等领域的履职能力，形成"用数据对话、用数据决策、用数据服务、用数据创新"的现代化治理模式。

伴随着大数据技术的发展和物联网、人工智能的应用与普及，数字政府必将向智慧政府迈进。

由此看出，从电子政务，到电子政府，再到数字政府，既有一致性，又有差异性。其核心内容(包括但不限于)具有一致性，都是利用信息化手段进行政务服务，但内涵不断丰富和发展。其技术手段(包括但不限于)具有差异性，电子政务以电子政务内网、外网为主要支撑；电子政府以电子政务内网、外网、互联网做共同支撑；数字政府则以区块链和大数据为主要技术支撑。将来的智慧政府则将会依托于物联网、人工智能等更先进的技术应用。

总体来说，从电子政务到电子政府，再到数字政府以及将来的智慧政府，是政府治理在信息技术推动下不断升级、换代的过程。

1.3 数字中国 = 数字经济 + 数字政府 + 数字社会

我国高度重视数字政府建设，将其作为创新社会治理的重要支点。习近平总书记在网络安全和信息化工作座谈会上强调："要以信息化推进国家治理体系和治理能力现代化，统筹发展电子政务，构建一体化在线服务平台，分级分类推进新型智慧城市建设，打通信息壁垒。"党的十九大报告指出，要建设网络强国、数字中国、智慧社会。2017 年 12 月 8 日，习近平总书记在主持中共中央政治局就国家大数据战略进行第二次集体学习时强调，加快建设数字中国，更好地服务我国经济社会发展和人民生活改善。2018年政府工作报告对数字政府建设提出了具体要求，"实施大数据发展行动，加强新一代人工智能研发应用，在医疗、养老、教育、文化、体育等多领域推进'互联网'"，"深入推进'互联网＋政务服务'，使更多事项在网上办理，必须到现场办的也要力争做到'只进一扇门''最多跑一次'""加快政府信息系统互联互通，打通信息孤岛"等。

基于大数据应用的数字政府，是促进政府改革、社会创新、人的发展的牵引力，也是建设数字中国的重要推动力。全国政协委员、北京国际城市发展研究院院长连玉明认为，数字中国是一个包括数字经济、数字政府、数字社会"三位一体"的综合体系，其中，数字政府是重中之重，将点燃新一轮改革创新的核心引擎。大数据时代，公共决策需要从封闭向开放转变，从经验型向数据型转变，从权力治理向数据治理转变，随着国家大数据战略实施和数字中国建设步伐加快，数字政府建设成为落实网络强国、数字中国、智慧社会战略的重要举措。这一论述，把数字经济、数字政府、数字社会之间的关系解释得非常清晰。

在中央政府的大力督导下，各地政府纷纷行动。2017年12月16日，广东省佛山市数字政府建设管理局揭牌成立，系广东省第一个经批复成立的以数字政府建设为主要职责的地级市政府工作部门，是数字政府改革的一个缩影。数字政府是一种新型政府运行模式，主要指以现代信息技术为支撑，通过数字化、数据化、智能化、智慧化的推进方式与实施路径，促进实体政府虚拟化形成的一种组织架构分布式、政务运行一张网、公共服务无纸化、社会治理精准化的新型政府形态。作为信息化发展下的治理变革，打造数字政府，将推动社会治理从低效到高效、从被动到主动、从粗放到精准的模式之变。

然而，从总体上，我国的数字政府建设并不乐观。根据日本早稻田大学发布的国际数字政府评估排名研究报告，中国数字政府建设连续多年处于中等水平。近几年，中国数字政府的建设和发展需要加快步伐，但在具体工作中，数字政府建设仍面临不少问题。首先是政务服务标准差异大，一方面是技术标准，另一方面是服务标准，平台之间不兼容、信息之间不畅通、服务规范不统一，不同的单位、部门往往存在较大差异，甚至为了狭隘的部门利益，弃大系统不用而另行开发或拒绝接入，造成资源浪费和信息隔绝。其次是信息资源碎片化，由于体制机制和历史等原因，不同系统、单位、部门之间一时难以全面协同，客观造成"信息孤岛"，增加信息收集和使用的难度。再次，数据属性界定、权利归属、使用标准等尚未形成明确的规定和惯例，数据开放面临较多法律等风险。最后，最为关键的是数据安全的保护，开放与安全始终是一对矛盾，网络安全形势复杂严峻，如何通过可控的技术实现可控的使用，是数字政府建设必须面对的课题。不过，在这些问题上，沿海和发达地区已经探索出新路径。

1.4 数字政府建设的国际国内典型

在全世界范围内，国与国的比拼，归根结底是综合实力的比拼。综合实力的提升，受益于经济实力的推动。而经济实力的发展，取决于营商环境的竞争。数字政府的优劣，决定着营商环境的好坏。正因为如此，近年来，在全球范围内掀起了数字政府建设热潮。现将国际国内的主要典型作简要介绍。

1.4.1 美国数字政府建设

美国高度重视数字政府建设，2012 年，美国白宫发布了《数字政府：构建一个 21 世纪平台以更好地服务美国人民》。美国政府的数字化转型成效显著，一个以公共服务为导向，采用国家与社会共同治理的小政府—大社会模式的新型政府基本建立，同时政府治理观念的也有了革新式的改变，完成了对政府治理结构的重大调整，形成了公众和用户导向的政府运行机制。美国政府数字化转型遵循以下四个基本原则。

（1）以信息为中心原则，改变传统管理文件形式，转为管理在线业务数据。

（2）共享平台原则，全国范围内各个政府机构内工作人员在统一平台协同工作；制定了标准规范，统一了创建和分发信息的格式。

（3）用户至上原则，以用户为中心获取需求，创建和管理数据，用户构建、分享消费信息不受限制，可以随时随地以他们希望的方式进行。

（4）安全和隐私原则,以保护信息和隐私为前提,安全可靠地分发和使用服务。我们从美国数字政府建设中可得到如下启示:第一是要注重服务,不断提升政府政务服务水平,保障企业和公民不断增长的公共需求得到满足;第二是要完善机构法规,使数字政府高效、标准化运作有了基础和前提,标准化数字政府成为现实;第三是要加强培训和宣传,提升政府人员数字化素养;第四是要重视政府信息安全和隐私保护,做好移动互联网的信息安全保障工作。

1.4.2 英国数字政府建设

英国政府通过《政府数字化战略》、"数字政府即平台"等政府数字化转型战略计划,成为领先全世界的数字政府。2017年英国政府出台了《政府转型战略（2017—2020）》,提出了五个主要目标:一是跨政府部门业务的整体转型,建立政府在线服务的标准,及时更新技术实施规范,改善用户体验;借鉴私营部门的经验,制定跨部门合作机制;二是提升人员技能、培育数字文化;三是优化业务工具、工作流程和管理模式,解决政府部门在技术、工作计划管理方式、采购等方面存在差异的问题;四是更好地利用数据,共享开放政府数据、任命首席数据官、改进数据挖掘工具、建立数据安全体系等措施;五是创建共享平台、组件和可重用业务功能。英国政府数字化转型呈现以下特点:

一是英国数字政府建设体现了以用户为中心的原则。政府出台政策、处理问题都会尽可能从用户需求出发,政府致力不断改善与民众之间的关系,民众能够不断获得更多的权力。

二是英国数字政府建设体现出很强的包容性。英国政府部门计划在网站上建立 具备高可靠性、高安全性以及高效能的在线服务,更多用户能够得到更优质的服务体验。

英国政府数字化转型的经验主要有三条:第一要全面实践"数字政府即平台"的发展理念;第二要建立强有力的政府数字化转型推进机制;第三加大动员力度、争取社会力量协助政府共同推进数字服务。

1.4.3 数字政府建设的"世界前十"

2019年6月4日至5日,联合国"小岛屿发展中国家（SIDS）和内陆发展中国家（LLDCs）可持续发展数字政府的未来"专家组会议在韩国仁川举行。该会议关注发展国家和内陆发展国家数字政府的新趋势和需求，同时也是《2020联合国电子政务调查报告》专家组会议。该会议下设包括"数字政府可持续发展的趋势和需求"在内的七大议题。《联合国电子政务调查报告》是世界上唯一一份评价联合国193个成员国电子政务发展状况的报告，是各国发展电子政务的一个重要基准。目前，《联合国电子政务调查报告》已成为全球电子政务领域最具权威性的调查报告。根据这一报告，中国的数字政府建设，在亚洲提名靠前，但在国际排名未能进入前列。

当前，国际上数字政府建设前十的国家有哪些？根据中国工信部国际经济技术合作中心近期翻译发布的《十国数字政府大比拼》显示：新加坡、挪威、阿联酋、韩国、沙特、美国、英国、印度、德国、巴西。可见，相对于中国的经济实力，相对于数字中国的建设来说，中国的数字政府建设必须再升温度，再加力度、再提速度，再赶进度。

可喜的是，近几年，中国的信息化全面加速。据我国工信部2020年1月19日发布的《2019年中国软件和信息技术服务业综合发展指数报告》显示：我国软件和信息技术服务业总体保持良好发展态势，高质量发展成效初显，2019年全国软件业综合发展指数为128.9，比上年上升8.6个分值，高出近四年平均上升幅度1.4个分值。其中，技术创新指数与发展环境指数提升显著，对指数拉动作用突出，显示软件业正在转向依靠技术创新驱动的新阶段，关键软件供给不断实现新突破；人才吸引力不断增强，产业发展环境优化；软件融合应用持续深化，服务化、平台化趋势明显，是引领和推动经济社会高质量发展的重要力量。

1.4.4 数字政府建设的"中国前五"

2019年4月18日中央党校（国家行政学院）电子政务研究中心公布《省级政府和重点城市网上政务服务能力调查评估报告（2019）》（下称《报告》）。

《报告》显示：广东、江苏、浙江、贵州、上海5个省级政府的网上政务服务能力指数为"非常高"，其中，敢为人先的广东再次夺得全国第一，网上政务服务能力评估上位居全国首位。

2018 年，国务院办公厅电子政务办公室继续委托中央党校（国家行政学院）电子政务研究中心开展网上政务服务能力第三方评估工作。据 21 世纪经济报道记者了解，本次评估对象在 31 个省（自治区、直辖市）和新疆生产建设兵团基础上，首次将计划单列市和省会城市共 32 个重点城市纳入评估范围。

评估报告显示，广东、江苏、浙江、贵州、上海、安徽 6 个省级政府的网上政务服务能力指数为"非常高"（超过（90））。深圳、南京、杭州、广州、宁波、合肥和青岛 7 个重点城市的网上政务服务能力指数为"非常高"（超过（90））。

评估结果的公布，特别是报告指出广东省级政府网上政务服务能力从 2016 年全国第九名跃升至 2018 年全国第一，彰显了广东省政府深入贯彻实施"数字中国"战略，全力推进"数字政府"改革建设取得的阶段性成效。

尽管自 2015 年首次开展网上政务服务调查评估以来，网上政务服务在过去几年取得了快速发展。但目前各省级政府网上政务服务还面临着区域发展不平衡、政务服务数据不同源、服务入口需统一、用户体验需加强等问题，需要持续推进一体化平台建设，提升"一张网"整体能力，加快推进政务信息资源开放共享，提升服务协同能力，不断深化政务服务大数据技术应用，全面实施标准化规范管理，提升精准化供给能力。

当前，广东正在成为全国最领先的省级政府数字化转型样板，也为各地区探索"数字中国"建设积累了新经验。例如，2018 年 5 月 21 日，"粤省事"移动民生服务平台上线发布，作为"数字政府"改革的首个成果，广东省在全国率先依托微信推出"粤省事"移动政务服务平台，集成了各部门 600 多项高频政务服务事项，其中 86% 的事项实现"零跑动"，平台上线以来实名注册用户已达 910 万，累计业务量突破 1 亿件，成为全国访问量第一的综合性移动政务服务应用。

"广东政务服务网"是继"粤省事"后"数字政府"改革建设的又一创新范本，也是改革建设的亮点成果。平台于 2018 年 9 月上线后，实现各部门业务集成和省、市、县、镇、村五级服务事项全覆盖，为全省群众提供无差异服务，为企业提供全生命周期服务，助力广东打造国际一流营商环境。"广东政务服务网"还实现企业"一站式"开办、"多证合一"备案、不动产登记等 24 类专题服务。"一站式开办企业服务"推出后,企业开办全流程时间压缩至 5 个工作日内,提前一年完成国务院关于企业开办时间平均不超过 8.5 天的时限要求。同时,广东创新开发基于政务微信的全省一体化协同办公平台,实现移动办文、办会、办事,让公务员办公更便捷,政府运转更高效。

数字政府

第 二 章

数字政府的"全景影像"

在我国早期的信息化工程中，明确提出了"一站两网四库十二金"的建设目标。这可以看作是数字政府的雏形，或者叫"中国式数字政府"。……相应构建标准化体系和安全保障体系，进一步推进电子政务的发展。"一站两网四库十二金"涉及信息资源开发、信息基础设施建设与整合、信息技术应用等领域，初步构成中国电子政务建设的基本框架。

在这一信息化目标的引领下，经过多年的努力，我国的电子政务初步形成了 G2G（政府—政府）、G2B（政府—企业）、G2C（政府—市民）、G2E（政府—干部）齐头并进的格局。

　　据统计,2019年,中国的数字经济已经占到我们的GDP总额近35%,因此,我们可以说生产力的方式已经发生了变化,生产关系以及上层建筑当然应该随之变化。如果数字时代到来,我们还沿用的是一个传统的工业时代的政府架构,它怎么能适应数字时代政府的要求?我们看到传统的生产要素主要是土地、资金、劳动力,而在数字化的今天,我们的生产要素是什么呢?政府应该如何了解并适应这些变化?是每一个有责任感的公务人员应该且必须考虑的重要问题。

　　正在为如此,2018以来,几乎所有省份都制定了数字经济、数字城市、数字政府等战略规划。2019年,中国政府数字化投资可以说在大额订单的高速路上"一路狂奔"。比如广东政务服务数据管理局的10亿大单;长沙人民政府电子政务管理办公室2.4亿大单;浙江省大数据发展管理局1亿大单;华为27.41亿元中标东莞市"数字政府"建设项目……

　　可见数字政府在发达地区已经如火如荼。那么,到底什么是数字政府?本章试图对它的概念与特征、现在与未来、内容与技术等多方面透视,形成数字政府的"全景影像"。

2.1 中国的数字政府雏形

　　虽然我国明确提出"数字政府"的概念不是最早的,但对"网上政府"的建设十分重视。在我国早期的信息化工程中,明确提出了"一站两网四库十二金"的建设目标。这可以看作是数字政府的雏形,或者叫"中国式数字政府"。"一站"

即政府门户网站,"两网"指政务内网和政务外网,"四库"即人口、法人单位、空间地理和自然资源、宏观经济 4 个基础数据库,"十二金"是要重点推进办公业务资源系统等 12 个业务系统,包括金关、金税、金财、金盾、金审、金农、金水、金质等,相应构建标准化体系和安全保障体系,进一步推进电子政务的发展。"一站两网四库十二金"涉及信息资源开发、信息基础设施建设与整合、信息技术应用等领域,初步构成中国电子政务建设的基本框架。

在这一信息化目标的引领下,经过多年的努力,我国的电子政务初步形成了 G2G(政府—政府)、G2B(政府—企业)、G2C(政府—市民)、G2E(政府—干部)齐头并进的格局。下面一一说明:

2.1.1 G2G（Government to Government）

G2G 的全称是 Government to Government,又写作 G to G;又称 A2A,即行政机关到行政机关。因 2 的英文发音与 to 相似,故较为流行的简易写法是 G2G。G2G 是一种政府对政府的电子政务应用模式,是指政府与政府之间的电子政务,即上下级政府、不同地方政府和不同政府部门之间实现的电子政务活动。如下载政府机关经常使用的各种表格,报销出差费用等,以节省时间和费用,提高工作效率。G2G 模式是电子政务的基本模式,具体的实现方式可分为:政府内部网络办公系统、电子法规、政策系统、电子公文系统、电子司法档案系统、电子财政管理系统、电子培训系统、垂直网络化管理系统、横向网络协调管理系统、网络业绩评价系统、城市网络管理系统等十个方面,亦即传统的政府与政府间的大部分政务活动都可以通过网络技术的应用高速度、高效率、低成本地实现。

电子政务作为电子信息技术与管理的有机结合,成为当代信息化的最重要的领域之一。所谓电子政务,就是应用现代信息和通信技术,将管理和服务通过网络技术进行集成,在互联网上实现组织结构和工作流程的优化重组,超越时间和空间及部门之间的分隔限制,向社会提供优质和全方位的、规范而透明的、符合国际水准的管理和服务。在现代计算机、网络通信等技术支撑下,政府机构日常办公、信息收集与发布、公共管理等事务在数字化、网络化的环境下进行的国家行政管理形式。它包含多方面的内容,如政府办公自动化、政府部门间的信息共建共享、政府实时信息发布、各级政府间的远程视频会议、公民网上查询政府信息、电子化民意调查和社会经济统计等。

在各国积极倡导的"信息高速公路"的应用领域中,"电子政府"被列为第一位,可见政府信息网络化在社会信息网络化中的重要作用。在政府内部,各级领导可以在网上及时了解、指导和监督各部门的工作,并向各部门做出各项指示。这将带来办公模式与行政观念上的一次革命。在政府内部,各部门之间可以通过网络实现信息资源的共建共享联系,既提高办事效率、质量和标准,又节省政府开支、起到反腐倡廉作用。政府作为国家管理部门,其本身上网开展电子政务,有助于政府管理的现代化。我国政府部门的职能正从管理型转向管理服务型,承担着大量的公众事务的管理和服务职能,更应及时上网,以适应未来信息网络化社会对政府的需要,提高工作效率和政务透明度,建立政府与人民群众直接沟通的渠道,为社会提供更广泛、更便捷的信息与服务,实现政府办公电子化、自动化、网络化。通过互联网这种快捷、廉价的通信手段,政府可以让公众迅速了解政府机构的组成、职能和办事章程,以及各项政策法规,增加办事执法的透明度,并自觉接受公众的监督。同时,政府也可以在网上与公众进行信息交流,听取公众的意见与心声,在网上建立起政府与公众之间相互交流的桥梁,为公众与政府部门打交道提供方便,并从网上行使对政府的民主监督权利。在电子政务中,政府机关的各种数据、文件、档案、社会经济数据都以数字形式存贮于网络服务器中,可通过计算机检索机制快速查询、即用即调。经济和社会信息数据是花费了大量的人力、财力收集的宝贵资源,如果以纸质存贮,其利用率极低,若以数据库文件存储于计算机中,可以从中挖掘出许多有用的知识和信息,服务于政府决策。

G2G 的内容主要包括七大系统:(1)电子法规政策系统。对所有政府部门和工作人员提供相关的现行有效的各项法律、法规、规章、行政命令和政策规范,使所有政府机关和工作人员真正做到有法可依,有法必依。(2)电子公文系统。在保证信息安全的前提下在政府上下级、部门之间传送有关的政府公文,如报告、请示、批复、公告、通知、通报等等,使政务信息十分快捷地在政府间和政府内流转，提高政府公文处理速度。(3)电子司法档案系统。在政府司法机关之间共享司法信息，如公安机关的刑事犯罪记录，审判机关的审判案例，检察机关检察案例等，通过共享信息改善司法工作效率和提高司法人员综合能力。(4)电子财政管理系统。向各级国家权力机关、审计部门和相关机构提供分级、分部门历年的政府财政预算及其执行情况，包括从明细到汇总的财政收入、开支、拨付款数据以及相关的文字说明和图表，便于有关领导和部门及时掌握和监控财政状况。(5)电子办公系统。通过电子网络完成机关工作人员的许多事务性的工作，节约时间和费用，提高工作效率，如工作人员通过网络申请出差、请假、文件复制、使用办公设施和设备、下载政府机关经常使用的各种表格，报销出差费用等。(6)电子培训系统。对政府工作人员提供各种综合性和专业性的网络教育课程，特别是适应信息时代对政府的要求，加强对员工与信息技术有关的专业培训，员工可以通过网络随时随地注册参加培训课程、接受培训，参加考试等。(7)业绩评价系统。按照设定的任务目标、工作标准和完成情况对政府各部门业绩进行科学的测量和评估。

2.1.2 G2B（Government to Business）

G2B 主要是利用 Intranet 建立起有效的行政办公和企业管理体系，为提高政府工作效率，是指政府（Government）与企业（Business）之间的电子政务，即政府通过电子网络系统进行电子采购与招标，精简管理业务流程，快捷迅速地为企业提供各种信息服务。在 G2B 模式中，政府主要通过电子化网络系统为企业提供公共服务。G2B 模式旨在打破各政府部门的界限，实现业务相关部门在资源共享的基础上迅速快捷地为企业提供各种信息服务，精简管理业务流程，简化审批手续，提高办事效率，减轻企业负担，为企业的生存和发展提供良好的环境，促进企业发展。

G2B 模式目前主要运用于电子采购与招标、电子化报税、电子证照办理与审批、相关政策发布、提供咨询服务等，对企业的服务包括三个层面：(1)政府对企业开放各种信息，以方便企业经营活动；(2)政府对企业业务的电子化服务，包括政府电子化采购、税收服务电子化、审批服务电子化，对中小企业电子化服务等各种与企业业务有关的电子化服务活动等;(3)政府对企业进行监督和管理.包括工商,外贸环保等。

G2B 方式包括政府服务于企业和获取企业的服务。尽管不是所有服务都直接依靠于信息技术,但是与 G2B 相关,有几种不同的获取方式。基于性能的合同是一种考察合同授予者的实际达到的目标和成绩的方式。分享储蓄合同则是合同授予者项目的前端花费(如新的计算机系统的安装),从旧系统反向拍卖所得中得到报酬,另一方面,依赖于信息技术的使用,可能成为购买那些标准的和质量易于评价的产品的常用方法,如低技术含量的部件或办公用品。借助因特网,一个反向拍卖使得公司相互实时竞叫并赢得政府合同。反向拍卖的目的就是将价格降至市场水平。通过对价格的分析发现,反向拍卖特别适合于质量和期望性能明确和易于评估的产品和项目。G2B 的主要包括以下五个方面的内容:(1)电子采购与招标。通过网络公布政府采购与招标信息,为企业特别是中小企业参与政府采购提供必要的帮助,向他们提供政府采购的有关政策和程序,使政府采购成为阳光作业,减少徇私舞弊和暗箱操作,降低企业的交易成本,节约政府采购支出。(2)电子税务。使企业通过政府税务网络系统,在家里或企业办公室就能完成税务登记、税务申报、税款划拨、查询税收公报、了解税收政策等业务,既方便了企业,也减少了政府的开支。(3)电子证照办理。让企业通过因特网申请办理各种证件和执照,缩短办证周期,减轻企业负担,如企业营业执照的申请、受理、审核、发放、年检、登记项目变更、核销,统计证、土地和房产证、建筑许可证、环境评估报告等证件、执照和审批事项的办理。(4)信息咨询服务。政府将拥有的各种数据库信息对企业开放,方便企业利用。如法律法规规章政策数据库,政府经济白皮书,国际贸易统计资料等信息。(5)中小企业电子服务。政府利用宏观管理优势和集合优势,为提高中小企业国际竞争力和知名度提供各种帮助。包括为中小企业提供统一政府网站入口,帮助中小企业同电子商务供应商争取有利的能够负担的电子商务应用解决方案等。

2.1.3 G2C（Government to Citizen）

G2C 是指政府(Government)与公众(Citizen)之间的电子政务。是政府通过电子网络系统为公民提供各种服务。G2C 电子政务所包含的内容十分广泛，主要的应用包括：公众信息服务、电子身份认证、电子税务、电子社会保障服务、电子民主管理、电子医疗服务、电子就业服务、电子教育、培训服务、电子交通管理等。G2C 电子政务的目的是除了政府给公众提供方便、快捷、高质量的服务外，更重要的是可以开辟公众参政、议政的渠道，畅通公众的利益表达机制，建立政府与公众的良性互动平台。

G2C 基本目标是什么？一些分析家认为，主要为了推动市民与政府的互动，实现网上服务与交易。例如更新执照和证书、报税、申请等，既省时又易于实现。G2C 也力求透过网站和（或）报亭等分发工具的使用，使公众更易于获取信息。许多 G2C 的另一个特征是试图削弱以机构为中心的、同时管理过程相互重叠的政府职能。一些电子政务的倡导者认为实施电子政务的目的之一应该是建立一个"一站式办公"网站，给公众提供多任务集成服务，尤其是涉及多个机构的服务，避免逐个地与各个机构打交道。G2C 的一个潜在的副产品是，通过提供更多的机会克服时间和空间的障碍，从而推动公众之间的互动，激发公众的参政意识。

G2C 的建设与发展必然是一个从低级向高级逐步进行的过程。国内外比较普遍而认同的划分法是，将它划分为四个阶段。（1）第一阶段，信息发布（posting of information online）。这是电子政务的起步阶段。即政府仅通过网络发布与政府有关的公共服务的静态信息，如政策法规，办事指南、机构设置、职能介绍、成员名单、联络方式等；（2）第二阶段，单向沟通（One-way interaction），即政府除了在网上公布公共服务的信息，还向用户提供某种形式的服务。如用户可以从政府网站上下载表格、保税单等；（3）第三阶段，双向互动（Two-way interaction）。这个阶段的政府和用户可以在网上实现双向互动，如用户可以从政府网上下载表格，也可以提交表格，反馈信息和意见等；（4）第四阶段，全方位网上事务处理（Full online tranctions），即政府与公众、社会、企业实现全面的互动，完成事件的处理。到了此阶段，政府的运作方式必然发生改变，进行政府业务流程的再造，政府公共服务出现全方位的电子化特征。

由于各国电子政务的实践并不一样，电子政务具体的阶段划分以及各阶段的名称，国内外学者众说纷纭，各有千秋。华中科技大学公共管理专家徐晓琳教授主编的《中国公共管理研究精粹》做了系统的阐述，有四阶段论、五阶段论、六阶段论。各阶段论又有好几种观点。四阶段论主要有欧委会的阶段规划、IDC的阶段规划、爱森哲的阶段规划，香港电子政务的阶段规划等几种观点；五阶段论主要有联合国与美国行政学会（UN/USPA）为代表的观点，认为电子政务大体上可以划分为开始出现网站、改善网站、网站互动、网上处理、全方位的政务整合五个阶段。六阶段论观点将电子政务发展划分为建设电子邮件和局域网阶段、跨部门的信息交流和公众获取信息阶段；双向信息交流阶段、价值交易阶段、电子民主阶段、跨部门合作的政府阶段等。

其实，无论怎样划分电子政务的发展阶段，其实质上都是按照网络建设从简单到复杂、低级向高级的逻辑顺序划分的，即按照从静态的、单向信息发布到动态的、双向互动的信息交流这样一个逻辑顺序划分，相应地，电子政务的广度和深度也随着信息建设阶段性发展程度而递增。

2.1.4 G2E（Government to Employee）

什么是G2E？G2E的全称是Government to Employee，又写作G to E。G2E是指政府（Government）与政府公务员（即政府雇员）（Employee）之间的电子政务，也有学者把它称之为内部效率效能（IEE）电子政务模式。

G2E电子政务主要是利用互联网建立起有效的行政办公和员工管理体系，为提高政府工作效率和公务员管理水平服务。G2E电子政务的具体实施方式不一而足，不同政府部门应从自身需求的实际出发，探索具体可行的电子化管理方式。

G2E电子政务是政府机构通过网络技术实现内部电子化管理的重要形式，也是G2G、G2B和G2C电子政务模式的基础。G2E电子政务主要是利用Intranet建立起有效的行政办公和员工管理体系，为提高政府工作效率和公务员管理水平服务。

G2E有哪些内容和应用？G2E电子政务主要内容包括政府工作人员利用信息技术办公，与同事通过网络开展协作，利用机构的内部网络接受在职培训，以及政府部门利用电子手段评估工作人员的表现等。G2E 模式主要包括建设办公自动化系统、政务管理信息系统和决策支持系统。其具体应用主要有：

（1）公务员日常管理。利用电子化手段实现政府公务员的日常管理对降低管理成本，提高管理效率具有重要意义，既为公务员带来很多便利，又能节省领导的时间精力，有效降低了行政成本。公务员日常管理包括利用网络进行日常考勤、出差审批、差旅费异地报销等，由此形成了 G2E 电子政务的电子公文系统、电子财务管理系统和办公自动化系统。

（2）电子人事管理。电子人事管理是政务管理系统建设的重要内容，它是指应用网络技术实现电子化人事管理，包括电子化招聘、电子化培训、电子化学习、电子化沟通和电子化绩效考评等内容。电子化人事管理的发展将使传统的、以纸面档案管理为中心的人事管理方式产生一场新的革命，对提高政府人事管理的水平和效率、降低管理成本起到极为重要的作用。

2.2 数字政府的基本特征

在以上基础上，一些经济发达地区经过不断地迭代升级，数字政府逐渐成形。

什么是数字政府？简明地说，是指建立在互联网上、以数据为主体的虚拟政府。它是一种新型政府运行模式，以新一代信息技术为支撑，以"业务数据化、数据业务化"为着力点，通过数据驱动重塑政务信息化管理架构、业务架构和组织架构，形成新的现代化治理模式。数字政府既是互联网＋政务深度发展的结果，也是大数据时代政府自觉转型升级的必然，其核心目的是以人为本，实施路径是共创共享共建共赢的生态体系。

需要说明的是，本专著所称数字政府是广义的，包括智慧政府。因为，智慧政府是数字政府的高级形态，是大数据和人工智能技术成熟运用后的必然结果。本人尝试对数字政府作简洁而通俗的定义。数字政府就是在传统政府模式基础上,全面融入数字技术,依次形成信息化、数据化、智能化的政府组织、运行、管理新模式。政府的信息化、数据化、智能化三者关系如下图。

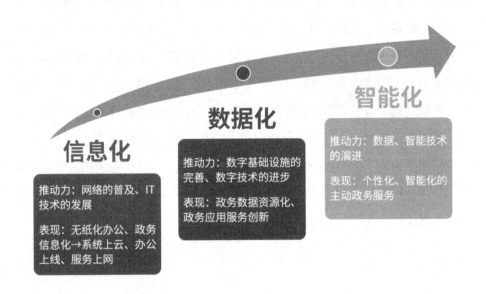

信息化

推动力:网络的普及、IT技术的发展

表现:无纸化办公、政务信息化→系统上云、办公上线、服务上网

数据化

推动力:数字基础设施的完善、数字技术的进步

表现:政务数据资源化、政务应用服务创新

智能化

推动力:数据、智能技术的演进

表现:个性化、智能化的主动政务服务

2-1:数字政府进阶示意图

对于数字政府的基本特征,我赞同国脉电子政务研究院的专家观点。该院把数字政府的基本特征概括为"七化":一是动态化,数字政府形态是在数据驱动下动态发展、不断演进;二是数据化,所有基于政府的各种资源和业务都需要进行数据化,材料、证件梳理到最小颗粒度时,就是数据;三是精准化,形成"无需等待、随时触发",或者说是"千人千面"的个性服务格局;四是移动化,很多地方在做移动互联网、做掌上办公、掌上决策等,以移动政务办公平台加内部组织管理与协同,是未来很重要的一个方面;五是平台化,平台架构是推动政府完成"数字化转型"的关键,大家都在讲整体政府,最大的核心就是整体的平台架构;六是协同化,平台架构下面的协同化怎么理清协同关系;七是智能化,智能化治理,通过社会治理,怎么来应对复杂环境和多元路径。

有专家提出,要实现数字政府的治理模式,先要解决"五个问题"。一是数字基础设施,主要是云网端,以及各种基础库。二是数字公共服务,包括事项(最小颗粒度)标准化程度,全流程网办移动端事项数量,营商环境主题如何能够一次办成、一站办好,这个量是我们很重要的一点,其次还有反馈机制满意度等。三是数字治理决策,包括信息资源协同应用共享度,数据体系建设水平、数字化项目监控与管理水平。四是数字产业生态,政务服务和数据决策做好之后,最重要的是发展数字经济,也是习近平主席和李克强总理非常关注的形态,很多地方在做数据开放平台,做数据释放平台,数据释放的目的就是助力产业的发展。这里重点的是产业的数字化程度,数字技术对产业的渗透程度、企业新技术应用水平和数字化产业占比。五是数字公民培育,为什么特别提出数字公民呢? 因为数字技术在公民的渗透程度非常重要,包括移动端办事普及率、对数字科研重视度及培训学习常态化等等。

2.3 数字政府的"一体四面"

与传统治理模式相比,数字政府主要有哪些不同? 比较一致地看法是,这种"数字"特性的外化体现主要有以下四个方面。

一是数字服务。现阶段很多地方都在建设的一体化政务服务平台、市场化服务平台和营商环境管理平台等服务,这三个平台,跟专家的观点是一致的,是基于互联网 + 政务的深度融合。什么样渠道来实现呢? 门、网、线、端、点:门是服务大厅,网是平台,线是 12345,端是自助(智能)终端(很多地方可以实现 24小时办事),点就是社区网点。实现的场景是什么? 一窗通办、一码通办、同城通办、一站办好,秒办、秒批,各个地方的新服务都在不断涌现。

二是数字治理。通过考核评估拉动,逐级动态调整,主要是在城市运行、协同办公、社会治理、监管督查和智能决策方面。

三是数字兴业。我们有很多互联网数据,这些数据如何与政务数据结合起来,形成数字产业,这个产业里我们怎么样进行合理支撑,为我们数据招商、市场准入、多元资本驱动、龙头企业培育等服务,我们称之为"兴业"。

四是数字基础。核心是利用全流程的数据管控体系,形成全口径梳理、全活化归集、全精准管理、全过程评估、全方位使用的高质量数据管控体系,这是非常重要的基础。围绕数字的管理、流动,必须搭建了三个平台两个中心,即数据共享平台、数据管控平台、数据开放平台/释放平台、大数据中心、运行管理中心等基础设施。

对于数字政府是否达标,有专家提出了最初级的评估指标体系,大家称之为评估指标的1.0版。它主要从以下五方面开展:顶层设计就绪度、数字基础集成度、数据体系成熟度、公共服务实现度、管理保障支撑度。

伴随着大数据技术的成熟和人工智能的发展,未来的数字政府会发展成为智慧政府。正因为如此,当前的数字政府建设受到了一些质疑,有人认为在当前智慧城市、智慧政府的建设潮流中,现在提出建设数字政府不合时宜,是一种倒退。事实上,现阶段提出打造数字政府不是倒退,而是我国电子政务转型升级新趋势、新阶段,是一种明智和切合实际的举措。近几年美国、英国、新加坡分别提出的数字政府战略也说明了这一点,希望通过数字政府建设,推动政府转型,全面带动经济社会各领域的数字化、智能化建设。严格地说,现在建设智慧政府,对大数地区来说为时过早。

2.4 数字政府的"灵魂"

当前,在以大数据创新应用为核心的信息化3.0阶段,数字政府是从政府组织优化、资源配置方式、政府治理能力等视角进行规划建设的新系统工程,其实是电子政务发展新趋势,是一次发展理念的创新、一种发展模式的升级。有专家认为:数字政府的"灵魂"或"使命"主要有以下五个方面。

第一,提升公众幸福指数。数字政府的核心是以人为本,坚持以人民为中心,以公众在民主、法治、公平、正义、安全、环境等方面的实际需求为出发点,通过体制机制创新，充分发挥新一代信息技术优势，革除公共管理服务过程中不符合发展要求的各种障碍，推动政府治理模式的全面升级。所以，打造数字政府，首先围绕公众、企业、政府机关工作人员等服务对象，聚焦服务模式创新，不断优化服务流程，打造完善的公共服务体系，为公众提供良好的生活环境与发展空间，使公众充分享受到数字政府建设成果，不断提升公众幸福指数。

第二，增强政府管理能力。数字政府以信息技术为支撑，将按照数字化、数据化、智能化、智慧化的演变规律与发展路径，实现层级式优化完善，不断推动政府运行体系的转型升级与融合创新，这是政府在信息社会环境下主动做出改变和被动接受外部压力共同作用的结果。通过针对政府的数字化改造、数据化管理、智能化运行、智慧化共治，使政府运行环境发生根本性改变，促进平台型、数据型、开放型、服务型政府的全面发展。为此，推动数字政府发展演进，需要以政务信息资源整合共享为切入点，加强政府数据资产管理，积极构建政府数据治理体系，提升政府数据运营水平，增强政府管理与决策能力。

第三，优化政务服务流程。数字政府是实体政府数字化、虚拟化的结果，某种程度上也是建立一个相对实体政府而言的虚拟政府。虚拟政府是网络空间的一种组织形态，通过组织扁平化、业务协同化、服务智能化等方式，以及与实体政府的有效衔接与相互驱动，打造一种新型政府运行模式当然，如何推动政府虚拟化，哪些环节需要虚拟化，虚拟化之后能带来哪些价值等都需要实践探索。从目前实际情况来看，主要可以通过推动实物虚拟化、人员虚拟化、组织虚拟化、服务虚拟化等，减少实体政府一些环节的存在，不断优化服务流程等，如无纸化办公、数字公民与数字公务员、组织架构虚拟化、网上服务与移动服务等。

第四，提高政府运行效率。数字政府是政府运行模式的升级，通过新一代信息技术的广泛应用，在网络空间重新构建一个扁平化、分布式的虚拟政府组织，进而倒逼政府体制机制创新，不断优化改进科学层级的运行模式，全面提高政府运行效率。加快数字政府建设步伐，重点在于促进跨地域、跨部门、跨层级信息共享，以数据流驱动业务流、服务流，进一步优化、再造政务服务及相关业务流程，利用大数据全面固化、自流程化政府权力运行过程，切实改变传统运行模式。同时，充分发挥信息技术优势，不断打破时间和地域上的限制，使个性服务、主动服务、精准服务等逐步成为现实，实现公共管理与服务的智能化、精准化、共享化，不断促进政府治理模式现代化。

第五，形成共建共享体系。数字政府是一种新的生态体系，是一种在新的法律法规、标准规范、合作模式等环境下运行的新型组织。目前，随着以大数据为核心的信息化新阶段的到来，数字政府建设运营的复杂度增加，专业性增强，需要进一步理清政府、企业、公众的角色定位，积极吸引具有创新性的企业参与建设运营。这里强调以下几点：首先，加强"建管运分离"，强化政府管理协调者的角色，将建设施工交给信息化企业，将运营工作交给事业单位，交给社会，充分发挥事业单位的人才优势，充分发挥企业在资金、技术等方面灵活性；其次，大力推动政府数据开放，加强政府与社会数据融合，鼓励企业参与政府数据开发利用，进一步提升公共管理与服务水平；还有，加强公共管理服务资源共享，充分利用政府公共服务平台具有的部分商业属性与企业商业平台公共属性相互延伸的特点，创新运营模式，形成共建共享生态体系，全面提升数字政府建设价值。

为了实现以上目标，数字政府作为我国信息社会发展过程中新的研究与实践课题，需要加强相关理论体系、技术体系、标准体系、数据体系、服务体系、生态体系等研究，不但相关机构合作开展研究，也建议国家支持各省市开展试点示范，推动我国数字政府的快速发展，为落实网络强国、数字中国与大数据战略提供支撑。

2.5 数字政府的"器官"

目前，专家学者们比较一致地认为，数字政府主要包含以下内容：政府办公自动化、网上在线提供政务服务、政府实时信息发布、各级政府间可视远程会议、公民随机网上查询政府信息、电子化民意调查和社会经济统计、电子选举

（或称电子民主、数字民主）等。其中,政府信息发布、网上查询政府信息、网上在线提供政务服务、电子化民意调查和社会经济统计均可通过政府门户网站实现。为此,本书主要再对办公自动化、政府网站、远程会议、电子民主几项"核心器官"进行透视。

2.5.1 办公自动化

办公自动化(Office Automation, 简称 OA)是将现代化办公和计算机技术结合起来的一种新型的办公方式。办公自动化没有统一的定义,凡是在传统的办公室中采用各种新技术、新机器、新设备从事办公业务,都属于办公自动化的领域。通过实现办公自动化,或者说实现数字化办公,可以优化现有的管理组织结构,调整管理体制,在提高效率的基础上,增加协同办公能力,强化决策的一致性。

OA 软件的核心应用是:流程审批、协同工作、公文管理(国企和政府机关)、沟通工具、文档管理、信息中心、电子论坛、计划管理、项目管理、任务管理、会议管理、关联人员、系统集成、门户定制、通讯录、工作便签、问卷调查、常用工具(计算器、万年历等)。

OA 管理平台基于"框架 + 应用组件 + 功能定制平台"的架构模型,主体部分由 30 多个子系统组成,包括信息门户、协同工作、工作流程、表单中心、公文

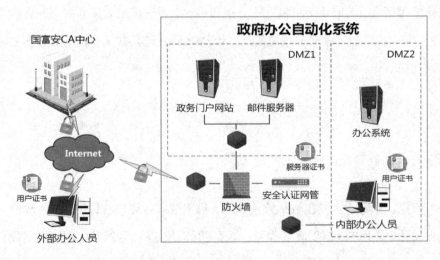

2-2:云扩科技设计的政府办公自动化系统

流转、公共信息、论坛管理、问卷调查、计划管理、会务管理、任务管理、关联项目、关联人员、文档管理、外部邮件、在线考试、车辆管理、物品管理、设备管理、常用工具、办理中心、在线消息、督办系统、短信平台、常用工具、人事管理、功能定制平台、集成平台、系统管理等,近万个功能点。

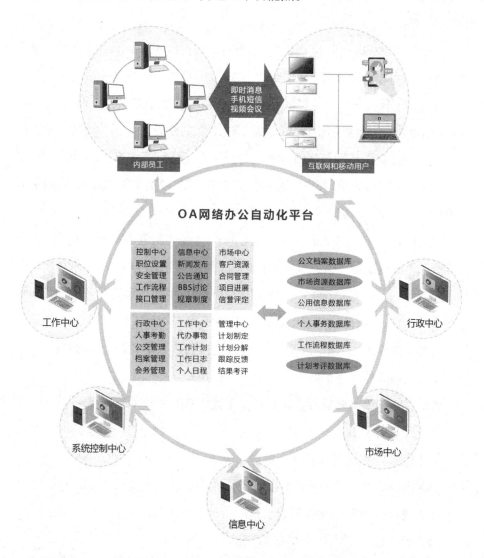

2-3:蓝信公司为企业设计的办公自动化系统

到目前为止,办公自动化经历了三段七代。

起步阶段（1985年－1993年）：是以结构化数据处理为中心，基于文件系统或关系型数据库系统，使日常办公也开始运用IT技术，提高了文件等资料管理水平。这一阶段实现了基本的办公数据管理（如文件管理、档案管理等），但普遍缺乏办公过程中最需要的沟通协作支持、文档资料的综合处理等，导致应用效果不佳。

应用阶段（1993年－2002年）：随着组织规模的不断扩大，组织越来越希望能够打破时间、地域的限制，提高整个组织的运营效率，同时网络技术的迅速发展也促进了软件技术发生巨大变化，为OA的应用提供了基础保证，这个阶段OA的主要特点是以网络为基础、以工作流为中心，提供了文档管理、电子邮件、目录服务、群组协同等基础支持，实现了公文流转、流程审批、会议管理、制度管理等众多实用的功能，极大地方便了员工工作，规范了组织管理、提高了运营效率。

发展阶段（2002年以来）OA应用软件经过多年的发展已经趋向成熟，功能也由原先的行政办公信息服务，逐步扩大延伸到组织内部的各项管理活动环节，成为组织运营信息化的一个重要组织部分。同时市场和竞争环境的快速变化，使得办公应用软件应具有更高更多的内涵，客户将更关注如何方便、快捷地实现内部各级组织、各部门以及人员之间的协同、内外部各种资源的有效组合、为员工提供高效的协作工作平台。

伴随着这三个发展阶段，OA出现了七代更迭。

第1代OA：硬件配置阶段；

第2代OA：数据处理自动化阶段；

第3代OA：C/S架构下的工作流自动化阶段；

第4代OA：无障碍工作流自动化阶段；

第5代OA：协同工作型办公自动化（流程管理）；

第6代OA：协同发展型办公自动化（流程管理）；

第7代OA：移动OA。

2.5.2 政府网站

政府网站是我国各级政府机关履行职能、面向社会提供服务的官方网站，是政府机关实现政务信息公开、服务企业和社会公众、互动交流的重要渠道，是我国"一站两网四库十二金"信息化工程的重点项目。

在人们的传统思维里，把政府网站当着新闻媒体、网络媒体，这是极其错误的。政府网站，是一级政府在各部门的信息化建设基础之上，建立起跨部门的、综合的业务应用系统，使公民、企业与政府工作人员都能快速便捷地接入所有相关政府部门的政务信息与业务应用，并获得个性化的服务，使合适的人能够在恰当的时间获得恰当的服务。但是，具体到中央政府和地方政府而言，由于政府职能的巨大差异，中央政府门户网站和地方政府（特别是地级市政府）门户网站在具体功能、体系结构及业务流程等方面存在着很大的不同。就具体功能来说，中央政府门户网站主要是向全社会甚至是世界宣传和展示中国政府形象，让人们能够对中央政府的基本情况有个切实的理解和认识；向公众提供全面、系统、权威、翔实的法律、法规、部门规章以及规范性政府文件及其准确的解读和分析等，让社会有法可依；作为中央门户，向人们提供接入所有中央政府机构和省级地方政府的平台和通道；根据特定内容，向公众提供专门的服务。而地方政府门户网站的主要功能是直接面向本地社会公众处理与人们密切相关的那些事务，为提高政府行政效率、改善地方经济社会发展环境搭建虚拟平台。

就体系结构来说，地方政府门户网站是"电子政务前台—后台服务体系"的一个重要的组成部分，与本级政府内网门户、行政服务中心以及服务提供方式和渠道等共同构成一个完整体系，是提高电子政务效能的关键环节。在这个体系中，存在着三层前台—后台体系，即社会公众—门户网站、门户网站—行政服务中心、行政服务中心—内网门户和政府职能机构。但是，就中央政府门户网站而言，这种"电子政务前台—后台服务体系"以及前台—后台关系是不明确、不完整的。比如，由于中央政府门户网站通常并不直接面向公众办理具体事务，因而在其前台—后台服务体系中就没有行政服务中心，也就没有前面的三层前台—后台体系。与中央政府门户网站相关的前台—后台关系，更多的是表现为一种机制或规定做法，并不一定要有实体机构。因此，对中央政府门户网站的前台—后台关系做过多的设想是不切实际、也是没有必要的。

中国政府网站的发展经历着以下迭代过程：

第一代为自然网站群。如某省政府建立了自己网站，随后下属单位也陆续建设各自的网站，最后在政府的网站上将每个下属单位网站链接到一起，形成了自然的网站群，此阶段的特点是未经规划，自然形成，各自独立。

第二代为形式规范网站群。为从网站的栏目、页面风格等方面进行整体规划，统一或分批实施，但各网站的关系仍然在一个平面上，没有隶属关系，且各个网站相互独立，信息不能共享。此阶段的网站群的特点是外表统一，但信息孤立，无法统一管理。

第三代为整合网站群。因业务的需要，要将分散在不同物理位置的独立网站整合在一起，实现信息的共享。此阶段的特点是，利用第三方信息化产品，整合已经存在的众多网站。但这样形成的网站群存在很大的缺陷，信息不能充分共享、不能统一管理、不能统一升级网站后台、不能做到整个网站群的联合全文检索。

第四代为统管网站群。利用网站群内容管理系统，统一规划、统一实施或分步实施，以解决第三代网站群存在缺陷。此阶段的网站群的特点是：所有的网站运行在同一个网站群内容管理平台上，可以统一管理、数据集中存储、智能化，解决了前几代网站群维护困难且成本高的缺点。

第五代为动态内容管理群。动态内容管理产品突破传统内容管理产品只能建设信息发布型网站的局限性，结合安全智能表单技术，推出新时期构建服务型政府网站的集成化内容管理平台，在解决了传统的网站采编发管理、站群管理的基础上，提供了丰富的个性化在线服务构建功能与公众交互功能，完整地满足了政府门户网站中信息发布、在线服务与政民互动的要求。

当前，国内政府网站群的建设情况参差不齐，现在正处于第三代网站群向第四代、第五代网站群过度的趋势。随着动态内容管理概念的提出及相关网络产品的成熟，将引领网站及网站群建设的新方向。

值得重点提醒的是，作为政府网站，首要任务是实现信息公开和在线政务服务，而不是刊载领导活动、宣传地方形象。这一点，后面在政府网站一章中专门论述。

2.5.3 远程会议

当前所说的远程会议,泛指的是视像会议,将语音和视频图像远程交互共享。对于计算机内的数据交互,传统的方式是转换成视频后传输,这种方式会使图像质量和实时交互性大幅下降。随着会议内容数据化的发展需要,交互式书写系统适时出现,弥补了这一不足。交互式书写系统将笔输入技术、触摸技术、平板显示技术、网络技术、办公教学软件等多项技术综合于一体,将传统的显示终端提升为功能强大的人机交互设备。在不同尺寸的书写屏上,用户可以实现书写、批注、绘画以及电脑操作。通过网络交互功能,可以实现异地数据和批注内容共享,与远程音视频会议系统完美结合。远程会议在会议、教学、培训、指挥、设计、查询、控制等领域具有广泛的应用前景。

中国业界对远程会议的定义是,利用现代化的通信手段,实现跨区域召开会议的目的。要召开远程会议,通常需要有通信线路、远程会议系统,当然在某些情况下还需要专业的服务来协助你获得更好的远程会议效果。远程会议系统主要包含电话会议,网络会议,视频会议。

值得一提的是,随着网络的发展、兴起和普及,网络会议得到更多应用和推广。

网络会议是个以网络为媒介的多媒体会议平台,使用者可突破时间地域的限制,通过互联网实现面对面般的交流效果。系统采用先进的音视频编解码技术,保证产品清晰的语音和视频效果;强大的数据共享功能更为用户提供了电子白板、网页同步、程序共享、演讲稿同步、虚拟打印、文件传输等丰富的会议辅助功能,能够全面满足远程视频会议、资料共享、协同工作、异地商务、远程培训以及远程炒股等各种需求,从而为用户提供高效快捷的沟通新途径,有效降低公司的运营成本,提高企业的运作效率。

网络会议又称远程协同办公,它可以利用互联网实现不同地点多个用户的数据共享。网络视频会议是网络会议的一个重要组成部分,而根据会议对软硬件的需求程度,大致可以将其分为硬件视频、软硬件综合视频、纯软件视频和网

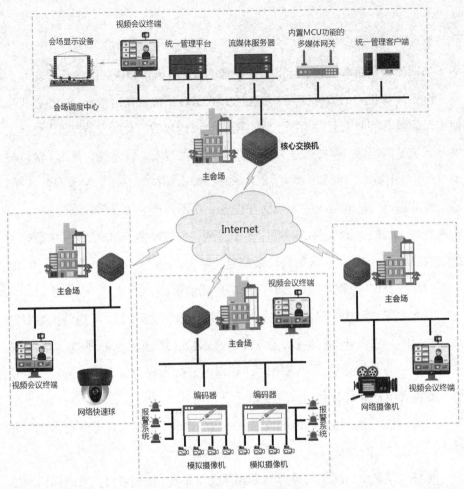

2-4：远程会议示意图

页版视频（如 PPMEET 视频会议）四种形式。

网络会议的主要优势如下：一是部署方便。当前主流配置的 PC 一般都能够作为视频终端，这些 PC 安装好摄像头、耳麦及相关软件，通过局域网或者互联网接入到中心 MCU 服务器，即可参加会议。二是可集成数据会议。由于基于 Windows 操作系统，可以在召开视频会议的同时实现电子白板、程序共享、文件传输等数据会议功能，作为会议的辅助工具。三是成本低。由于 PC 已经是办公的标准配置，桌面会议终端不需要增加很多的硬件投入。而会议室型终端也只需要购买比较高性能的 PC 和视频采集卡即可，其成本也低于普通的硬件视频终端。四是安全性高。目前主流的网络会议，都可支持 RSVP、Diff Serv 等各项 QoS 技术，并且通过各类底层的控制和处理技术来保障视频会议在网络质量不好的环境下良好运行。五是升级方便。网络会议升级非常方便，只需借助互联网，即可在几秒之间就能实现升级，从而实现更高的系统兼容性、更强的使用功能。

2.5.4 电子民主

2018 年的"两会"期间，投票表决宪法修正案草案、表决关于批准国务院机构改革方案的决定草案、选举国家主席、决定国务院总理的人选、选举国家监察委员会主任、表决监察法草案……随着代表们一次次投下选票或按下表决器，上述重要议程圆满完成。

选票是怎样快速统计出来的？如何识别无效票？能根据结果追踪到投票人或表决人吗？技术人员的答复是："无论是哪一代选举和表决系统，其稳定性、匿名性都是研发人员首要考虑的因素，不存在追踪的设计。在电子表决系统中，代表按下表决器的瞬间，数据会传输到后台控制器上，控制器只做累加统计，至于数据来自哪个单元的信息，系统不作记录。"

除了配备智能票箱的电子选举系统，中科信息公司还为人民大会堂开发了电子表决系统。两者其实是一对"姐妹"，同时服务于 2018 年全国"两会"。

这种电子选举是电子民主的一种重要体现形式。

电子民主从 20 世纪 90 年代中期开始进入人们的视线。在其发展的早期阶段，电子民主被视为电子政务的同义词。直到 21 世纪初它才获得自身的概念框架。在过去的五年中，学界和实践领域都热衷于电子民主这一主题，但是就其概念而言，却至今都没有一个确切的定论。以往针对科技如何应用在民主运作或政治参与上的论证或说法，所用的概念并不一致，出入甚大。这种差异可能是因为着眼的科技与工具不同，也可能是因为论者要强调的重点有异。举例言之，除了电子民主之外，还有电传民主、网络民主、数字民主、虚拟民主、电子共和国、电脑民主、按钮式民主等等。究竟哪一种名词比较适当，自是见仁见智。不过，若要深究，那么采取电子民主一词比较恰当。

当前，专家们比较趋向一致地说法是，电子民主是近年来随着网络的发展从西方引进的概念，其概念虽然复杂，诸如数字民主、赛博民主、远程民主等，这些概念可以统称为电子民主。它是以发达的信息技术、网络及其相关技术为运作平台，以直接民主为发展趋向，以公民的全体、主动、切实参与民主决策、民主选举等民主运作程序为典型特征的一种民主新形式。

同时，由于网络能够使信息传递不受时空阻碍，已成为表达民众思想的主要道。电子投票普及之后，就具备了让更多人上网进行投票的可能性。当网络技术进一步成熟和普及，会极大地增加选民投票率，从而使选民坐在家中通过网络即可轻松投票。

数字政府

第三章

数字政府的"建设蓝图"

在中国成为第二大经济体、经济发展从高速发展转为高质量发展的当下，中央政府正在推动一场提升治理体系和治理能力的自我进化，将总目标定为：完善和发展中国特色社会主义制度，推进国家治理体系和治理能力现代化。也是在这个时代，新一轮科技革命方兴未艾，大数据、云计算、物联网和人工智能等新一代信息技术越来越深刻介入经济社会的生产方式、消费方式、运转方式和治理方式。

　　杭州西湖边上有个音乐喷泉，为了确保安全，喷泉周围一年365天被隔离围栏包围，游客要近观，通常需要沿着曲折的围栏转好几个圈。高峰时还时常采用地铁甩站、公交不停等硬措施。然而，从2018年下半年开始，这组令游客倍感麻烦的围栏出现的时间越来越少。记录显示，2019年，隔离围栏放置的时间，从原来的全年365天下降到36天。

　　事情的改变源自音乐喷泉属地湖滨街道在2018年下半年接入杭州的"城市大脑"。

　　大数据分析显示，当音乐喷泉管制区峰值人数达到数万人时，才需要围栏

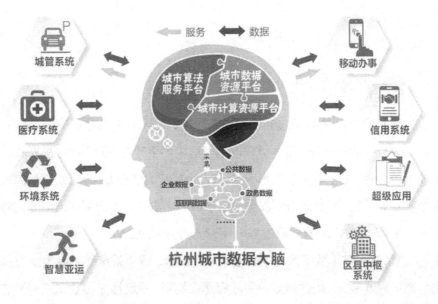

3-1：杭州城市数据大脑示意图

保护，常态也就几千人，淡季甚至低至千余人，为此，湖滨街道制定了三级应急机制，精准采取管制措施，根据人流动态管理。这是基层政府部门在城市治理领域用"数据决策"取代"经验决策"的一个小故事。很多情况下，这样的改变都掩藏在城市运转背后，而且改变每天都在发生。

小故事的背后，是经济高质量发展、政府锐意改革和新科技深刻重叠交错的新一轮浪潮。在中国成为第二大经济体、经济发展从高速发展转为高质量发展的当下，中央政府正在推动一场提升治理体系和治理能力的自我进化，将总目标定为：完善和发展中国特色社会主义制度，推进国家治理体系和治理能力现代化。也是在这个时代，新一轮科技革命方兴未艾，大数据、云计算、物联网和人工智能等新一代信息技术越来越深刻介入到经济社会的生产方式、消费方式、运转方式和治理方式。

在这个历史交汇期，数字政府建设模式应运而生。数字化是一个政府、一座城市迈向智能化时代的前提。

那么，作为数字化的重要任务，数字政府到底应该如何建设？本章试图从数字政府的建设理念、原则、构架等方面提供多维度的"建设蓝图"。

3.1 数字政府建设的"七大思维"

数字政府建设是电子政务发展的新阶段，是数字中国建设的重要内容之一。加快数字政府建设，是各级政府部门适应数字社会发展趋势、提高政府履职能力的必然选择，是优化营商环境、激发市场活力的必要保障，是贯彻以人民为中心发展思想、提高政府为民服务水平的必然途径。工信部赛迪研究院陆峰博士提出，当前数字政府建设过程中，需要创新七大思维。

（1）系统思维。数字政府建设是系统性工程，需要系统性做好数字政府推进体制机制改革，系统性做好数字政府建设规划，系统性完善数字政府推进保障措施，让数字政府建设组织推进有力、规划布局统筹、保障措施完善。一是系统性推进数字政府工程规划、投资、建设、运营、运维等领域全方位改革,理顺推进机制,形成推进合力,确保数字政府建设实现可持续推进。二是系统性做好数字政府网络、系统、平台、数据、业务等全方位的统筹规划和顶层设计,确保网络实现一体化运行。三是系统性做好数字政府标准规范、管理制度、法律法规等配套措施,推进数字政府建设和运行的标准化、制度化、法治化。

(2)整体思维。数字政府建设过程中要提升政府各部门协同联动治理和一站式服务能力。一是推进一体化政府监管治理,按照整体政府、职能分工和协同监管的要求,加快跨部门业务流程优化和前后对接,推动政务数据资源无缝即时流动,提升各级政府协同联动治理能力,杜绝因业务不衔接而出现监管漏洞现象。二是推进"一站式"政务办事服务,加快推进政务服务"一网通办"和企业群众办事"只进一扇门",提供一站式服务能力,提升政府部门协同服务能力。

(3)用户思维。数字政府建设过程中要始终贯彻以人民为中心的发展思想,以提供用户满意的公共服务为目标,以提高用户体验为路径,优化政务服务流程、模式、渠道和内容,不断满足人民对政务服务新期待。一是适应"互联网+政务服务"发展的新特点,持续推进政务业务服务流程优化和再造,提高政府部门"一站式"服务能力,不断满足网络信息条件下大众对政务服务变革的新需求。二是以用户体验为导向,加快推进全国一体化在线政务服务平台建设,让政务服务变得方便,让百姓从政务服务中有更多体验感和获得感。

(4)创新思维。创新是数字政府的核心要义,要推进数字政府理念创新、建设创新、服务创新、应用创新、运营创新,以创新破解传统政务信息化建设各种痛点。一是推动数字政府发展理念创新,将开放、共享等发展理念全面贯穿在数字政府推进始终,确保数字政府建设理念引领。二是要推进数字政府投资、运营以及政务服务等系列制度创新,促进统筹规划、资源整合、业务协同、多方参与、持续发展。三是推动政府运转模式创新,要依托政府和企业网络平台,转变政府传统运作模式,推进远程监管、在线服务、协同治理、多方共治,提升政府社会治理能力和效率。四是推动技术应用创新,推动互联网、大数据、人工智能等技术和政府业务深度融合,构建网络化、平台化和智能化社会管理服务技术支撑平台,更好地支撑网络化运行、海量化参与、社会化协同为特征的数字经济社会治理需求。

（5）数据思维。大数据是信息化发展的新时代，是推动政府管理和服务精准化的重要历史机遇，要充分利用大数据资源转变政府运作模式，构建"数据说话"的新型政府，做大数据时代"心中有数"的政府。一是要加快推进政务数据资源跨地区、跨层级、跨部门共享和交换，提升政府部门社会治理协同联动能力和民生"一站式"服务能力。二是要充分利用外部社会数据资源强化政府决策支撑，加强政企合作、多方参与，推进政府监管决策平台同互联网、金融、电信、银行、能源、医疗、教育等领域服务企业的数据平台对接，形成数据来源广泛、多方数据比对、数据时效性强的政府决策数据支撑体系。三是要加强政务、行业、社会等多方面数据交叉比对、关联挖掘和趋势预判，提高对经济运行、社会发展、民生服务、社会管理等领域的深度分析和预测能力。

（6）整合思维。数字政府建设需要改变传统电子政务建设分散的情况，加快推进基础性资源和设施的整合，尽快实现统建共享和共建共用，提高政府集约建设能力。一是推进基础设施整合，为各级政府部门推进数字政府建设提供统一的云服务支撑，防止政务基础设施投资浪费、重复建设，提高政务基础设施弹性扩展能力。二是以业务主题为抓手，加快推进系统平台整合，构建跨部门、跨层级、跨区域大系统和大平台，推动共建共享和集约建设，促进信息共享和业务协同，提升各领域协同治理和服务能力。三是推进数据资源整合，推进政务数据资源和社会数据资源融合，为各政务部门业务信息化提供基础数据支撑。

（7）法治思维。数字政府建设过程中要始终贯彻全面依法治国的理念，坚持依法行政，建设阳光透明的法治政府。一是要依据法律法规全面梳理政府行政审批事项，优化网上审批服务流程，做到法无授权不可为、法定职责必须为。二是推进电子监察，实现全程留痕和有据可查，规范和约束权力运行，强化执纪问责。三是加强数字政府运维过程中的执法监督，形成合法的政府建设机制和有效的市场参与机制。

对于数字政府建设，千万不要认为是简单的政府信息化工程，而是政府运行和信息化的深度融合，是一项全方位、系统性、面向未来的政府改革工程，各级政府必须紧紧抓住当前党和国家机构改革历史性机遇，加快理顺数字政府建设体制机制,以新思维统筹规划数字政府推进路线,加快数字政府推进步伐,才能更好地促进人民满意的法治政府、创新政府、廉洁政府和服务型政府建设。

3.2 数字政府建设的理念变革

立足新的时代条件和实践要求,加快数字政府建设成为我国政府治理现代化的趋势所在。数字政府作为一种新型国家治理方式,"新"就"新"在不同以往,将对政府治理带来深刻性变革。规则的变革贯穿于数字政府建设的始终。数字政府的建设不仅是规则内的选择,更是规则间的选择。

就数字政府的建设过程而言,数字政府不是传统政府的技术化加成,而是系统性的全方位变革。在政府治理的框架内,数字政府是传统政府的升级版,推动政府治理从低效到高效、从被动到主动、从粗放到精准、从程序化反馈到快速灵活反应的转变,更多的是政府理念的变革、治理方式的转变、运行机制的重构、政务流程的优化和体制资源的整合。在这一变革过程中,数字政府的价值定位是传统政府的延续和加强,建设数字政府是基于政府运作环境演化背景下政府改革发展的策略选择,即在建设人民满意的法治政府、创新政府、廉洁政府和服务型政府的价值目标坐标系中,依托互联网、物联网、数据等基础设施和云计算、大数据、人工智能等现代信息技术撬动政府治理变革,提升政府效率,提供优质服务,增进公共利益。

就数字政府的建设结果而言,数字政府注重数字治理、精准治理、智能治理,实质上完成了对传统电子政务的飞跃和扬弃。2014年OECD(经济合作与发展组织)发布的数字政府战略报告中,电子政务被看成改进现有业务流程的技术,数字政府则是创新地设计和供给公共服务,强调数据信息在一定条件下、在各治理主体之间的共享。电子政务虽然与数字政府在信息技术应用和公共服务提供上有相通之处,但电子政务的立足点在政府服务方式的技术化"改良",数字政府的立足点则是政府与其他治理主体之间互动关系的联动型

"变革"。

有专家提出,数字政府理念变革的五种向度:

(1)逻辑起点的转换,从行政权力有效配置走向数据资源有效运用。数据是信息时代的生产资料和基本要素,数字政府的治理虽然同样存在对社会公共事务的管理,但这种"管理"是依托数据资源进行的精准治理,故数据资源的有效运用是数字政府治理的逻辑起点。数字政府建设实质上催动了传统政府以权力为中心到数字政府以数据、信息、网络为中心的转变。数字政府相对于传统政府来说,一个质的飞跃就是数据赋能,由数据驱动决策,而不再是数据辅助决策。

(2)物理意义的转换,从传统政府走向传统政府和电子政务的深度融合。立足于信息技术的快速发展,服务型政府建设强调政府在线下与线上的深度融合、有效衔接、相互补充。线下传统政府是电子政务在物理世界的支撑和依托,电子政务是数字政府在虚拟世界的组织形态和实体政府的延伸,要探索线下与线上业务体系的补充和协同,从而推动政府服务质量和服务效率的提升。

(3)组织方式的转换,从传统的等级科层制走向非中心化、扁平化的网络型结构。在信息时代,由于大规模、实时化、个性化的公众需求和快速迭代、分布式、高度互联的现代信息技术冲击,传统的等级科层制面临困境,促使传统管理体系进行分解和网络化。云端制(统一大平台 + 海量的小前端)是与信息时代相适应的组织模式,等级科层制和云端制将共同出现在数字政府的建设过程中。

(4)治理方式的转换,从单一治理主体走向多主体协同共治。传统政府治理实践中,往往由政府生产、提供公共产品及公共服务,同时进行社会公共事务的治理。随着社会资源的网络化配置,市场组织、社会组织和广大民众都可以有效参与公共事务管理和公共服务供给,主体之间的互动表现出大规模、实时化、自发性、社会化的协作特点,治理实践也越来越多地呈现政府、市场、社会在公共领域的协同共治。以此,需进一步发挥行政治理机制、市场治理机制、社群治理机制的功能优势,通过跨界互动和平台协作,协调各种资源实现价值协同,创造公共价值。

（5）服务理念的转换，从"政府端菜"变为"群众点菜"。以人民为中心，这是数字政府最基本的价值导向，一方面强调为人民服务的理念，围绕人民日益增长的美好生活需要提供优质的公共服务；另一方面要构建制度体系，使人民参与治理、人民监督政府、人民共享成果。以用户为中心，这是数字政府的时代价值表现，强调用户需求导向和用户满意作为评判治理成效的准绳。首先，扁平化、开放式的政府网络结构可以与用户零距离、实时性互动交流，了解用户诉求并快速响应，有效降低了沟通的制度性交易成本。其次，为推动快速多变、高度个性化的用户需求落地，必然要求提升政府执行力，精准施策发力，提供端到端的精准服务。最后，政府提供的服务要满足用户需求和增进用户体验，不断提升用户的满意度，进而提升政府的公信力。

3.3 数字政府的建设原则

当前，以数字化、网络化、智能化为特征的现代信息技术飞速发展，推动了数字经济的蓬勃兴起和网络社会的崛起，给经济、社会和政治发展带来了深刻变革，显著改变着人们的生产和生活方式。建设数字政府是基于信息时代背景下的政府变革回应，加强数字政府建设、完善数字政府治理体系已成为政府改革的主旋律之一。数字政府建设关键不在"数字"，而在于"治"，回归政府治理本位才能抓住对数字政府的基点理解。因此，注重并加强系统性、整体性、协同性、开放性是数字政府的发展趋势和内在要求，也是加快推进政府治理现代化的重要着力点。在数字政府建设中要坚持以下原则：

一是系统性原则。数字政府建设不仅包括信息技术的改进、数据治理能力的增强、政务质量的提升、业务流程的优化，而且涉及政府自身改革以及外部环境的全方位系统性变革。就政府自身而言，数字政府建设必然对政府治理理念、治理结构、资源配置、制度安排、政务流程、运行机制等带来深层次的结构性变化，现阶段遇到的问题实质上是从传统政府转轨数字政府的不相适应之处。就外部环境而论,数字政府是适应于信息社会的新型政府治理形态和国家治理方式,与数字国家、数字经济、数字社会高度关联、彼此调适,需要推进与各领域改革的联动集成,回应现实需要,创造共同价值,不断丰富实践的多维面向和功能图景。同时,系统推进数字政府建设,需全面审视相互关联的结构、层次、要素、功能、环节,统筹构建上下贯通、左右联动、内外衔接、前后有序、统分结合的系统集成改革格局。

二是整体性原则。信息技术的发展与应用使得政府治理从分散走向集中,从部分走向整体,从破碎走向整合,具备技术驱动的条件基础之后,建设整体政府、实行整体治理成为数字政府建设的必然选择。整体性视角要求数字政府建设以公民需求和结果导向为本,进行资源整合和行动协同。避免因信息孤岛的存在使群众办事难,加剧分段服务的低效供给。建设整体性的数字政府首先应以数据资源的整合共享为切入点,统一规划部署,统一标准应用,推动网络基础设施的互联互通和数据资源的共享共用,重点推进"存量"的充分衔接和"增量"的集中建设,加快平台一体化、服务一体化、保障一体化,打破空间和时间的双重限制,推动业务协同和集成服务,实现政府内部运作与对外服务一体化、线上线下深度融合,提供完整链条的公共服务,以行政行为的整体性效率提升,优化企业群众办事体验。

三是协同性原则。数字政府的协同表现在政府内部层次的部门间横向协同、层级间纵向协同,中间层次的云端业务协同,以及外部层次的政府市场社会等多元主体协同。首先,建设数字政府需打破专业分工、纵向分权的传统等级科层制的桎梏,为政府部门间、层级间的横向和纵向协同提供资源整合和行动协调的平台,降低政府内部沟通与协调的制度性交易成本,促进传统政府的被动协同向数字政府的主动协同转换,并通过技术融合、业务融合、数据融合,实现跨层级、跨地域、跨系统、跨部门、跨业务的数据共享、信息服务和流程再造、统一行动。其次,数字政府建设过程中,可由政府主导建设大数据平台、信息共享交换平台、公共服务平台等,以"大平台"对接分布在不同领域、不同主体、不同层级、不同形式的"小前端",实现云端业务协同。再次,政府的主要职能是掌舵而不是划桨,数字政府的建设需要发挥政府、市场主体、社会组织和公众的各自优势和协同共治作用,从关注政府内部组织和管理转向关注政民关系和社会协同,建立各种合作机制,促进跨领域、跨行业的对话互动和公共行动,提升公共价值。

四是开放性原则。数据是数字政府的核心资源,数据流动才能产生价值,数据开放就是要释放数据的红利。数据开放首先应做到信息公开。通过网络留痕加强电子监察,通过公开透明加强公众监督,通过便捷知情加强政务参与,进而提升政府的公信力。其次,数据开放重在数据资源的利用。数据开放促进了政务数据、企业数据、社会数据的融合,促进了社会公共信息在社会成员之间的共享与可获取,企业、社会组织、公众可以挖掘运用数据进行创新应用和增值利用,释放数据活力,激发社会创新动力。政府通过推进数据开放优化资源配置,不断拓宽数据开放的范围领域和提升数据开放的深度质量,可以有效推动发展数字经济、社会治理智能化、民生服务精细化个性化,市场和社会主体也具备内生的积极性并致力于技术创造来开发利用数据,进而增进公共利益。再次,数据安全是数据有序开放的前提。数据开放是不碰触数据安全底线的开放,政府是维护数据开放秩序和保障数据安全的"守护者",政府应制定数据安全保障的规则体系,推动数据在制度框架下开放与流动,同时提升网络信息安全治理能力,加强隐私脱敏保护和安全保密防护,做好数据安全的依法监管和风险防范,最大限度为数据开放保驾护航。

3.4 数字政府的建设体系

数字政府建设是推进数字中国建设的重要内容。加快数字政府建设是完善宏观调控的需要,能够促进国家对金融交易、商贸活动、企业运行等的精准掌控,提高定向调控、相机调控、精准调控等能力;是加强社会管理的需要,能够提高对人口、交通、市政、安全、网络等重点社会管理领域的精准管理能力;是改善公共服务的需要,将增强政府公共服务数字化、网络化、智能化能力;是强化综合监管的需要,有助于构建部门协同联动、线上线下一体的综合监管模式,提高事前预防、事中监管和事后处置能力。数字政府建设是一项系统性工程,需要革新理念、统筹规划、强化创新、稳步推进。工信部赛迪研究院互联网研究所副所长陆峰提出,当前数字政府建设需要从以下七个方面加快推进。

(1)构建网络互联互通、安全可管可控、能力持续升级的信息网络支撑体系。加强各级政府电子政务网络建设,提高电子政务外网横向委办局覆盖率,加快各类专网向电子政务外网迁移,促进政府部门网络互联互通。按照国家电子政务网络安全防护的相关要求,加强信息安全等级保护和分级保护防护措施建设,完善密码和密钥管理、网络信任和安全管理等体系,确保网络可信、可管和可控。优化电子政务网络结构,持续推进电子政务网络提速和升级改造,提高电子政务外网和互联网联通访问能力,满足"互联网 + 政务服务"和数字政府对网络建设的需求。

(2)构建体系目录全面、资源分级分类、内容按需共享的信息资源共享体系。按照国家政务信息资源目录体系和交换体系标准要求,应加快各级政务部门政务信息资源的梳理,明确政务信息资源的分类、责任方、格式、属性、更新时限、共享类型、共享方式、使用要求等相关内容。加快推进政务信息资源分级分类,加快构建基础性、主题性和业务性信息资源目录,明确无条件共享、有条件共享、不予共享的范围。加快各级政务信息资源共享交换平台建设,推进共享交换平台上下互联互通,提升共享交换平台部门和重点业务系统接入率,强化系统直连交换。

(3)构建流程持续优化、数据无缝流动、线上线下融合的业务协同联动体系。适应"互联网 + 政务服务"发展的新特点,按照"信息多跑路、百姓少跑腿"的要求,持续推进政务业务服务流程优化和再造,提高政府部门"一站式"服务能力,不断满足网络信息条件下社会对政务服务变革的新需求。按照整体政府、职能分工和协同监管的要求,加快跨部门业务流程优化和前后对接,推动数据跨部门实时无缝流动,提高业务实时协同联动能力,杜绝因业务不衔接而出现的监管漏洞。按照网络化服务和监管的要求,不断完善和优化线下服务网点、服务人员和服务设施等配套布局,提高线下服务智能化水平,推进线上线下业务融合服务。

(4)构建整体统筹规划、业务信息融合、运维有效保障的信息应用推进体系。加强电子政务建设统筹规划,推进跨部门、跨层级、跨区域大应用、大系统、大平台建设,提倡共建共享和集约建设,防止分散建设、重复投资、严重浪费等现象,提高电子政务建设成效。深化政务业务和网络信息深度融合,优化业务流程,创新服务模式,拓宽移动服务渠道,持续提升用户体验。提升电子政务运维能力建设,加强运维经费保障和外包运维管理,建设专业化业务和技术运维队伍,提高业务运维和技术运维支撑能力,满足系统和平台升级改造需求。

(5)构建数据来源广泛、内容深度挖掘、手段方便快捷的政府决策数据服务体系。充分利用外部数据强化政府决策支撑,加强政企合作、多方参与,加快宏观调控、社会管理、公共服务、市场监管领域社会数据的集中和共享,推进同互联网、金融、电信、银行、能源、医疗、教育等领域服务企业积累的数据进行平台对接,形成数据来源广泛、多方数据比对、数据时效性强的政府决策数据支撑体系。加强政务、行业、社会等多方面数据交叉比对、关联挖掘和趋势预判,提高对经济运行、社会发展、民生服务、社会管理等领域的深度分析能力。完善政府数据决策系统平台支撑体系,不断提高数据分析利用便利程度。

(6)构建手段平台支撑、业务协同联动、业态创新活跃的政府管理服务体系。适应网络社会发展趋势,创新政府治理方式,加快构建数字化、网络化、智能化的政府经济社会治理网络大平台,提高数据汇聚、在线监测、事中监管、协同联动等方面能力。依托网络大平台,优化和再造政府监管和服务流程,促进政府数据实时无缝流动,推动跨部门、跨层级、跨区域业务协同联动。充分利用移动互联网、云计算、大数据、物联网、人工智能等技术手段,以及众包、众创、众筹、众扶、共享经济、分享经济等新模式推动政府管理和服务模式创新,促进管理和服务效率的提升及模式变革。

(7)构建制度健全规范、技术支撑有力、预警响应快捷的网络安全保障体系。完善政务信息系统网络安全保障制度,重点加快复杂网络、新技术应用、大数据汇聚、互联系统等各类型条件下网络安全保障制度的建设,切实提高系统访问、技术应用、复杂网络、运维人员、数据流动等方面安全管理能力。强化网络安全运维队伍建设,加强运维外包队伍管理,加快网络安全保障大平台构建,加强大数据、人工智能等技术在网络安全保障的深度应用,推动网络安全运维的自动化和专业化,提升网络安全事件应急响应能力。

数字政府建设不是简单地将网络信息技术在政府履职领域进行深度应用,而是一项全方位系统性工程,需要秉持以人民为中心的发展理念,根据经济社会数字化、网络化和智能化发展趋势,以改革创新精神,推动政府社会治理理念、管理服务流程、监管手段模式、行业法律法规等全方位的变革创新,以更好地适应网络新经济、社会大协同、应用大创新的新时代发展需求。

3.5 新技术引领数字政府建设新趋势

在 2019 年 5 月 8 日举办的第二届数字中国建设峰会上,数字中国建设成果展览规划了数字政府、数字经济、数字生活等七大展区,新技术、新产品首展率占比超过一半。诸多 5G、无人驾驶、人工智能、物联网等令人耳目一新的技术应用亮相,吸引了公众的目光。在数字生活时代,科技引领下的数字政府建设呈现哪些新趋势?

(1)趋势一:5G 应用促使智能化提速。从 2016 年以来,5G 热度逐步攀升。5G 的超低时延、超高带宽特性,不仅会极大改变人们的生活方式,提升通信效率,还为诸多前沿技术和产品的落地增加更多可能性。例如,中国联通在场馆内设立的 5G 轻量级演播室,通过 5G 实现视频拍摄实时回传、编辑、发布;中国电信展出的全新应用"智慧党建"吸引了不少关注。依托 5G 技术,将丰富翔实的党建内容与视频呈现相结合,打造出全新的党课学习环境;此外,中国移动开发的"多屏互动在线教育平台"、华为 5G 终端智能手机——mate X 等均悉数亮相,预示着 5G 时代的来临。

(2)趋势二:技术自主化保障信息安全。自主可控关乎国家战略,对国家信息安全的重要性日益凸显。在本次峰会上,共计有 63 项国内自主可控核心技术亮相,包括清华大学的"清华数为大数据系统软件栈"、启迪公司的黑光超低照度全彩高清智能夜视成像系统、中科曙光的中国首款国产高性能 x86 微处理器(中国芯)、紫晶存储的以光存储介质为核心的磁光电融合存储系统等。除了备受瞩目的芯片领域,紫晶存储在大数据信息存储领域的自主可控技术同样也备受关注。作为光存储行业的领军企业,紫晶存储是唯一入选工信部"2018年工业强基工程存储器一条龙"的光存储制造企业,自主研发的"蓝光数据存储系统"通过了 2018 年工信部科技成果评价,也是大陆唯一一家 BD-R 底层编码策略通过国际蓝光联盟认证的光存储企业(全球仅九家),2019 年通过了"中国电子工业标准化技术协会安全可靠工作委员会"评选,成为会员单位之一。依托自主可控的技术优势,紫晶存储的产品已被应用于国家超算中心、国家卫健委、国家档案馆等组织机构。

(3)趋势三:数字与智慧更好服务于人民。"数字和智慧城市"成为本届峰会上热议话题之一。依托大数据、云计算、AI 等高新技术的应用落地,城市众多场景正在逐渐重塑。依托前沿技术,华为展示了诸多智慧城市的落地成果。例如,华为云联合深圳交警,基于华为云 EI 交通智能体,云边端的部署,实现了路口交通灯的智能控制,优化了主干道路平均路口等待时间,在缓解城市交通拥挤问题的同时,更节约了百姓出行的时间。深兰科技向公众展示了 AI CITY 智慧城市解决方案,涵盖一系列手脉软硬件产品,覆盖楼宇办公、社区家庭、城市出行等工作与生活场景,让"一手解决衣食住行"成为现实。权威数据显示,目前全国共有 500 座城市正在建设智慧城市或者智能城市,重塑诸多城市生活的应用场景,让数字与智慧更好的赋能城市,服务于人民。

(4)趋势四:人工智能助力建设美好生活。随着人脸识别、图像及语音识别和自动驾驶技术的日趋成熟,人工智能(AI)与人们生活的融合程度也越来越高。正如百度 CEO 李彦宏在峰会上所述"未来没有一家企业可以声称与人工智能无关,吃不到这道主菜,将失去一个时代"。百度通过百度大脑、Apollo、小度等板块,展示了智能家居、自动驾驶和智能云等多个 AI 技术应用场景和产品。科大讯飞的智能语音识别产品,AI+ 儿童陪伴、AI+ 医疗、AI+ 生活等行业解决方案,以及明星产品阿尔法蛋也纷纷亮相,让观众近距离感受到 AI 技术给生活带来的改变。此外，阿里巴巴、微软等众多企业也携最新 AI 成果，设立展台亮相展会。

（5）趋势五：数字中国催生海量数据。在本次数字中国建设峰会上，眼花缭乱的新潮技术为数字中国勾勒了美好前景，但同时也带来了数据爆炸式增长的存储挑战。一个城市一个月的监控视频存储容量就高达 36PB；自动驾驶中仅摄像机和雷达等设备产生的数据每秒就有 10GB 之多；大数据、AI、云计算等都将产生大量数据，如何提高数据存储效率和安全性，同时降低成本，成为数字中国建设中急需解决的一大问题。本次数字中国成果展览会上，众多企业如联想、浪潮、紫晶存储等也纷纷展出了数据信息存储产品及各行业的解决方案。依然以紫晶存储为例，他们根据数据使用频率，即冷、温、热数据概念，提出智能分层的存储理念，并据此推出了以光存储介质为核心的磁光电融合存储系统和多款产品，确保了数据存储的安全可靠、节能高效、长期寿命，并有效降低了成本。

本届峰会还发布了《数字中国建设发展报告》，报告显示，数据资源成为驱动数字经济发展的核心要素，信息消费已经成为拉动内需、促进经济增长的强大动力。本次展览会展示的 5G、AI、智慧城市、融合存储等新技术新趋势，必将为推动数字政府、数字社会的建设与发展提供更多更好的支持与助力。

3.6 数字政府建设的效能

对于政府治理而言，运用大数据、云计算、区块链、人工智能等前沿技术推动政府治理手段、模式和理念创新，建设数字政府，是推进政府治理体系和治理能力现代化的必由之路。推进数字政府建设是党和国家制定的重要战略，党的十九届四中全会明确要求，"建立健全运用互联网、大数据、人工智能等技术手段进行行政管理的制度规则。推进数字政府建设，加强数据有序共享"。我国数字政府建设正面临难得历史机遇、处于关键历史节点。数字政府作为数字中国的有机组成部分，不仅是推动数字中国建设、实现经济高质量发展的重要支撑,更是推动政府治理现代化的重要动能。贵州大学公共管理学院院长黄其松指出,通过数字政府建设及其作用的发挥,将全面提升治理现代化水平。主要表现在以下几个方面:

(1)以数字政府建设为引领,促进政府职能转变。以互联网、大数据、人工智能为代表的新一代信息技术日新月异,给各国经济社会发展、国家管理、社会治理、人民生活带来重大而深远的影响。近年来,以大数据、云计算、人工智能等为代表的新兴信息技术迅猛发展,不仅对人们的生产、生活、思维方式产生了重大影响,也对政府的管理模式、运行机制和治理方式提出了新要求。建设数字政府是政府运用互联网、大数据、人工智能等信息技术解决公共问题、提供公共服务、实施公共治理的过程和活动。就其本质而言,数字政府就是政府的数字化、智慧化。因此,数字政府建设是当前推动政府治理体系和治理能力现代化的着力点和突破口,是推进"放管服"改革的重要抓手,是促进政府职能转变的重要动能。在相当长的一段时间里,政府决策不科学、服务水平不高,尤其是行政审批程序烦琐复杂、行政效率不高,民众办事跑腿多、满意度低,是我国各级地方政府治理存在的主要问题。同时,随着经济社会快速发展,公众对政府服务需求越来越高,政府需要解决"管什么、如何管、管得好"的问题,这涉及政府的职能。以数字政府建设为引领,强化政府服务、提升行政效能,是推动政府职能转变的重要抓手。当前,各级地方政府将"互联网+政务服务"作为推进数字政府建设的关键,积极搭建公共服务在线平台,为公众提供"一站式"和"一体化"整体服务。数据显示,截至2018年年底,全国32个省级网上政务服务平台提供的28105项省本级行政许可事项中,87.92%的事项已经具备网上在线预约预审功能;68.90%的事项通过网上受理、现场核验,实现"最多跑一次";24.39%的事项可以通过网上受理、平台核验、快递送达,实现事项的不见面办理。通过数字政府建设,有力地推动了政府数字化转型和服务型政府建设,政府治理行为变得更加规范、透明,行政流程更加优化,行政决策更加科学、行政效能显著提高,行政成本大幅降低,公共服务质量得到有效提升。

(2)以数字政府建设为突破口,推动政府治理转型。当前,新一代信息技术与生产、生活领域相互渗透、深度融合,深刻地改变了人们的生产生活方式和社会组织模式。政府治理是特定环境下的政府行为,深受时代的影响,时代的发展成为推动政府治理转型的根本动力。数字政府建设顺应时代发展,是推动政府治理转型的重要突破口。首先,推动治理理念创新。技术的发展改变了生产、生活方式,进而改变了社会环境,也改变了人民群众与政府之间的关系,政府越来越多地需要通过与社会和民众的合作来开展工作。这要求政府必须坚持以人民为中心的理念,树立服务导向和人民至上观念,努力建设服务型政府和责任型政府。通过数字政府建设,创新政府治理理念与模式,政府能够更及时感知人民群众的需求,能够更及时回应社会关切、提供公共服务,能够实现更敏捷、灵活、高效的政府治理。其次,推动治理方式变革。依托数字政府建设,政府治理方式获得极大的拓展和创新。综合运用大数据、云计算、区块链、人工智能等技术手段,推动新技术在民生服务、社会安全、灾害预测、应急管理等领域的应用,促进政府治理方式更为多元与合理。再次,推动治理结构重塑。第四次工业革命推动了信息社会的深入发展,政府治理结构必须改革以适应变化了的社会。通过数字政府建设,尤其是随着政府数据的开放与共享的逐步推进,使治理结构更加开放。为了适应信息社会的政府治理,一些组织机构合并了、撤销了,一些组织机构建立了,政府治理结构得以重构。最后,推动治理流程再造。建设数字政府,要求政府治理过程与行为必须与信息运行规律相适应,必须遵循信息获取、存储、分析、运用的内在逻辑与要求,这就要求再造政府治理流程。当前我国各级地方政府在积极推进"放管服"改革中,通过数字政府建设来优化审批流程,降低审批门槛,减少办理环节,压缩办理时限,让数据多跑路,群众少跑路,政府治理流程再造成效显著。

（3）以数字政府建设为抓手,提升政府治理能力。政府治理能力是政府管理公共事务、解决公共问题、发展公共利益的各种能力的总和,信息技术的发展为提升政府治理能力提供了机遇与技术支撑。以数字政府建设为抓手,政府治理能力得以全面提升。第一,提升决策能力。利用大数据、云计算等技术手段,政府可以全面、准确、及时掌握各种信息,能够实现"用数据说话,靠数据决策,依数据行动",从而增强政府决策的科学性、预见性和精准性。第二,提升执行能力。政府治理需要科学决策,更有赖于决策的执行,即"贯彻落实"。以大数据为代表的信息技术可以实现对行为的实时记录,让"贯彻落实"的过程与行为处处留痕,促进了依法行政和廉洁从政,并且能够及时反馈执行过程信息和及时调整执行行为,从而提升了政府执行能力。第三,提升整合能力。数字政府以数据开放、共享、融合为基础,要求打破过去政府部门间的数据烟囱、信息孤岛,促进政府部门间的整合与协作。同时,数字政府不仅要以政府数据为基础,更需要政府数据与市场、社会数据的融合,真正形成"政府大数据"。而这极大地促进了政府协调与社会、市场之间关系的整合能力。第四,提升服务能力。当前各地在充分运用大数据、互联网等信息技术推进数字政府建设过程中,纷纷涌现出"最多跑一次""不见面审批""一网通办""'不打烊'网上政府""秒批"等创造性、创新性实践,有效降低了制度性交易成本,创新了政务服务模式,提升了服务效能。换言之,通过数字政府建设和信息技术在政府治理中的运用,有效地提升了政府服务能力。第五,提升应急管理能力。防范和化解各种风险、维护社会繁荣稳定是政府重要职责,应急管理也就成为政府的重要工作。习近平总书记指出,要依靠科技提高应急管理的科学化、专业化、智能化、精细化水平。要适应科技信息化发展大势,以信息化推进应急管理现代化,提高监测预警能力、监管执法能力、辅助指挥决策能力、救援实战能力和社会动员能力。数字政府正是新兴技术特别是信息技术与政府治理相结合的产物,数字政府建设将有力提升政府应急管理能力。当前,在新冠肺炎疫情防控中,大数据等信息技术被广泛运用于人员流动轨迹描绘、病毒基因分析、医疗卫生资源调配、区域疫情发展趋势预测等工作中,对地方各级政府疫情防控的决策、组织、动员等工作发挥了强有力的支撑作用。杭州市充分运用信息技术推行"数字治疫",得到了习近平总书记的充分肯定。同时,各级地方政府通过网络平台提供"不见面"服务,不仅满足了群众正常需求,更降低了人员流动、接触而导致的病毒感染风险。

(4)以数字政府建设为依托,培育全民数字素养。当今社会,数字素养成为越来越不可或缺的生存技能和知识资产,它是一种在工作、学习、娱乐以及社会参与中利用数字化工具及数据资源理解现象、解决问题的能力与素养。联合国教科文组织指出:"数字技术是高效参与日常生活和工作很多方面活动的基础,利用数字技术所必需的技能和本领在今天比过去任何时候都更是必不可少。"当前，人们赖以生存的环境越来越数字化，要适应这个时代的生活、工作和学习，必须具备一定的数字素养，世界大多数国家也高度重视社会大众的数字素养培育与养成。数字政府建设要取得成功，不仅要求提升政府工作人员能力与素质，尤其是数字能力与素养，还需要社会大众必不可少的适应能力和运用能力。因此，数字政府建设与社会大众数字素养是相辅相成、互为支撑的。以数字政府建设为依托，推动政府数字化进程，不仅可以提升政府工作人员数字素养。同时，数字政府建设是政府治理的全面变革和全新革命，势必会对全社会带来积极影响，也必将促进全社会数字素养的提升，从而积极推动社会进步与国家发展。

3.7 数字政府建设的"清障工程"

对数字政府的认识，必须置于政府信息化的发展历史和政策演化进程中加以审视。纵观政府信息化的发展历程，到目前为止可以划分为三个阶段。

第一阶段（1992—2000年），起步阶段。我国电子政务发展的第一阶段，以"三金工程"为代表，以"政府上网工程"和政府办公自动化为主要特点。

第二阶段（2001—2012年），发展阶段。该阶段有几个重要时间节点和标志性事件。一是2001年8月和2002年1月，国家信息化工作领导小组和电子政务标准化总体组相继在京成立；二是2002年7月，国家信息化领导小组召开二次会议，以"17号文件"的形式下发了电子政务建设规划指导性意见。《2006—2020国家信息化发展战略》《国家电子政务总体框架》《国家电子政务十二五规划》《十二五国家政务信息化工程建设规划》等文件奠定了网络基础实施、重点业务应用和工程建设、信息资源开发利用、公共服务、保障体系等方面的发展基调。

第三阶段（2012年至今）提升阶段。随着网络强国战略、国家信息化发展战略、国家大数据战略、"互联网+"行动计划等重大战略和行动的实施,以信息化驱动现代化、加快建设数字中国高位推进,数字政府建设面临难得的历史机遇期。同时,以美国、新加坡、韩国、英国等为代表的发达国家,在整体政府、智慧政府、协同政府、数据治理等方面有许多实践探索和成功案例,也为我国数字政府改革创新发展带来了有益启示。

在推进数字政府建设过程中,人们普遍认识到,数字政府是遵循"体制创新+技术创新+管理创新"三位一体架构所形成的一种新型政府运行模式W,它以云计算、大数据、移动互联网、区块链等现代信息技术为支撑,以数字化、协同化、透明化、智慧化的推进策略与实施路径为特征,以大平台共享、大数据慧治、大系统共治为顶层架构,以政府部门横纵贯通、跨部门跨层级跨系统跨地域业务高效协同、数据资源流转通畅、网上服务一张网供给、社会治理精细运转、决策支撑精准高效、基础保障安全可管可控为落脚点,以提升政府体系和治理能力现代化为主要目标的政府运行新形态。

然而,传统的条块式的组织架构,使网络不联通、系统不贯通、数据不汇通,造成了"信息孤岛"和"数据烟囱"现象。网络不联通、系统不贯通、数据不汇通,是当前阻碍数字政府建设的现实障碍。正如建房先要"破土",施工先要"清障",扫除数字化道路中的各种障碍是建设数字政府的前提条件。

国家电子政务外网虽已初具规模,但仍有9%的地市和41%的区县没有覆盖到,现有外网承载各级政务部门的社会管理和公共服务业务系统较少。国家电子政务内网尚未完全建成。政务部门传统条块式的组织架构导致了"数据碎片"和"信息孤岛"。目前,我国信息数据资源80%以上掌握在各级政府部门手里,但"信息孤岛"和"数据烟囱"现象依旧存在。由于历史原因,大量业务专网广泛存在且互相隔离。政务信息资源共享统筹规划和顶层设计亟待加强。长期以来,信息资源的归属、采集、开发等管理制度不明确,信息资源部门化、部门资源利益化、利益产权个人化普遍存在,信息资源完整性、鲜活性、权威性、真实性得不到有效保障,信息重复采集、重复加工、重复开发严重影响了信息质量和有效性。政府源数据开放进程缓慢,阻碍了政府信息资源的有效整合和社会化开发应用。消除数据信息碎片化,打通大数据应用服务"最后一公里",切实发挥数据在业务支撑、科学决策、社会治理、公共服务中的效用,仍然任重道远。

互联网时代是一个人人都可以参与公共事务、寻求联接协作的时代。如果说互联网重塑了政府扁平化组织架构这一新形态,那么,移动互联网、微博、微信、App 客户端等新媒体的出现,则为进一步增强公众参政议政的主动性和便捷性提供了可能。但遗憾的是,"多门式"服务入口依然存在,公众在寻求与政务部门沟通互动时仍面临"门难找""门难进"现象。以"互联网 + 政务服务"为例,虽然目前"互联网 + 政务服务"取得阶段性进展,但线上线下相融合的一体化政务服务体系建设仍需努力,跨地区跨部门跨层级跨业务的信息共享和业务协同亟须加强,与群众生活密切相关的水、电、气、暖等公用事业单位及银行等服务机构的服务质量和效率还有提升空间,网上政务服务发展的不平衡、不充分的矛盾依然存在,群众获得感有待增强。

整合是原则、孤网是例外,应积极探索区块链、大数据等新兴技术在数据共享中的应用,破旧立新,整合创新,努力打造"整体政府"。

3.8 数字政府建设的"三通一平"

我们常见的工厂、住宅、游园建设,首当其冲是进行"三通一平"。在我国当前的现实情况下,要科学构建数字政府,也需要从以下四个方面实现"三通一平"。即网络基础互联互通、数据资源互联互通、政务服务互联互通,"各大山头"全部铲平。这里的"三通一平"主要包括以下四点:

(1)网络基础互联互通。要加快推动基础设施互信互联互通,探索共建共享共治新模式。应从根本上改变基础设施分散规划、分散建设、分散使用带来的建设失序、数据隔离、效率低下的发展瓶颈。加快推进实施"宽带中国"战略,加快建成满足云计算发展需求的宽带网络基础设施,鼓励应用云计算技术整合改造现有电子政务信息系统,实现各领域政务信息系统整体部署和共建共用。按照政策部署,提高电子政务外网纵向贯通和横向覆盖率,加快各类政务专网向国家电子政务外网迁移,加强信息安全等级保护和分级保护防护措施建设,提高电子政务外网和互联网联通访问能力,满足数字政府在部门业务运行、公共服务、社会治理等各方面对网络建设的需求。

(2)数据资源互联互通。要积极推动政府数据资源共享开放,探索贯穿数据全生命周期的数据治理新路径。数据是数字政府的生命线。一是要加快政务信息系统整合。整合是原则、孤网是例外,对分散、独立的政务信息系统要加快清理整合,统一接入数据共享交换平台,并依法依规向社会开放,加快实现数据通、业务通。二是加快建成政务信息资源共享交换目录,明确政府部门之间共享协同的责任和义务,建立政务信息资源共享与交换规范及标准,实现与人口、法人、空间地理、社会信用、电子证照批文等基础信息库和业务信息库的联通。三要建立相关政府部门的分工合作机制、数据汇聚更新机制,明确数据归属权、使用权和收益权。以规范约束,以标准统一,按照物理分散、逻辑集中的模式,打通各级机构共享交换平台并进行紧耦合对接,支撑政务信息资源跨部门、跨地区、跨层级实时无缝全业务流程流动。四是积极探索区块链、大数据等

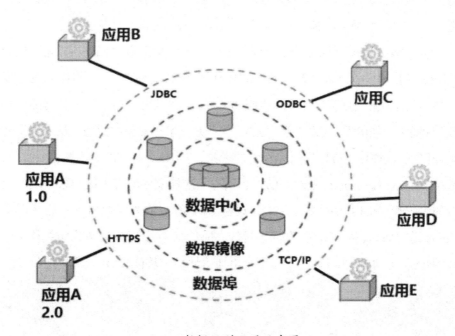

3-2 数据互联互通示意图

新兴技术在数据共享中的应用。加快政府数据向社会开放进程，充分挖掘和发挥政府大数据"红利"。

（3）政务服务互联互通。要不断提升"互联网＋政务服务"信息惠民能力和水平，探索创新社会管理和公共服务新形态。首先，加快建成"互联网＋政务服务"线上线下相融合体系。线上服务不是完全替代线下模式，也不是线下模式的升级版，更不是线下模式的山寨版，而是在业务流程、信息共享、业务协同等诸多方面进行重塑和升华。其次，提升"互联网＋政务服务"供给能力。"互联网＋政务服务"面临的基本矛盾是人民群众日益增长的网上政务服务需要和不平衡不充分的发展之间的矛盾。既要不断扩展网上服务的广度，做到政务服务事项"应上尽上、全程在线"，又要积极借鉴"最多跑一次""不见面审批""一窗受理"等发展模式，逐步拓展网上服务的深度。再次，要积极开展电子证照、电子公文、电子签章等在"互联网＋政务服务"中的应用试点，尽快开展数据流动和利用的监管立法，加大对国家秘密、商业秘密、个人隐私和知识产权的保护力度。最后，稳步推进"单点登录，一网通办"，增强群众办事便捷度。同时，加快清除各种不适应数字政府建设发展的有关规定，实现审批更简、监管更强、服务更优，为以"互联网＋政务服务"为代表的信息惠民工程保驾护航。

（4）"各大山头"全部铲平。要强化顶层设计，探索与"数字政府"相适应的政务信息化建设管理新体制。数字政府作为新技术条件下政府组织和运作模式的新形态，亟须克服传统体制机制的羁绊。长期以来，电子政务管理部门有政府办公厅、经信委、信息中心、政务中心（办公室）、业务部门等。从未来发展趋势审视，这种管理机构"九龙治水"的现象，与构建具有高度整体性、协同性的数字政府这一政府运行新形态已不相适应。应成立能够有力统领数字政府建设的组织管理机构，明确数字政府建设各部门职责，铲平"各大山头"，形成职责明确、纵向联动、横向协同、共同推进的政府信息化工作格局，确保组织体系运转顺畅，沟通协调无缝耦合，协作配合更加密切，使"整体政府"效果更加凸显。

数字政府

● 第四章 ●

数字政府的"定海神针"

近年来，我国科技发展取得了长足的进步，但很多关键技术还掌握在别人手上，始终受制于人。为此，格力电器的董事长董明珠说："在转型升级的过程中，技术创新非常重要，而要想掌握核心技术，最关键的一点是解决人才问题。"中兴通讯遭遇美国技术壁垒的教训，再次告诉我们人才的极端重要性。

同理，数字政府建设涉及的要素很多，但关键在人才。当前，计算机科学、软件工程、电气和电子工程以及工商管理等专业背景出生的几大类数字人才成为数字政府的"定海神针"。

数字 政府

首先让我们回顾一下近年发生的一个著名国际事件——美国制裁中兴。

中兴通讯股份有限公司(简称中兴通讯),是全球综合通信解决方案提供商,中国最大的通信设备上市公司。2018 年 4 月,美国商务部发布公告称,美国政府在未来 7 年内禁止中兴通讯向美国企业购买敏感产品。此事一出,中兴通讯上半年营收同比下滑 27%,净亏损 78 亿元。

这一事件在舆论场上引发深入讨论,美国直接触碰到中国通信产业缺乏核心技术、缺乏关键人才的痛点。"缺芯少魂"的问题,再次严峻地摆在人们面前。

近年来,我国科技发展取得了长足的进步,但很多关键技术还掌握在别人手上,始终受制于人。为此,格力电器的董事长董明珠说:"在转型升级的过程中,技术创新非常重要,而要想掌握核心技术,最关键的一点是解决人才问题。"中兴通讯遭遇美国技术壁垒的教训,再次告诉我们人才的极端重要性。

同理,数字政府建设涉及的要素很多,但关键在人才。当前,计算机科学、软件工程、电气和电子工程以及工商管理等专业背景出生的几大类数字人才成为数字政府的"定海神针"。

4.1 数字人才的现状

数字人才是随着数字技术与数字产业发展而形成的一类特殊的人才群体。数字人才有广义和狭义之分,广义的数字人才是指在工业、农业、科学技术、国防及社会生活各个方面应用现代信息技术,对信息资源进行开发和利用的各类人才。狭义的数字人才是指高等学校培养的数字人才,主要是指信息科学技术相关专业人才,包括计算机科学与技术、电子科学与技术、软件工程、通信工程、信息工程、电子信息、微电子学、光信息科学与技术、地理信息系统、自动化、信息安全等。

数字人才的层次一般来说可以分为三个层次。宏观层次的数字人才是高度复合型人才,以战略性预测人才为代表,包括数字化的发展战略制定者,长期发展规划的制定者,数字政策和法规的制定者等;中观层次的数字人才是复合型人才,以信息主管(CIO)为代表,包括:行业信息主管、政府信息主管、ERP实施顾问和企业信息主管,也包括系统分析师、系统构架师、项目经理等专业技术人员、管理人员;微观层次的数字人才,以各种专业技术人才和信息技术应用人才为代表,包括硬件设计人才、软件设计人才、系统集成人才和数据采集、数据分析、数据处理及系统运行和维护的人才。由此,数字人才层次应该是金字塔结构:微观层次人才处于塔基,宏观层次的人才处于金字塔的塔顶,中观层次的人才位于中间。

伴随着新一代信息技术的兴起,大数据、云计算、人工智能等领域的数字人才更加引人关注。

当前,互联网信息技术与传统业务融合已成为推动我国经济增长和社会发展的重要新动力,数字人才成为影响我国数字化转型进程的重要因素。

为了帮助政府及业界更好地了解数字人才的发展趋势,清华经管学院互联网发展与治理研究中心联合全球最大的职场社交平台 LinkedIn(领英)发布了《中国经济的数字化转型:人才与就业——中国数字人才现状与趋势研究报告》。该报告核心发现要点如下:

(1)数字人才分布最多的十大城市是:上海、北京、深圳、广州、杭州、成都、苏州、南京、武汉和西安。

(2)数字人才按价值链流程的不同职能可以分为六类:数字战略管理、深度分析、产品研发、先进制造、数字化运营和数字营销,我国 85% 以上的数字人才分布在产品研发类,深度分析、先进制造、数字营销等职能的人才加起来不到 5%。

(3)大约 50% 的数字人才分布在互联网、信息通信等 ICT 基础产业,传统行业主要分布在制造、金融和消费品三大行业。

（4）数字人才的专业背景主要集中在计算机科学、软件工程、电气和电子工程等技术类学科，工商管理专业也逐渐成为数字人才的一大来源。

（5）北京、上海、深圳、广州和杭州是推动中国经济数字化转型的"引领型"城市，在数字人才方面具有很大优势，其中北京和杭州在大数据分析领域人才优势显著，上海和广州在先进制造和数字化运营领域更具优势，深圳人才结构比较均衡、各职能领域齐头并进。

（6）成都、苏州、南京、武汉和西安是数字化转型过程中的"快速成长型"城市，数字人才正在从 ICT 基础产业转向融合产业，部分城市如苏州已经在制造业积累起突出的数字人才优势。

（7）数字人才需求方面，需求最多的职位仍集中在产品研发和运营类，技能需求不再强调单一编程技能，而是更加看重技术、管理和领导力综合技能。

（8）数字人才的流动依然体现出向一线城市聚集的趋势，除广州外，其他几个一线城市均呈现出净流入的趋势。杭州、苏州也成为为数不多的数字人才净流入城市。

4.2 数字人才的积累

功以才成，业以才兴。建设新时代网络强国，实施国家大数据发展战略，助力经济的高质量发展，需要不断造就出一支支有梦想、有本领、有眼界的高素质数字人才队伍。从根本上说，数字时代的综合国力和区位竞争在根本上可以说是数字人才的质量、存量与盘活量之争。

当前，以掌握、运用和创新 ICT 专业技能和补充技能，从事"互联网+"、"物联网+"、大数据、云计算、人工智能等数字行业为基本标志的数字人才，正在以新时代奋斗者和追梦者的昂扬姿态，铺就着从工业 4.0 和机器人到数据科学、虚拟现实、数字化商业模式的"智造金带"。建设网络强国的时代渴望和呼唤着越来越多的数字弄潮儿投身其中，建功立业，追逐梦想；越来越多的新时代奋斗者们也将自己的职业、事业和志业凝聚成一个个数字人生、数字梦想，共同践行出"不拘一格出数才，江山代有数才出"的数字人才之梦。

数字人才建设已然成为建设网络强国与实现数字经济健康发展的"定心丸"和"准心盘"。当前，数字人才的严重不足已经成为制约数字经济创新创业、数字产业发展壮大、传统产业数字化转型的关键要素。美国高德纳（Gartner）公司的研究报告预测，到 2020 年，数字人才的短缺将会导致 30% 以上的技术岗位空缺，数字人才将会分外抢手。可见，数字人才需求强劲与储备不足的结构性矛盾，已然成为当代社会实现创新持续发展所不得不重视的"针尖麦芒"。为此，国家发改委等 19 部门去年出台的《关于发展数字经济稳定并扩大就业的指导意见》指出，到 2025 年我国要实现数字人才规模的稳步扩大，要让数字经济领域成为吸纳就业的重要渠道。达成这一目标的关键，既在于从育出发，坚持强化数字人才的培育与培训之道，拓展多层次、多类型、全方位的数字人才培育模式，也在于引育结合，搭建人才聚集高地，以事业、热忱和待遇引才筑梦，实现数字人才建设的"马太效应"。

"数谷"贵阳的转型跨越发展之路，正映衬出了数字人才建设的引育结合之道。一方面，贵阳牢牢抓住"大数据人才十百千万培养计划"，选拔出 10 名大数据领军人才和 120 名大数据创业创新人才，夯实"数谷"的本土人才地基。另一方面，贵阳紧跟形势出台《关于创新产业人才聚焦机制 助推大数据大工业大招商行动的十条措施》，成立贵州师范大学 360 大数据网络安全学院等一大批数据人才实训基地，与 NIIT 签署战略合作协议，不断拓宽"数谷贵漂"的储备人才来源。贵阳的数字人才梦想，正经历着由"低地""洼地"到"高地""领地"的转型跨越和华丽转身。

数字人才建设需要有一种"只争朝夕，久久为功"的紧迫感与使命感。随着"互联网 +""大数据 +"的发展理念与运营模式日趋成熟，新时代的企业运行、社会治理、资源管理、民生服务等各方面无不打上了"数字化""数据化"的时代烙印。如何建设一支合用、合适、合理的数字人才队伍，打破数字人才流动的地域、行业和结构壁垒，使得数字人才能真正人尽其才、才尽其用，业已成为各行各业人才战略的共识性难题。德勤公司 2018 年的一份调研报告显示，追赶网络联结、大数据、数字化系统等技术变革速度是新时代人才管理工作的重大挑战。因此,数字人才建设就必须要有一种"只争朝夕"的紧迫感与使命感,要从速运用数字思维和数据手段,快速搭建数字人才管理与服务的线上技术研发与软件研制平台,高速实现数字人才培养与培训、分类与跨层、使用与流动的云计算式标准化、规范化和模式化,使得数字人才建设能跑上"快车道"。同时,数字人才建设难以一蹴而就、一劳永逸的现实也提醒我们,数字人才的健全和发展还必须有"久久为功"的情怀和使命。

数字人才在本质上是追求学习了再学习、创新了再创新、卓越了再卓越的不竭不尽之才,"活到老,学到老"的终生学习理念。数字人才建设的宽口径、多层次、全类型、高质量、大基数的工作格局形成,也只能由"一代接着一代干,生生世世追梦人"的"久久为功"情怀来托底筑基。追逐数字人才建设的时代梦想,不只要有"只争朝夕"的干劲与创劲,还需要有"久久为功"的担当与气度。

"创新发展,数说未来"。建设网络强国,实现数字经济、智能社会的蓬勃发展,需要有如雨后春笋般的数字人才不断投身其中,追逐使命、光荣与梦想。"逐梦时代,学习为本"。数字人才的锻造练就,则需要不断培育"只争朝夕"和"久久为功"的眼界与境界。建设网络强国,打造数字中国,实现中国智造,要在造就源源不断、代代相续的数字人才,根在敢于、善于、乐于追逐数字人才建设的时代梦想!

4.3 数字人才的特征与素养

数字人才具有四大特征:

(1)知识特征。掌握信息源、信息组织、信息存在与运动方式等知识,了解信息环境,能在信息环境中有效地运用信息的知识,包括了解传统的和新兴的知识组织模式、信息的各种不同类型的传递方式和信息与知识之间的共生关系等。

(2)技术特征。具有寻找、评价、利用和有效交流信息的技术,能够示范说明适当的信息生成与运用的技术和方法,包括了解自己的信息需求、利用适当的信息资源满足信息需求、利用各种技术和系统获取信息及将信息整合到现存的知识和技术体系中的能力等。

（3）泛化技术特征。能明确利用新的信息源和信息技术倾向，将知识和技术向新的环境和新兴技术转移，并且明确倾向于实践。具体包括实践技能在不同利用环境中的广泛应用、示范说明查找和利用信息资源的能力和在所有必要的环境和场合中有效地交流和提供信息等。

（4）社会背景技术。了解信息和信息利用的社会背景、了解信息的局部性和全球性，以及它在所有社会中的价值，了解与信息创造和传播有联系的政治、社会和经济竞争的作用等。此外，信息的获取、分析、处理、发布、应用能力应成为信息化人才最基本的能力和文化水平的标志。信息化人才还应具备将信息知识、技术与他类知识、技术相整合的能力。

数字人才必备的素质能力如下：

（1）广博的基础知识。广博的基础知识是开拓型、综合型信息化人才不可缺少的知识结构，它包括基础学科知识、经济信息知识和社会信息知识。基础学科包括人文科学、自然科学和社会科学。经济信息包括国民生产总值、国民收入、经济发展趋势、市场供求情况和结构、物价水平、消费需求的水平和结构等。社会信息包括国家的方针政策和战略目标、战略决策、法律、法令、财经纪律等。

（2）较高的外语水平。随着 Internet 在全球范围内开通，世界信息资源共享程度越来越高，大量的信息从世界各地传来，如果没有较高的外语水平，根本无法消化、吸收、采集信息，更谈不上开发、利用信息了。信息人员必须精通一至二门外语，并且还须具有多种对译能力，才能胜任信息工作，否则就会在面对众多国外信息时遇到大量的障碍。

（3）熟练掌握最新的信息技术与手段。信息技术的发展日新月异，计算机应用、网络和通信技术、数据库技术、系统分析和设计等信息技能是现代信息专业人才必须了解和掌握的。信息的传输已经是文献文字、动态图像和声音等同时传输，这种综合的信息传输技术要求信息人员要及时掌握最新的信息技术和手段，积极参与新的信息技术的研究和开发，开展现代化信息服务。

（4）较高的信息分析、识别和处理能力。要从各种信息网络上铺天盖地的信息中发掘出有价值的信息,就要求信息化人才具有科学的思维方法和分析研究能力,正确地分析、判断信息的质量及其利用价值,对大量无序的信息进行精心筛选、整序和深加工。

4.4 数字人才的痛点

数字人才不同于其他产业的人才,有其自身成长的路径与发展渠道。由于数字技术日新月异,数字人才有其自身的痛点。

(1)生命周期短暂。数字产业发展快,技术更新更快,这就要求数字人才必须随时发现数字领域的最新知识和信息,及时发现新情况、新的知识需求,不断更新自身的知识结构以适应信息技术的变化,避免被技术进步的步伐淘汰。但是相当比例的数字人才不能够坚持终生学习,来维持住其持续创造价值的能力,而转入其他竞争较弱,行业入门槛较低的行业,相对于其他行业的人才来说,数字人才的生命周期短暂。

(2)忠诚度较差。技术竞争的加剧导致人才竞争也更加强烈,数字人才是当今信息社会最稀缺、最渴望获得的专业技术人才,对于数字人才有迫切需求的单位会不停地以各种优厚待遇和条件去吸引其他单位的数字人才来本单位工作,同时数字人才的流动也为数字人才本身更新知识提供了技术平台,这也就导致数字人才相对于其他行业人才的单位服务周期短,流动性强。

(3)需要不断学习却苦于时间紧张。技术的不断更新迫使数字人才只有通过不断更新自己的技术知识,才能胜任技术岗位的职责,具有较强的技术竞争能力。然而,数字技术人才都是满负荷工作,时间紧张,能够业余学习的时间非常有限。数字的推广与普及涉及信息社会的方方面面,在数字的进程中必然要涉及其他行业的专业知识,数字人才必须做到既懂数字技术、又了解行业的专业知识,并且还要具有将行业专业知识与信息技术综合应用的能力。这对他们是严峻的挑战。

4.5 数字人才的类型

没有合适的人才，就无法成功实现数字化转型。为了建立新的数字人才储备，我们必须回答以下四个问题：组织需要的数字人才是何人？在何处能找到他们？如何才能吸引并留住他们？现有的职员需要培养哪些技能才能跟上数字化转型的步伐？

随着数字化转型颠覆了整个职场，人才成为决定我们能否将数字化转变为自身优势的决定因素。没有这些员工，企业很难及时获得最新科技带来的益处——这些益处体现在方方面面，从工业4.0和机器人到人工智能、数据科学、虚拟现实和新的数字化商业模式。

技术本身将不断演化，相互替代淘汰，但掌握这些技术的人才却将是稀缺资源。事实上，从2020年起，全球数字人才将面临严重不足。据Gartner公司的一份研究显示，由于数字人才短缺，届时30%的技术岗位将出现空缺。BCG最近的一项研究也显示，即便在今天，人们认为最大的技术挑战不是数据安全，也不是投资的需求，而是缺乏有资质的职员。数字人才已然分外抢手，以至于许多单位必须进行自我改良来吸引他们。我们的研究显示，目前在线招聘数据库中仅有25%的数字人才为大型单位效力。

无论是党政机关、事业单位、还是企业，都应通过建立新的数字人才储备来应对时代的挑战。要想做到这一点，他们必须知道这些有潜力的职员是何人，在何处能找到他们，如何才能吸引并留住他们。企业还需要知道现有的员工中通过培训能够收获什么样的人才；数字人才的来源必须多样化，不仅要靠招聘特定岗位的新人，还应发展现有职员的数字技术。

最终，我们必须全力投入到数字化道路中，打造真正的数字文化，让员工们更深层地理解企业数字化的必要性，让各部门掌握相应的技能。如果其他职员无法跟上数字人才的成长，那么一个单位作为一个整体就会在行业中掉队。

为了打造并维持一个强大的数字人才储备，单位必须回答四个重要的问题。企业要知道何人能在市场上找到，又是何人构成了单位已经具备的数字能力的核心；需要确定新的数字岗位和近期所需数字职员的人数。接下来，我们必须知道去何处找到中长期所需的职员——以及如何招聘和留住这些人才。最后，需要了解在现有队伍中要培养和开发何种数字技术。没有技术人才，就没有数字化转型。

为了帮助我们更好地了解自身情况，我们通过分析近百万份招聘简历和采访数十位从业者，确定了在市场上最能发挥数字人才作用的六个领域。这些领域包括电子商务、数字营销、数字开发、高级分析、工业4.0和新工作方式。电子商务专家对电子商务模式有创新想法；市场营销专家知道如何运用多种数字渠道与客户建立联系；开发专家协助建立这些渠道；分析专家通过整合数据了解消费者的喜好和需求；工业4.0专家与制造部门一起合作开发新产品；新工作方式专家利用创新性方法提高整体效率并改造企业文化。

我们在这六个领域发现了20种核心数字人才，对所有单位、甚至所有行业的可持续数字化转型至关重要。虽然可能会有一些例外，但大多数企业需要的数字人才都涵盖在以下类别之中。以下是六个领域中的几类人才：

（1）数字化企业战略家。不管身在数字分公司、数字部门还是战略职能部门，都要在数字化商业模式的各个阶段起领导作用。

（2）自动化市场营销专家。通过利用人工智能的自动程序与用户在线互动，助力数字化营销。

（3）用户互动（UI）和用户体验（UE）设计师。此类人才属于数字开发领域，注重用户应用软件的界面互动和体验。

（4）数据科学家。属于高级分析团队的一部分，分析和解读数据，并且有能力找到数据中的关联或者有趣的模式。

（5）机器人和自动化工程师。打造、安装、测试机器人，主要是为生产服务。

（6）项目经理。熟悉发展项目的最新管理方式，并且协助推行敏捷工作方式。

以上这些，虽然是基于企业所作的调查和结论，但对党政机关和事业单位同样具有借鉴意义。

对以上每一类人才，我们都总结出了核心的配套技能、找到这些技能的最佳场所、一流的雇主还有更细化的分类（例如，"机器人和自动化工程师"是一个伞形概念，其中包括更细化的感知工程师、机器人软件工程师、测试和自动化控制工程师、人类—机器人互动架构师等等）。

一家 10 万人规模的国际制造公司利用以上分类，分析了自己现有以及理想的数字人才库，明白了自己中期发展需要数字人才的必要性——以及此类人才的来源。企业首先要评估每个数字提案将涉及 20 种人才中的哪几类。然后通过与关键的职能专家组建工作坊，对企业及其职能战略进行内部分析，同时仔细审视外部趋势，以此改进评估结果。最终评估结果出来后，企业会分析内部现有数字人才的相关数据——以及历史耗损率，创建一个模型对每种人才的需求、供应和最终差距做出预测。经过规划，企业惊讶地发现，要想实现数字化进程并保持竞争力，需要将数字人才增至现有的三倍，同时对绝大部分员工进行培训或者再培训。

我们相信，相似的战略规划能够帮助其他企业甚至行业，了解自身对数字人才的需求——并为企业着手招聘和发展员工，填补必然差距提供有价值的参考。基于对未来数字人才需求和供应的各种假设，人才规划可以有多个方案。此外，随着假设的成立或者被驳倒，这些方案也在不断更新。

要寻找数字人才，可以尽早建立数字人才库。建立数字人才库的方法有很多种，包括新建投资项目、与当地的大学合作、起步收购以及参与孵化中心建设等等。当然，去何处大规模寻找数字人才，没有唯一的最佳答案。对许多传统行业来说，在一线城市招兵买马或许结果并不理想，而且成本高昂。相反，它们在二线城市运气或许更好。

4.6 数字人才的分布

据清华经管学院互联网发展与治理研究中心联合职场社交平台 LinkedIn（领英）发布《中国经济的数字化转型：人才与就业》报告显示，数字人才分布与数字经济发达程度高度契合，呈现向一线城市聚集的趋势，其中沪深杭是过去三年中数字人才流入最多的城市。全国的数字人才分布呈现南强北弱之势。

报告以领英"经济图谱"数据为基础，围绕近三年间中国数字人才的工作履历、职业技能、增长数量和流动轨迹等维度进行深入分析洞察，并据此为中国的数字经济发展与人才强国战略布局建言献策。

领英在中国拥有超过 3600 万的个人用户，这些用户毕业于 1.5 万多所国内外院校，分布在 36.4 万家企业，拥有超过 2.3 万项技能。本次研究筛选了其中 72 万数字人才，多维度提取用户画像并跟踪其职业轨迹，以此预测不同地区的人才流向、雇佣率、受雇主欢迎的技能等人才趋势层面的信息。

报告所说的数字人才不仅是拥有 ICT（信息和通信技术）专业技能的人才，更涵盖了其他与信息技术专业技能互补协同的跨界人才，可分为六大类：数字战略管理、深度分析、产品研发、先进制造、数字化运营和数字营销人才。

报告发现，中国数字人才的分布与数字经济的发达程度表现出高度一致性，数字人才分布最多的十大城市依次为：上海、北京、深圳、广州、杭州、成都、苏州、南京、武汉和西安，人才储备表现出明显的"南强北弱"，京津、长三角和珠三角是数字人才最集中的三个区域。

与近几年频繁见诸报端的"逃离北上广"现象有所不同，数字人才的流动依然体现出向一线城市聚集的趋势，上海和深圳是过去三年中数字人才流入最多的城市。而杭州对于数字人才的吸引力已经超过北京，过去三年人才净流入排名仅次于上海和深圳。

报告显示，约 50% 的数字人才分布在互联网、信息通信等 ICT 基础产业，其余分布在以制造、金融和消费品为首的传统行业。同时，不同城市在产业数字化转型方面的人才优势各有不同。

北京、上海、深圳、广州和杭州是推动中国经济数字化转型的"引领型"城市，在数字人才储备和人才结构方面具有很大优势。其中，北京和杭州的 ICT 基础产业的人才比例显著高于 ICT 融合产业，在大数据分析领域人才优势显著。上海、深圳 ICT 融合产业中数字人才的分布主要集中在制造业，分别占比达 22.7% 和 17%。

此外，与全国总体水平相比，深圳、广州在消费品、金融等行业表现出较强的人才优势。成都、苏州、南京、武汉和西安是数字化转型过程中的"快速成长型"城市,数字人才正在从 ICT 基础产业转向融合产业,部分城市如苏州已经在制造业积累起突出的数字人才优势,人才比例高达 44.6%。

在全球数字经济进入加速创新和深度融合的时代背景下,中国经济的数字化转型迈入了从需求端向供给端扩展的新阶段,数字经济的发展重心从消费领域向生产领域转移,与消费领域数字化转型主要依靠海量互联网用户的"人口红利"相比,生产领域的数字化转型将更加依赖"人才红利"。

报告还显示,大数据与人工智能领域人才缺口明显,"技术 + 管理"人才一将难求。从职能角度而言,目前中国 85% 以上的数字人才分布在产品研发类,而深度分析、先进制造、数字营销等职能的人才加起来只有不到 5%。虽然当前网络上关于大数据和人工智能的新闻和信息铺天盖地,但从数字人才的分析来看,大数据分析、先进制造、数字营销等新兴技术相关职能的数字人才存在较大缺口,新兴技术人才和创新型人才培养方面存在滞后和不足。

数字人才的需求方面,中国对数字人才的需求最多的职位主要集中在 ICT 基础产业的研发和运营部门,岗位集中在中层职位,同时对入职门槛低的职位需求逐渐下降。

就不同城市来看,由于 ICT 产业的迅猛发展,北京对数据分析师和嵌入式软件工程师的需求呈现上升趋势;在上海,电子商务专员类岗位的需求在逐年上升;在文娱产业发达的成都,用户体验设计人才的需求逐渐上升;与苏州的经济战略定位相符,其数字人才很大比例集中在制造业,且一直维持较高需求。

整体来看,虽然编程技能和数据分析技能需求占据主导,然而随着数字产业走向成熟,企业除了强调编程技能,也逐步更加看重人才的技术、管理和领导力等综合技能。近年间,项目管理、产品运营等"技术 + 管理"类技能的需求呈现出明显的上升趋势。

清华经管学院互联网发展与治理研究中心主任陈煜波教授建议道:"通过对数字人才的深入洞察,无论是国家还是地方,对我国总体和各地数字经济的发展,以及经济的数字化转型可以有更清晰的了解和定位。政府部门对数字人才的吸引和培养将更具有针对性,以需求为导向建立有效的人才引进和培养机制。吸引和留住数字人才需要从产业基础和创新环境等多方面因素着手,各地应通过打造产业优势、营销创新生态系统、提供多方位的保障性条件来吸引数字人才。"

4.7 数字人才的存在状态

领英中国曾经有一个统计图解,大致显示了数字人才的存在状态。归纳起来有以下几点:

(1)数字人才具有扎实的专业功底。报告显示,领英中国用户中有约72万数字人才,其中超过90%都拥有本科和硕士学位,且大多都是学计算机科学和

4-1 数字人才的学历与专业分布

软件工程等出身[6]。

（2）相对集中在计算机通信行业。报告显示，有接近一半的数字人才都在从事 ICT 基础行业，包括硬件、软件、应用、通信等。制造业、金融业和消费品行

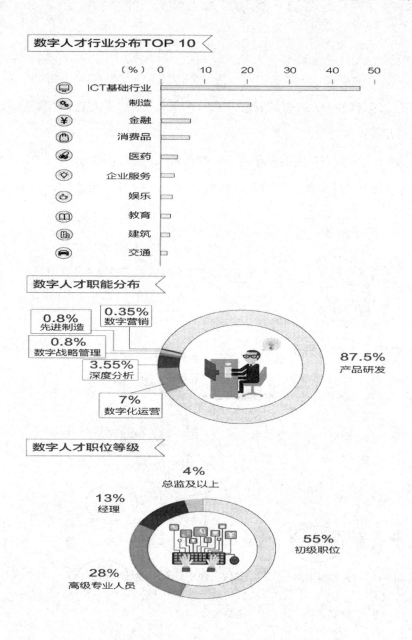

4-2 数字人才行业分布图

业也是数字人才从业人数较多的三大行业。从职能上看，目前中国的数字人才主要集中在产品研发部门，占比高达87.5%；其次是数字化运营，占比约7%。虽然近几年大数据和人工智能领域非常热门，但目前从事大数据分析和商业智能等深度分析职能的数字人才比例还不足4%。

（3）初级职位较多。从职位等级来看，初级职位的就业者占到数字人才的一半以上，高级专业人员与管理人员的比例也较高，但仍有提高的空间。

（4）城市分布不均衡。报告显示，从整体来看，中国数字人才分布呈现"北弱南强"的格局，长三角和珠三角地区是数字人才的两大集中地。分城市来看，46%的数字人才聚集在上海、北京、深圳、广州和杭州，成都、苏州、南京、武汉、西安对数字人才的吸引力也在不断增强。

从统计的2014—2016年数字人才流动情况来看，除广州外，其他3个一线城市均呈现出净流入的趋势。并且，杭州对数字人才的吸引力已超过北京，仅次于上海和深圳。

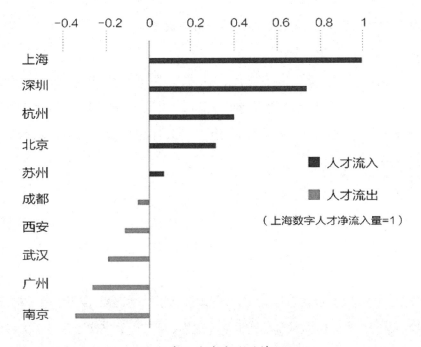

4-3 数字人才城市流动情况

随着人工智能、物联网、大数据、云计算等新一代信息技术发展加快,科技、经济领域数字化、智能化趋势日渐凸显。受此影响,传统产业持续转型升级,新兴产业快速成长,数字经济发展成为全球关注的新焦点,成为全球各国新的可持续发展方向,也成为实体经济走向复兴与强盛的关键驱动因素。在数字经济热潮影响下,制造业网络化、智能化、数字化发展也不断取得新的成果。

目前,我国数字政府建设如火如荼,数字经济增长动力强劲,成长态势积极。不过,数字化发展当前也面临着不少挑战,需要积极应对。首先是发展不均衡。包括地区不均衡和业内不平衡,对数字化发展造成了不利影响。其次是关键技术缺失。数字化发展不仅要依靠人工智能、物联网、大数据、5G 等前沿科技以及互联网技术,同样也需要在芯片等核心软硬件领域获得大力支持。而目前,我国在核心软硬件技术方面与国外的差距还比较明显,仍然有很大的进步空间。最后是人才资源紧缺。由于数字化包含了众多新兴技术与产业,知识、技能交叉趋势不断深入,全面性、专业性人才愈发紧缺。据数据统计显示,我国仅人工智能人才缺口就达到了 500 万人以上。因此,要想推动数字化可持续发展,强化市场规模增长内生源动力,就必须突破现时困境,不断加快建设人才培养体系,为产业发展提供坚实支撑。

清华大学经济管理学院副院长、互联网发展与治理研究中心主任陈煜波认为,从发展角度看,现在数字经济的发展已经从消费端更多向产业链上游供给端发展。在这个过程中,数字人才变得特别关键,数字人才紧缺或成未来发展的最大挑战。

4.8 我国数字人才培养情况

从 1993 年起,我国有计划、有步骤地加快了数字进程,取得了明显的成效。同时,数字人才的培养不断受到重视与加强,高校为数字建设输入了大批的数字人才,目前我国信息产业从业人员中有 70% 以上来自高校及科研机构的培养,这批人才对加快我国数字进程,推进经济发展起着重要作用。不少高校设有计算机科学学院,部分还建立了软件学院等。然而,由于科技经济的迅猛发展,特别是随着改革开放的不断深入及我国成功加入WTO,信息工作的内涵和外延都发生了深刻的变化,服务领域的拓展,市场经济的形成,现代信息技术的广泛应用,以及国外信息领域的迅速发展,给我国信息事业带来了新的挑战。在这种形势下,我国数字人才培养显得难以适应要求,也暴露出许多问题,主要表现在以下几个方面。

(1)产、学、研分割,从数字人才发展战略的角度来看缺少系统、全面的预测与规划。信息产业部、教育部和科技部各自独立地组织专家制定中长期发展规划及相关政策,缺乏足够的协作与沟通,没能形成一个高度统一的国家数字人才发展总体规划。结果是教育系统培养出来的数字人才可能在规模或素质上不能满足我国信息产业和信息科学技术的发展需要。

(2)数字人才总量少,人才的战略储备不足。据有关统计调查显示,我国国内企业现有软件技术开发人员缺口较大,我国在今后相当长的一段时间内,每年至少存在100万计算机应用专业人才的缺口和20万的软件人才缺口。在数字发展势头的带动下,我国数字人才缺乏已经成为制约信息产业发展的重要因素。因此,信息产业部已全面启动全国信息技术人才培养工程。

(3)数字人才结构不合理。一方面表现在缺乏高端技术专家和复合人才,另一方面表现在缺乏低端技术人才和熟练技能人才。从教育部关于紧缺人才的报告中可以看出,中国软件人才结构就呈两头小、中间大的橄榄型结构,不仅缺乏一大批能从事基础性工作的"软件蓝领",更缺乏既懂技术又懂管理的"软件金领"。合理的软件人才结构应该是软件蓝领、软件工程师、软件架构分析师并存的金字塔形状。人才基数由小到大、形成梯次,他们之间的比例应该大致是7:4:1。

(4)人才培养模式不尽合理。之所以形成软件人才结构不合理、高层次软件人才过分缺少等诸多问题,很大程度上与我国数字人才培养模式有关。目前,国内数字人才的培养主要依靠正规院校的学历教育,并集中在本科阶段。

据统计,中国当前软件从业人员3/4以上来自于全国各大高校和科研机构的计算机与软件相关专业,来自职业技术学院及各社会培训机构的软件从业人员尚不足总数的 1/4。而印度的经验值得我们借鉴,其软件产业的快速发展与他们的人才培养模式关系不无密切。在印度软件人才的培养模式中,占据主导地位的是职业教育,而非学历教育。在教学方面,采取的办法是让学生先从"做"开始,在做的过程中,如遇到问题,再以此问题为基点去学习专业理论,在"做中学"。而当前我国无论是学历教育还是职业教育,其模式几乎千篇一律是从理论到实践。

4.9 数字人才培养的对策

针对我国数字人才培养中存在的问题,有专家建议采取以下应对策略。

(1)做好数字人才发展战略研究和顶层设计。以科技部牵头,科技、教育和信息产业等部门的相关领导、专家参与,以国家科学技术专项基金的方式,长期资助"数字人才发展战略"方面的研究工作。站在科技发展和产业需要的高度,对未来 2—5 年我国数字人才的需求状况、素质要求、培养体系、管理体系、成长规律、成长环境与动力机制、人才政策和相关法律法规以及国外发展状况等进行研究,以便为国家有关部门提供权威的、实时的决策依据。

(2)加大培养力度,提高人才数量和质量。在目前我国高等教育向大众化迈进,持续扩大招生规模的背景下,可进一步提高信息科学技术相关专业招生比例,同时,通过建立软件学院、网络学院等多种形式增加数字人才培养数量。在提高人才质量方面,首先,要巩固完善正规高等教育,强化普通高校信息专业人才教育。以本科生培养为重点,调整课程结构,保证基础,突出专业重点,重视素质和能力的培养。高校教学要紧跟"潮流",加紧在本科生中培养一批具有扎实基础的应用信息技术类工程师,以适应产业发展的基本需求;其次,加大研究生教育力度,培养高层次信息人才。在信息教育方面中国已落后于发达国家几十年,尤其是研究生教育非常薄弱,在信息领域,具有硕士以上学位的人才更是供不应求。但是,我们可以抓住"入世"后国外先进信息技术和教学管理经验涌入中国的机遇,在信息领域中对硕士生、博士生甚至博士后的培养加大力度,培养出一大批高层次的信息人才。此外,高校教学要保持高"新鲜度"和"开放度",与国外高校、国内外企业紧密合作,进行信息交流沟通。同时还可以聘请业界优秀人才担任高校兼职教师。

(3)优化数字人才培养结构,形成多层次人才培养体系。国际范围内人才竞争不仅是对人才总量的竞争,更是人才结构优化的竞争。以软件人才为例,我国正虽需从目前的人才"橄榄型"结构转变为"金字塔"结构,需要大批工程化实用型的基础软件人才,同时还需要具有创新能力,能赶超世界先进技术的高端数字人才。我国高校应具备发展的眼光、长远的思路,在培养数字人才的过程中,要注意优化数字人才结构,充分体现人力结构的力量。要从只注重高层次人才的培养向注重多层次、多方位的人才培养转变。一方面要注重复合型数字人才的培养,目前我国这类人才严重短缺,尤其是高级信息管理人才,这将直接影响到企业的管理水平,影响竞争力;另一方面要加强微观层次中"低端"人才的培养,通过引导,使学生树立从"低端"人才做起的决心,同时,要改善实验室条件,加强实践教与学,企业联合建立校外实习基地,培养数字的应用性人才。

(4)借鉴发达国家经验,加强职业教育和继续教育。在欧、美等发达国家,信息产业人才的教育和培养主要分三个层次。①基础教育:几乎所有的高等院校和社区学院的计算机科学、电子工程、信息技术系和有关的继续教育系都设有软件工程、网络设计等软件基础课程,为本科生提供软件理论与工程方面的专门知识,为软件公司培养从事软件开发与设计方面的人才。②系统理论:高等院校中的研究生教育侧重系统软件理论的教育,为高校的教学和研究以及大公司输送从事软件研究和项目人才。③很多大的软件公司都设有自己的培养部门或中心,它们主要根据市场和公司的需求,培养各个层面的动手能力强的操作和编程人员,学习者不仅可以获得专业证书,而且可以获得学位。一些大的软件公司,为推销公司产品,还与高校和社区学院合办培训项目或委托社区学院代办培训项目。此外,欧、美等发达国家的见习生制度是高校与公司的桥梁,高校学生可以利用假期,把所学的知识应用于实践,培养自己的动手能力、协调能力和团队精神,奠定自己的就业基础,公司则可以通过见习生的才能、人品和工作表现,来选拔人才,拓展公司的实力。

从高校、社区学院、公司到社会构成了全方位的教育和培训网络,它们都由市场驱动,为社会发展提供就业和服务。虽然高等院校、社区学院和大的软件公司,都提供学历和非学历的信息教育和培训,相比之下,高校提供的信息教育更宽泛、更具有理论性,培训机构或中心提供的信息教育更实际、更新颖。他们各有侧重、各有所长,又相互补充。

第五章

数字政府的"中枢神经"

可见，互联网时代，技术决定成败，技术决定生死！新技术的运用构成了数字政府的"中枢神经"，在一定程度上决定着数字政府的成败和走向。随着技术的不断提升，数字政府的"大脑"越来越聪明，决定着数字政府不断朝着智慧政府的方向进化。

目前，很多政府行业的CIO（首席信息官）所面临的挑战是，怎样才能将各种传统应用程序变得现代化，从而支持今天的新型数字化服务，进而为公民提供更好、更高效的数字化体验。说白了，还是技术问题。

《新民晚报》2020年01月13日刊登了一篇文章——《黑客能劫持飞机吗》。文章说,计算机网络如同人的神经系统那样延伸至军民用航空领域各个角落,而一波波"黑客网络攻击"正威胁着这种技术进步的安全性。此前,从丹佛飞往锡拉丘兹的美国航班上,自称"白帽黑客"的克里斯·罗伯茨通过座位下的娱乐系统电子盒进入飞机推力管理计算机,迫使飞机短暂侧飞。他宣布此事后,从美国政府到飞机制造商群起驳斥,称这是天方夜谭。可事后,美国空军和联邦航空局(FAA)都找到他,希望找到网络漏洞,避免灾难真的发生。

从理论上讲,日益互联的空中交通管制系统、导航系统、自动维护消息传递系统乃至机载娱乐系统都会有潜在漏洞。一名商业飞行顾问称,利用飞机通信寻址和报告系统的弱点,只用5分钟就钻进飞机和地面站之间的通信系统,后来他还进入地面的飞机控制系统。

美国有线电视新闻网(CNN)14日报道称,美国政府问责办公室(GAO)发布的一份最新报告显示,如今数百架执行商业飞行任务的飞机或将容易遭受黑客攻击,因为通过使用其为乘客提供的WiFi,黑客就能侵入机载电脑并远程接管飞机,甚至地面上的黑客也能做到这一点。不过,技术专家提出防范措施,机载WiFi系统与飞机操作系统实行完全物理隔离,两种网络不连通,就没有遭攻击的风险。

可见,互联网时代,技术决定成败,技术决定生死!新技术的运用构成了数字政府的"中枢神经",在一定程度上决定着数字政府的成败和走向。随着技术的不断提升,数字政府的"大脑"越来越聪明,决定着数字政府不断朝着智慧政府的方向进化。

目前,很多政府行业的CIO(首席信息官)所面临的挑战是,怎样才能将各种传统应用程序变得现代化,从而支持今天的新型数字化服务,进而为公民提供更好、更高效的数字化体验。说白了,还是技术问题。

尽管那些首席信息官们深知其部门需要提高数字化成熟度,但如何才能提高?Gartner 研究总监 Rick Holgate 认为,这是各级政府机构所面临的共同课题。目前在政府行业真正采纳数字化的态度与实践方面,全球范围内已经零星出现一些进展,但同时也存在一些明显的失误。政府行业的首席信息官们需要指导其所在机构,对技术进行战略性投资。

"技术成熟度曲线"可以帮助高管们衡量新兴技术的相对风险和时机,并评估风险与创新之间的利弊。Gartner 数字政府技术成熟度曲线显示:除了常规技术之外,有诸多新技术预计将在未来 10 年左右的时间为政府机构带来最大变革效益。

5.1 可信任的技术——区块链

关于区块链,说的人很多,但要将它简单地讲明白有点难。有人明确反对把它归结为一种"信任"技术,这里还是顺从大多数专家的意见。

当前,区块链很火,但要把它解释得通俗易懂却不容易。百度上面给出的解释是"区块链是分布式数据存储、点对点传输、共识机制、加密算法等计算机技术的新型应用模式"。可见,这个技术有点"杂烩"。为了让大众能够明白,这里用一个通俗的例子解释它的主要功能。比如:张三找李四借一万块钱,怕他日后赖账,找村长做公证并记下这笔账,这叫中心化。如果张三不找村长,直接在喇叭里向全村大喊"今天张三借给李四一万块钱!请大家记在账本里",这叫去中心化或多中心化。以前村长掌握全村的账本,这是大家对中心化的信任。现在每个人都有一个账本,任何人之间的交易都通过大喇叭发布消息,收到消息后每个人都在自家账本上记下这笔交易,这就有了分布式账本,即使有些家庭的本丢了也没关系,因为其他家里都有账本。

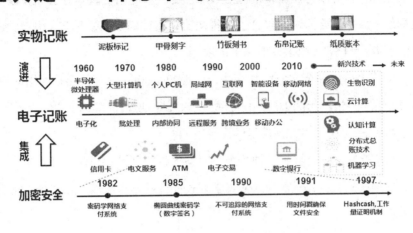

5-1：区块链分布式记账示意图

由此可见，从区块链本质来看，是一个共享数据库，存储于其中的数据或信息，具有"不可伪造""全程留痕""可以追溯""公开透明""集体维护"等特征。正是由于这些特征，区块链技术奠定了坚实的"信任"基础，创造了可靠的"合作"机制，具有广阔的运用前景。

国家互联网信息办公室2019年1月10日发布《区块链信息服务管理规定》，自2019年2月15日起施行。该规定意在加快推动区块链技术和产业创新发展。"区块链"从此快步走进大众视野，成为社会的关注焦点。当年12月，"区块链"入选《咬文嚼字》2019年十大流行语。

区块链可为政府提供许多潜在应用。最具变革性的影响将是非金融性用途，如：身份认证、投票、公共记录和公民交易。虽然当前仍然有人从不同角度质疑区块链，Gartner却仍然相信，这项新技术通过5至10年的发展，将带来一些政府职能和服务的根本变革。

5.1.1 区块链的概念

专家们比较一致地看法是，区块链是分布式数据存储、点对点传输、共识机制、加密算法等计算机技术的新型应用模式。

区块链（Blockchain），是比特币的一个重要概念，它本质上是一个去中心化的数据库，同时作为比特币的底层技术，是一串使用密码学方法相关联产生的数据块，每一个数据块中包含了一批次比特币网络交易的信息，用于验证其信息的有效性（防伪）和生成下一个区块。

比特币白皮书英文原版其实并未出现 blockchain 一词，而是使用的 chain of blocks。最早的比特币白皮书中文翻译版中，将 chain of blocks 翻译成了区块链。这是"区块链"这一中文词最早的出现时间。

狭义来讲，区块链是一种按照时间顺序将数据区块以顺序相连的方式组合成的一种链式数据结构，并以密码学方式保证的不可篡改和不可伪造的分布式账本。

广义来讲，区块链技术是利用块链式数据结构来验证与存储数据、利用分布式节点共识算法来生成和更新数据、利用密码学的方式保证数据传输和访问的安全、利用由自动化脚本代码组成的智能合约来编程和操作数据的一种全新的分布式基础架构与计算方式。

区块链基础架构模型是怎样的？一般说来，区块链系统由数据层、网络层、共识层、激励层、合约层和应用层组成。其中，数据层封装了底层数据区块以及相关的数据加密和时间戳等基础数据和基本算法；网络层则包括分布式组网机制、数据传播机制和数据验证机制等；共识层主要封装网络节点的各类共识算法；激励层将经济因素集成到区块链技术体系中来，主要包括经济激励的发行机制和分配机制等；合约层主要封装各类脚本、算法和智能合约，是区块链可编程特性的基础；应用层则封装了区块链的各种应用场景和案例。该模型中，基于时间戳的链式区块结构、分布式节点的共识机制、基于共识算力的经济激励和灵活可编程的智能合约是区块链技术最具代表性的创新点。

5.1.2 区块链的核心技术

区块链的核心技术是什么？区块链主要解决交易的信任和安全问题，因此它针对这个问题提出了四个技术创新：

第一个叫分布式账本，就是交易记账由分布在不同地方的多个节点共同完成,而且每一个节点都记录的是完整的账目,因此它们都可以参与监督交易合法性,同时也可以共同为其作证。

跟传统的分布式存储有所不同,区块链的分布式存储的独特性主要体现在两个方面:一是区块链每个节点都按照块链式结构存储完整的数据,传统分布式存储一般是将数据按照一定的规则分成多份进行存储。二是区块链每个节点存储都是独立的、地位等同的,依靠共识机制保证存储的一致性,而传统分布式存储一般是通过中心节点往其他备份节点同步数据。

没有任何一个节点可以单独记录账本数据,从而避免了单一记账人被控制或者被贿赂而记假账的可能性。也由于记账节点足够多,理论上讲除非所有的节点被破坏,否则账目就不会丢失,从而保证了账目数据的安全性。

第二个叫作非对称加密和授权技术,存储在区块链上的交易信息是公开的,但是账户身份信息是高度加密的,只有在数据拥有者授权的情况下才能访问到,从而保证了数据的安全和个人的隐私。

第三个叫作共识机制,就是所有记账节点之间怎么达成共识,去认定一个记录的有效性,这既是认定的手段,也是防止篡改的手段。区块链提出了四种不同的共识机制,适用于不同的应用场景,在效率和安全性之间取得平衡。区块链的共识机制具备"少数服从多数"以及"人人平等"的特点,其中"少数服从多数"并不完全指节点个数,也可以是计算能力、股权数或者其他的计算机可以比较的特征量。"人人平等"是当节点满足条件时,所有节点都有权优先提出共识结果、直接被其他节点认同后并最后有可能成为最终共识结果。

以比特币为例,采用的是工作量证明,只有在控制了全网超过51%的记账节点的情况下,才有可能伪造出一条不存在的记录。当加入区块链的节点足够多的时候,这基本上不可能,从而杜绝了造假的可能。

第四个技术叫智能合约,智能合约是基于这些可信的不可篡改的数据,可以自动化的执行一些预先定义好的规则和条款。以保险为例,如果说每个人的信息(包括医疗信息和风险发生的信息)都是真实可信的,那就很容易在一些标准化的保险产品中,去进行自动化的理赔。在保险公司的日常业务中,虽然交易不像银行和证券行业那样频繁,但是对可信数据的依赖是有增无减。因此,笔者认为利用区块链技术,从数据管理的角度切入,能够有效地帮助保险公司提高风险管理能力。具体来讲主要分投保人风险管理和保险公司的风险监督。

5.1.3 区块链的类型

区块链分为哪几种类型?据研究,区块链分为三类,在货币发行的《区块链:定义未来金融与经济新格局》一书中就有详细介绍,其中混合区块链和私有区块链可以认为是广义的私链。

一是公有区块链

公有区块链(Public Block Chains)是指:世界上任何个体或者团体都可以发送交易,且交易能够获得该区块链的有效确认,任何人都可以参与其共识过程。公有区块链是最早的区块链,也是应用最广泛的区块链,各大 bitcoins 系列的虚拟数字货币均基于公有区块链,世界上有且仅有一条该币种对应的区块链。

二是联合(行业)区块链

行业区块链(Consortium Block Chains):由某个群体内部指定多个预选的节点为记账人,每个块的生成由所有的预选节点共同决定(预选节点参与共识过程),其他接入节点可以参与交易,但不过问记账过程(本质上还是托管记账,只是变成分布式记账,预选节点的多少,如何决定每个块的记账者成为该区块链的主要风险点),其他任何人可以通过该区块链开放的 API 进行限定查询。

三是私有区块链

私有区块链(Private Block Chains):仅仅使用区块链的总账技术进行记账,可以是一个公司,也可以是个人,独享该区块链的写入权限,本链与其他的分布式存储方案没有太大区别。(Dec(2015)保守的巨头(传统金融)都是想实验尝试私有区块链,而公链的应用例如 bitcoin 已经工业化,私链的应用产品还在摸索当中。

5.1.4 区块链的特征

区块链有哪些具体特征?主要有以下五点。

一是去中心化。由于使用分布式核算和存储,体系不存在中心化的硬件或管理机构,任意节点的权利和义务都是均等的,系统中的数据块由整个系统中具有维护功能的节点来共同维护。

二是开放性。系统是开放的,除了交易各方的私有信息被加密外,区块链的数据对所有人公开,任何人都可以通过公开的接口查询区块链数据和开发相关应用,因此整个系统信息高度透明。

三是自治性。区块链采用基于协商一致的规范和协议(比如一套公开透明的算法)使得整个系统中的所有节点能够在去信任的环境自由安全的交换数据,使得对"人"的信任改成了对机器的信任,任何人为的干预不起作用。

四是信息不可篡改。一旦信息经过验证并添加至区块链,就会永久的存储起来,除非能够同时控制住系统中超过51%的节点,否则单个节点上对数据库的修改是无效的,因此区块链的数据稳定性和可靠性极高。

五是匿名性。由于节点之间的交换遵循固定的算法,其数据交互是无须信任的(区块链中的程序规则会自行判断活动是否有效),因此交易对手无须通过公开身份的方式让对方对自己产生信任,对信用的累积非常有帮助。

正因为如此,区块链技术具有广阔的应用前景。人们最熟悉的就是电子发票的产生,得益于区块链技术的运用。

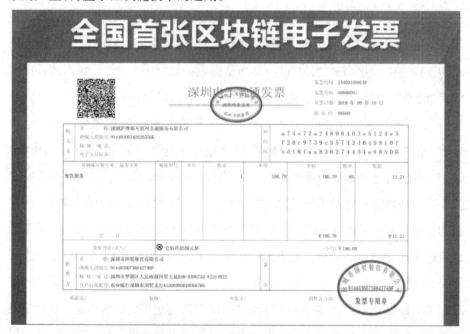

5-2:深圳开出中国首张区块链电子发票

5.2. 智能化的技术——机器学习

提到机器学习,普通市民觉得玄妙。钢铁之身的机器可以学习? 其实,我们早已在用这项技术。

比如,我这段时间搞研究,经常查找机器人的内容,接下来几天,只要一打开手机,它就会主动推送机器人的内容。天天看,看累了。有一天查找美女图片来欣赏,接下来的几天,一打开手机,它就主动推送美女照片。这个太简单,还不足以说明机器学习这项技术的功能。

假设我们去买苹果,卖苹果的大娘说"我的苹果甜过初恋"。可我们想挑最甜的苹果,怎么办? 记得老婆说过,红色的苹果比黄色的甜,所以我们只挑红色的苹果。如果用计算机程序来挑选苹果,你会写下规则:红色 = 苹果甜;其他 = 苹果不甜。我们会用这些规则来挑选苹果,发现买回的苹果有些是酸的。经过品尝各种苹果又发现那些大个人儿的而且红色的苹果才是甜的。于是我们又修改计算机程序的规则:颜色红色 + 尺寸大的 = 苹果甜;其他 = 苹果不甜。后来发现,影响苹果甜度的因素错综复杂,苹果的类型也很多,手动制定挑选规则非常困难。如何解决这个问题呢? 用机器学习算法。机器学习算法是由前面的普通算法演化而来的,通过自动地从提供的数据中学习,让我们的程序变得更"聪明"。我们从市场上的苹果里随机抽取样品(这在机器学习里叫"训练数据"),通过它制作成表格,上面记着每个苹果的物理属性,比如颜色,大小,产地等(这些苹果的属性称之为"特征"),还记录下这个苹果甜不甜(这叫作"标签")。我们将这个训练数据提供给一个机器学习算法,然后它就会学习出一个关于苹果的特征和它是否甘甜之间关系模型。下次我们再去市场买苹果,面对新的苹果(这叫"测试数据"),然后将新的苹果输入这个训练好的模型,模型会直接输出这个苹果是甜的还是不甜。有了这个模型,我们可以满怀自信的去买苹果,根本不用考虑挑选苹果的细节。更重要的是,我们可以让这个模型随着时间越变越好(这叫"增强学习"),当这个模型读进更多的训练数据,它就会更加准确,并且在做了错误的预测之后进行自我修正。最棒的地方在于,我们可以用同样的机器学习算法去训练不同的模型,比如我们可以使用同样的机器算法来预测西瓜、南瓜或天瓜、地瓜。

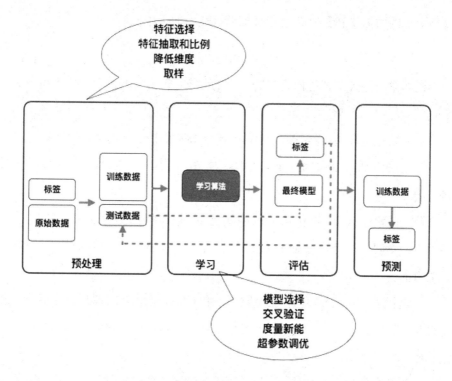

5-3：机器学习的典型工作流程

5.2.1 机器学习的概念

概括地说，机器学习（Machine Learning, ML）是一门多领域交叉学科，涉及概率论、统计学、逼近论、凸分析、算法复杂度理论等多门学科。专门研究计算机怎样模拟或实现人类的学习行为，以获取新的知识或技能，重新组织已有的知识结构使之不断改善自身的性能。它是人工智能的核心，是使计算机具有智能的根本途径，其应用遍及人工智能的各个领域，它主要使用归纳、综合而不是演绎。

机器学习可以解决政府、公民和社会场景中的大量问题。经典例子包括：自动化、公民参与、劳动力有效性、资源优化和预测性维护。这项技术将帮助各国政府，尤其是智慧城市，朝着更具预见性和前瞻性的方向发展。越来越多的政府机构正在探索其用途,其中包括许多试点项目。传统工程设计无法处理的、日益增加的数据量和其复杂性将会推动该技术的采用。

5.2.2 机器学习技术的发展

机器学习是人工智能研究较为年轻的分支,它的发展过程大体上可分为四个时期。

第一阶段是在 20 世纪 50 年代中叶到 60 年代中叶,属于热烈时期。

第二阶段是在 20 世纪 60 年代中叶至 70 年代中叶,被称为机器学习的冷静时期。

第三阶段是从 20 世纪 70 年代中叶至 80 年代中叶,称为复兴时期。

机器学习的最新阶段始于 1986 年。机器学习进入新阶段的重要表现在下列诸方面:

一是机器学习已成为新的边缘学科并在高校形成一门课程。它综合应用心理学、生物学和神经生理学以及数学、自动化和计算机科学形成机器学习理论基础。

二是结合各种学习方法,取长补短的多种形式的集成学习系统研究正在兴起。特别是连接学习符号学习的耦合可以更好地解决连续性信号处理中知识与技能的获取与求精问题而受到重视。

三是机器学习与人工智能各种基础问题的统一性观点正在形成。例如学习与问题求解结合进行、知识表达便于学习的观点产生了通用智能系统 SOAR 的组块学习。类比学习与问题求解结合的基于案例方法已成为经验学习的重要方向。

四是各种学习方法的应用范围不断扩大,一部分已形成商品。归纳学习的知识获取工具已在诊断分类型专家系统中广泛使用。连接学习在声图文识别中占优势。分析学习已用于设计综合型专家系统。遗传算法与强化学习在工程控制中有较好的应用前景。与符号系统耦合的神经网络连接学习将在企业的智能管理与智能机器人运动规划中发挥作用。

五是与机器学习有关的学术活动空前活跃。国际上除每年一次的机器学习研讨会外,还有计算机学习理论会议以及遗传算法会议。

5.2.3 机器学习方法分类

机器学习根据不同的方法分为很多类别,下面综合考虑各种学习方法出现的历史渊源、知识表示、推理策略、结果评估的相似性、研究人员交流的相对集中性以及应用领域等诸因素。将机器学习方法 区分为以下六类:

一是经验性归纳学习(empirical inductive learning)。经验性归纳学习采用一些数据密集的经验方法(如版本空间法、ID3 法,定律发现方法)对例子进行归纳学习。其例子和学习结果一般都采用属性、谓词、关系等符号表示。它相当于基于学习策略分类中的归纳学习,但扣除联接学习、遗传算法、加强学习的部分。

二是分析学习(analytic learning)。分析学习方法是从一个或少数几个实例出发,运用领域知识进行分析。其主要特征为:推理策略主要是演绎,而非归纳;使用过去的问题求解经验(实例)指导新的问题求解,或产生能更有效地运用领域知识的搜索控制规则。

分析学习的目标是改善系统的性能,而不是新的概念描述。分析学习包括应用解释学习、演绎学习、多级结构组块以及宏操作学习等技术。

三是类比学习。它相当于基于学习策略分类中的类比学习。在这一类型的学习中比较引人注目的研究是通过与过去经历的具体事例作类比来学习,称为基于范例的学习(case_based learning),或简称范例学习。

四是遗传算法(genetic algorithm)。遗传算法模拟生物繁殖的突变、交换和达尔文的自然选择(在每一生态环境中适者生存)。它把问题可能的解编码为一个向量,称为个体,向量的每一个元素称为基因,并利用目标函数(相应于自然选择标准)对群体(个体的集合)中的每一个个体进行评价,根据评价值(适应度)对个体进行选择、交换、变异等遗传操作,从而得到新的群体。遗传算法适用于非常复杂和困难的环境,比如,带有大量噪声和无关数据、事物不断更新、问题目标不能明显和精确地定义,以及通过很长的执行过程才能确定当前行为的价值等。同神经网络一样,遗传算法的研究已经发展为人工智能的一个独立分支,其代表人物为霍勒德(J.H.Holland)。

五是联接学习。典型的联接模型实现为人工神经网络,其由称为神经元的一些简单计算单元以及单元间的加权联接组成。

六是增强学习(reinforcement learning)。增强学习的特点是通过与环境的试探性(trial and error)交互来确定和优化动作的选择,以实现所谓的序列决策任务。在这种任务中,学习机制通过选择并执行动作,导致系统状态的变化,并有可能得到某种强化信号(立即回报),从而实现与环境的交互。强化信号就是对系统行为的一种标量化的奖惩。系统学习的目标是寻找一个合适的动作选择策略,即在任一给定的状态下选择哪种动作的方法,使产生的动作序列可获得某种最优的结果(如累计立即回报最大)。

5.3 可感知的技术——智能空间

智能空间应用于工作,有人把它专门称为智能工作空间。两者不完全等同。

5.3.1 智能空间的概念

智能空间就是将充分利用物联网(IoT)带来的日益数字化的工具。它们提供了工作、调度资源、协调设施服务、共享信息和协作的新方式。由于专注于设施现代化、更敏捷的工作环境,将持续引发人们对智能工作空间技术的关注。智能工作空间对业务的影响将多种多样——从提高工作场所的员工生产力和文化感知,到员工更好地利用智能工作空间服务客户,进而改善客户体验。其实,智能工作空间,是智能空间的一种应用形式。

准确地说,智能空间(Smart Space)是嵌入了计算、信息设备和多模态的传感装置的工作或生活空间,具有自然便捷的交互接口,以支持人们方便地获得计算机系统的服务。人们在智能空间的工作和生活过程就是使用计算机系统的过程,也是人与计算机系统不间断的交互过程。在这个过程中,计算机不再只是一个被动地执行人的显式的操作命令的信息处理工具,而是协作人完成任

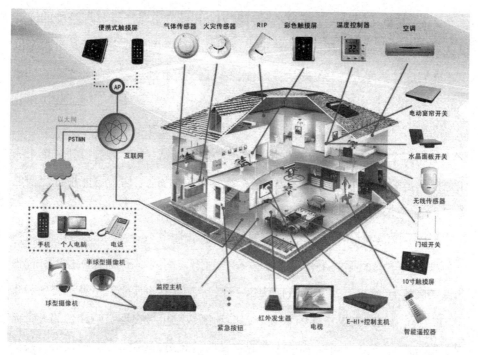

便携式触摸屏　气体传感器　火灾传感器　RIP　彩色触摸屏　温度控制器　空调

AP

以太网

PSTMN

互联网

手机　个人电脑　电话

半球型摄像机

球型摄像机

监控主机

紧急按钮

红外发生器

电视

E-H1+控制主机

智能遥控器

电动窗帘开关

水晶面板开关

无线传感器

门磁开关

10寸触摸屏

5-4：智能空间示意图

务的帮手，是人的伙伴，交互的双方具有和谐一致的协作关系。这种交互中的和谐性主要体现在人们使用计算机系统的学习和操作负担将有效减少，交互完全是人们的一种自发的行为。自发（spontaneous）意味着无约束、非强制和无须学习，自发交互就是人们能够以第一类的自然数据（如语言、姿态和书写等）与计算机系统进行交互。

当前，普适计算（Pervasive Com-puting）是计算技术研究和应用的热点，而自发交互是普适计算脱离桌面计算交互模式束缚的关键问题，具有重要的研究价值，智能空间成为研究和谐人机交互原理与技术的典型环境。

5.3.2 智能空间的特征

目前国际上对智能空间的研究开展得相当广泛，表明了智能空间在普适计算研究中的重要作用。这些研究计划中，智能空间以不同的应用形态展现出来，并被分别赋予了研究者希望中的普适计算的特性。

那么，智能空间有哪些主要特征？会带来哪些主要变化？

首先,智能空间的一个重要特性可称为立体感知。处于计算环境中的计算设备不再像在桌面计算模式下,要求用户端坐在计算机前或者处于某个固定位置才能完成计算任务。大量的计算设备、多模态交互技术模块、情景感知(context awareness)模块被嵌入并隐藏在实际的物理环境中,这些模块需要能互相协作并能主动为用户提供服务,使得智能空间能拥有立体、连续的交互通道。

例如一个智能书房能检测到用户在其中阅读书籍,它可能会打开窗帘来为用户提供足够的照明;随着时间的推移,夜幕降临,智能书房还可能根据当前的光照条件,逐渐加强房间中的灯光照明。

其次,智能空间的另一个重要特性称为游牧服务(cyber foraging)。它是指用户携带入空间的无线手持设备可以充分利用其周围基础设施中的相对较强的设备的能力,同时其上运行的模块也可以与空间中的其他模块进行交互和协作,以共同为用户提供增强的服务。这也是信息空间与物理空间融合的一个体现。这种融合使得空间距离对计算的含义与传统分布式计算正好相反。传统的分布式计算是试图用网络消灭空间距离,而智能空间是强调找到离用户最近的各种资源和服务。反过来,基础设施也应该能够利用用户所携带的移动设备的功能,为用户提供个性化或者增强的服务。

例如,当用户甲在一个智能会议室开会时,系统检查到乙给甲发了一个重要的 E-mail,并希望甲马上能阅读其内容。智能会议室则应该根据当前的情景(在开会)以及甲所携带的移动设备(手机或者 PDA)做出判断,将此 E-mail 转发到手机上,并通过震动提醒甲,而不是通过会议室的大屏幕显示出来。而如果只是甲单独待在智能会议室,该 E-mail 则可经由声音提示,显示在大屏幕上。

5.4 便捷化的技术——事件流处理

关于事件流处理,也是一个普通人很难理解的概念。为了让大家通俗易懂,这里分步解释。第一步,什么是事件?事件是某个行为。比如我们点击屏幕、移动鼠标、图像加载、触发按键……所以说,只要我们上网,事件无处不在。什么是事件流? 事件流描述的是事件的顺序,比如我们先做了什么、后做了什么,直到最后离开网页。什么是事件流处理? 比如某个软件工具按照我们对网站的访问时间、内容、次数、IP 地址进行跟踪,进而从这些事件中收集该网站的访问使用情况,并且进行分析并采取措施,例如对某一批特定客户端限制它的访问次数或访问时间。再如我们登录电子商务网站,这是事件;我们搜索产品、查看产品、比较产品,然后把有意向的产品添加到购物车,这是事件流;网站的软件系统对这一系列过程进行记录,并推荐类似产品的处理行为,这叫事件流处理。

我们以往经常遇到这样的事,在 ABC 三张账户中相互转账,结果发现,支出的账户上余额减少了,而收入的账户上余额没有增加,于是很着急。结果,过了几天,收入的账户上余额才增加到正常值。有了事件流处理技术,这种情况就不存在了,无论多少个账户,无论设定多么复杂的转账规划,转账都会准确完成、同时完成、同步显示。

5.4.1 事件流的概念

事件流处理是比较新的一个概念,要了解事件流处理技术,首先要了解什么是事件流也叫数据流。数据流最初是通信领域使用的概念,代表传输中所使用的信息的数字编码信号序列。然而,我们所提到的数据流概念与此不同。这里提到的数据流能够持续产生大量的数据,这类数据最早出现与传统的银行和股票交易领域,也在互联网监控、无线通信网等领域出现、需要以近实时的方式对更新数据流进行复杂分析如趋势分析、预测、监控等。事件流处理是数据流处理的一个子集,是一种特定的数据流处理。事件流处理与一般的数据流处理不同的是,事件流处理通常是异步的,事件可能源自不同的地方,而且类型也可能各异,接收的顺序也可能差异很大。事件流处理需要使用事件属性、事件发生的时间以及事件中任何能推断的因果关系作为它的基础元素。

事件流处理(ESP)可为数字政府的持续智能化及其他方面提供支持。它主要处理事件流中的数据,该事件流是按时间排序的一组事件对象。由此开展的分析将捕获有可能被忽略的信息,以改善决策。其好处包括:更加智能的异常检测，以及更快的响应威胁和机会。此外，该分析还通过删除无关信息来避免数据过载。

5.4.2 事件流模型的特征

事件流模型相对于传统静态数据处理模型主要有如下几方面的特征：

一是事件流中的事件元素在线到达；

二是系统无法控制将要处理的新到达的事件元素的顺序；

三是事件流模型中查询是相对静止不变的，而数据是时刻变化的；

四是事件流在理论上的潜在大小是无界的；

五是系统能存储的数据相对事件流的大小则是非常有限的；

一旦事件流中的某个元素经过处理，要么被丢弃，要么被归档存储。但被丢弃的事件元素可能需要再次被访问。

5.4.3 事件流处理

到底是什么是事件流处理？专业解释是，事件流处理（Event Stream Processing, ESP）是指以近实时的方式计算、分析流事件，将事件与事件查询语句相匹配并通知监听器。与之相关还有一个概念叫作复杂事件处理，指监控并分析事件之间的关系包括时间关系、逻辑关系等。与传统事件驱动结构相比，事件流处理和复杂事件处理是传统事件驱动的一个扩展，它们引入了新的技术理念，比如说许多事件检测，事件相关和抽象，事件继承，事件因果性、从属性、同步性、定时和事件驱动过程。在事件流处理模式下的系统，可以实时监测事件流，当特定事件发生时触发某些行动。可以认为事件流处理与数据库的管理类似，只是处理方式相反。在传统的数据库系统中，采用信息保持静态，在数据中执行查询的方式而在事件流处理系统中，采用的是查询保持静态，数据不断变化的方式。简单来说，事件流处理是把数据库反过来。

5.4.4 事件流处理的优点

事件流处理具有哪些优点？事件流处理模式是通过将几种机理整合在一起实现实时操作的。

首先，提高性能。它支持入处理，即输入的事件流一进入系统就马上开始流经连续的查询。在它们流动时，查询变换事件，连续地给出结果，所有这一切都是在内存中进行的，对磁盘存储的读或写操作是可选的，在很多情况下是被异步处理的。入处理克服了常规数据库管理系统使用的传统出处理的局限，在出处理中，数据必须插入数据库，并在开始任何处理之前建立索引。通过将磁盘存储排除在处理的关键路径之外，与传统的处理方法相比，事件流处理模式获得了明显的性能提高。

第二，整合方法。事件流处理模式采用了单处理模型，其中所有与时间密切相关的操作包括事件处理、定制的应用逻辑的存储和执行是作为一个多线索进程的一部分运行的。这种整合的方法消除了进程转换的高开销，在使用多个软件系统来提供同样功能的解决方案中就存在着这种进程转换。

第三，使用方便。事件流处理模式提供了一个灵活的进程间存储模型和基于标准的对外部数据库的访问。内存中散列表用于极快的插入和查找操作。嵌入的数据库用于确保数据的一致性，以及能利用风格的描述性查询进行的访问和操纵。外部的、远程进程数据库通过标准的"开放数据库互连"调用进行访问，当要支持过时的数据库时，这种数据库用起来很方便，能方便地实现数据库与外部应用程序的共享。事件流处理模式拥有内在的过滤、聚合和相关以及合并操作符，它们操纵事件的窗口。标准定义在有限大小的表格之上，从而执行引擎知道何时完成了所有的操作。相反，流存在着永不结束的潜在可能，在结束处理和输出答案时必须要有指令。通过定义操作符的范围，窗口构建为此目的服务。在传统的应用程序中，一小时的窗口可以用来表达计算以小时为量加权的面向流的查询。窗口是用户可以配置的，可以定义在时间、事件数量或者一个事件中其他属性的断开点上。面向流的操作符对数据流中因次序破坏或数据达到的延误造成的破坏提供了弹性，而这两种情况在现实世界中是经常发生的。弹性是通过使操作符对时间敏感而获得的。操作符可以有选择地被告知，对失序的信息等待更长一些时间，或者规定的时间用完不再等待可能永远不会到来的过时信息。

第四，可用性高。事件流处理模式支持改进可扩性和可用性的分布式操作。

增强可扩性是通过让处理分割并透明地分布到多个机器上实现的，不必修改应用程序。高可用性对保留应用程序的完整性是至关重要的，可避免实时处理的中断。

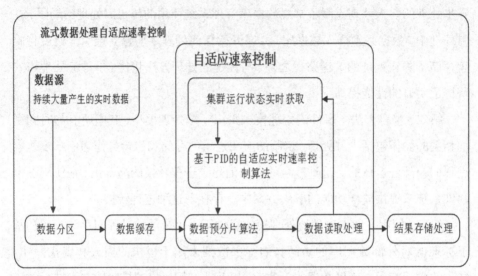

5-5：流处理示意图

5.5 人性化的技术——会话式界面

当前，老年人之中的部分人不会使用网络和手机，因为不会打字，不会操作。这个问题会很快解决，因为，电脑页面将如同活体人一样与你进行对话，通过对话进行操作。或者以使用者感觉最为舒适的方式进行人机互动。

会话式用户界面（UI）是一种高级设计模型，人机交互主要出现在用户沟通或书面用语中。它们让机器变得更加智能，并提高人们应对新情况的能力。

这一发展前景意味着，以往是用户被迫学习操作软件，以后是软件自动了解并适应用户，这是一个巨大转变——尽管当前的用户界面尚有待提升。

未来的用户界面会充分考虑采用会话式用户界面来提高员工和客户效率，同时减少运营支出和学习晦涩难解的计算机语义所耗费的时间。

5.6 新技术撬动数字政府新时代

除了常规技术和以上提到的几种专家重点关注的技术，5G、大数据、云计算、人工智能等，都在数字政府建设中进行尝试。

5.6.1 云计算的支点效应

在浙江省，公积金和房管局、人社局等机构依靠云技术实现了数据协同，再基于支付宝的人脸识别技术，市民们可以随时刷脸提取公积金，再也无须排在数千个叫号之后苦等了。2019年，在线刷脸提取公积金的业务量已经占到全年业务量的90%。同年，全国有近200个城市的政务支持"刷脸办事"。不仅浙江，阿里巴巴已与全国30个省市区达成了数字政务服务，涵盖了1000多项服务内容，累计服务9亿人。数字政府建设，也是自上而下的国家战略。数字政府是数字中国概念的主要内容。

十九大报告明确提出要加快建设数字中国——自此，数字中国上位为长期的国家战略。在数字中国这一大盘中，数字政府是整个社会系统中关涉公共利益的重要节点，数字技术应用开始广泛渗透进入公共服务、社会生活的方方面面。而数字政府推进更快的地区，综合发展动能也更为强劲。数字政府的建设，孕育了一片超级蓝海，2017年，中国政务云市场规模为292.6亿元，到2021年市场规模将达到813.2亿元，并保持高速增长态势。而在这片蓝海上鼓帆远航的阿里云，已与全国30个省市区达成了合作。事实上，数字政府业务的超级蓝海，也反哺了阿里云业绩的快速增长。据阿里巴巴2020财年第一季度财报显示，云计算业务季度营收达到77.87亿元，比去年同期净增31亿元。

放眼到全球，在数字政府1.0时代，中国政府是滞后者，而在数字政府的2.0时代，中国很可能是引领者。这也与中国互联网经济的发展水平息息相关——在电子政务逐渐落地的互联网时代，中国是模仿者、跟风者；而在2.0版数字政府逐渐落地的移动互联网时代，以及即将迎面而至的AI时代、5G时代、万物互联时代,中国走在了前头。阿里云智能数字政府事业部总裁许诗军认为,数字政府1.0是把线下的政务办事窗口搬到网站和手机上,是互联网和政务在物理层面的连接;未来5年是以数据化运营为核心的数字政府2.0,通过系统打通和数据协同,形成整个政务流程的再造。"以前办一件事,要跑5个政府部门窗口,数字政府1.0后不用跑腿了,把5个窗口搬到了一个网络入口上。而数字政府2.0只需要点一个窗口就办好了,背后是数据化运营和政府部门的流程再造,老百姓的体验会更好"。换句话说,1.0时代是完成了"在线",把线下业务搬到线上,更多是基于渠道层面;2.0时代,则是在联网基础上,用在线的数据反哺线下,再造、升级、优化线下政务。前述浙江省政府的数字政府项目,就是从1.0向2.0进化的典型案例。与这一趋势对应,阿里巴巴也提出了数字政府1+2+2+N的技术架构,即统一的云平台底座、数据中台和业务中台、以支付宝和钉钉为代表的移动服务端和办公端,以此为基础整合生态力量,构建N个应用创新体系。

5.6.2 数字政府 +5G 为城市赋能

在2019年互联网大会上,中国互联网协会副理事长高新民回顾了中国电子政务发展的历程,他认为有三个关键节点:第一个节点应该追溯到1993年12月,国务院成立了一个国民经济信息化联席会议,确立了推进以"金桥、金卡、金关"为代表的信息化工程实施,这是电子政务发展的起点,以部门型的电子政务为主要特征。第二个节点是2002年7月,国务院颁布17号文件,提出国家电子政务建设规划指导性意见。第三个节点是2015年,国务院正式发布"互联网+"行动计划,提出通过大网络、大平台、大数据技术的应用,来实现网络、数据、业务"三通"目标,最终实现跨部门、跨地区、跨城际的政务信息服务和监管。

他指出,数字政府发展至今,与前期电子政务的主要区别,应该在三点上:一是要充分应用新一代的信息通信技术,特别是以5G为代表催生的新一代网络基础设施,以及大数据、人工智能进行智能化、科学化以及高效和便捷的服务和监管;二是更强调数据,所谓数字政府就是数据驱动或者数据要素起决定性的作用;三是平台化,平台化数字政府的特征应该是开放、汇聚、充分,从而更加高效、更加高质量,而且低成本的政府监管服务能力。

5G 已全新的网络架构，数十倍于 4G 的峰值速率，毫秒级的传输时延，亿万级的连接能力，以边缘计算，大数据和人工技能新一代信息技术融合创新，构建高速率、广普及、智能化的新型基础设施，为数字政府的建设打造了坚实的基础。

5G 为数字政府建设提供了新的机遇。5G 能够支撑自动驾驶、互动式的 AR 和 VR 等要求高的业务发展，智能交通、智慧医疗等数字城市应用将成为 5G 重要的应用场景。不仅如此，5G 将大数据为数字城市建设提供新的决策支持，在 5G 大连接的推动下，数据采集量越来越大，采集的渠道越来越多，数据的维度也越来越高，数据的格式也越来越丰富，基于大数据和云计算的处理能力，可以建立复杂场景下的多维城市信息综合大数据应用平台，构建城市运行风险预警与应急处理体系，海量大数据反映城市的运营情况，以相关的民生态势为城市管理者提供重要的决策支持。从网络强国到数字中国，再到数字政府，从顶层设计再到创新实践，政府的数字化转型的长卷正在逐步展开，而且也必将伴随着 5G 的到来进入快车道。

5.6.3 大数据成为智慧政府"催化剂"

中国作为全球最大的发展中国家，特殊国情决定地方政府在经济社会发展中承担着更大的责任。地方政府不仅承担着提供公共服务职能，还直接和间接承担着经济建设功能。随着中国经济量变，地方政府现代化治理能力建设比以往任何时候都更为紧迫和重要。近年来，国家陆续发布了关于云计算、大数据、物联网、"互联网 +"和信息惠民等一系列推进信息化的文件，并确定了提升公共服务水平益民服务的具体任务。发力"智慧政务"，建设"数字政府"，打造"智慧城市"，是当前地方政府的一个重要任务。

我国政府通过全面深化改革，不断转变政府职能，取得了非常显著的进步。但社会经济快速变化，政府治理、机构改革仍面临着一些问题。一是政务数据资源管理的共享难、汇聚难、集约难、分析难。如何将政务数据治理好、整合好、运用好，这将是优化政府部门业务流程，做好智慧政务的首要问题。二是群众和企业办事难。群众和企业不了解所办事情的细节，会遭遇很多堵点，比如所办事情涉及选哪个层级、哪个部门、哪个事项、哪里办等等一系列问题和堵点，导致了群众在办事之前至少要上门咨询跑一次，这已经成为制约解决群众办事难的关键性瓶颈。建设智慧政务，打造数字政府，能有效推动政务数据资源的信息化、群众办事的流程化和制度化。智慧政务涵盖了治理模式、治理结构、治理机制、治理工具、治理能力、治理评估等基本问题。

这种全新的政务模式，能够通过用户行为数据，使政府能够分析出当前社会最为关注亟须解决的问题。通过对政务流程的梳理，克服办事人员的主观随意性，量化客观评价，发现问题所在，为改进完善规章制度提供科学依据。透过智慧政务，政府还能破除迷雾，发现民营经济的"痛点"在哪里，进行真正有针对性的调整和修正。融合了互联网、大数据技术的智慧政务建设，正在成为助力政府精准把脉"痛点"、深化政府机构改革、建设服务型政府，提升政府现代化治理能力的一个重要突破口。

对于如何驱动数字政府发展，建设"智慧政务"，技术企业湖南壹诺数科公司探索形成一套有效的解决方案和完善的产品体系。壹诺数科的解决方案从实际情况出发，通过数据的共享和集中、统计分析和深度挖掘，拓展了各级政府政务部门决策的信息边界。通过政务大数据的共享、整合、分析及挖掘，一是能有效融合多渠道、多层级的业务资源，支撑政府实现跨层级、跨区域、跨部门、跨系统、跨业务的协同管理和服务，为服务型政府"智慧政务"的新模式提供保障及运营服务；二是有利于提升政府决策和风险防范水平，政府数据和社会数据的深化应用，有效避免了人工误判和错漏，政府的前瞻性社会治理更加精准；三是促进政府治理精细化，大数据的统计分析和挖掘，让政府部门能更敏锐地洞察民生需求，优化资源配置，丰富服务内容。数据时代背景下，大数据正在深刻地改变政府的治理模式和服务方式。在当前国家大力倡导的"数字中国"建设的背景下，作为社会管理机构，"大数据＋政务"实际上成为政府机构的首要信息化选项。

5.6.4 物联网提高决策准确性

除了日益先进的数据分析，人工智能（AI）和基于云的数字架构外，有望对各领域产生最大影响的技术领域之一是物联网（IoT）。物联网这个术语，用于描述除我们传统认为能够连接到互联网的设备之外的各种设备。从联网汽车到三星的智能冰箱，再到传感器继电器，物联网设备正越来越多地整合这个已经联网的世界。其含义是惊人的，并且采用正以惊人的速度发展。

实际上，物联网革命发生得如此之快，以至于分析人员很难确定它到底有多快。根据 BusinessInsider 的报告，到 2019 年初，全球估计有 80 亿台具有 IoT 功能的设备处于活动状态。他们预测，到 2027 年，这一数字将达到 410 亿。根据 451 研究，全球物联网设备的数量将从 2019 年的 79 亿增加到 2024 年的 138 亿，普及率将大大降低。根据全球咨询公司麦肯锡（McKinsey）的数据，全球在 2018 年已经有 100 亿台物联网设备，到 2025 年，这个数字将增长到 640 亿。Statista 的研究指出，目前已经有超过 220 亿的物联网设备连接到网络，HoganLovells 的分析师认为，到 2025 年，这个数字将超过 750 亿。

简而言之，物联网的增长已经如此之快，以至于阻碍了市场的可视性。我们可以肯定的是，在接下来的十年中，它只会变得越来越大，越来越快。据估计，到 2022 年，全球在物联网技术上的支出可能高达 1 万亿美元。虽然物联网目前在世界各地都得到了广泛采用，但从医疗保健到气象，金融服务和金融科技似乎是最容易解决采用问题的领域之一。

如今，有 35 亿人拥有并使用智能手机，该智能手机可以从单个端点收集大量数据。实际上，我们作为一个物种创建数据的速度呈指数增长。据估计，全球所有数据中有 90% 是在过去两年中创建的。物联网设备可以帮助我们处理付款，监控金属疲劳并知道何时订购打印机墨水，但是所有这些应用程序的核心都是数据收集。物联网设备是收集有关其周围世界的信息的感官端点。

据《福布斯》杂志的乔丹·麦基（JordanMcKee）说："长期，潜在和更有利可图的 IoP 收入机会将在利用新数据输入的爆炸式增长中找到，这些数据可以提供有关客户行为的更深入，更细化的见解。物联网设备和传感器产生的新数据流的机会是无穷的，这将有助于提高决策准确性，从欺诈预防到'了解客户'（KYC）要求，到贷款到有针对性的优惠和建议。"

5.6.5 人工智能强化监管和执法

建设数字政府的基础是实现政务流程电子化,一定阶段的历史数据电子化,通过汇聚海量的政务相关大数据资源,构建智能的数据中台,用数据说话,用数据治理,用数据服务。在这一变革中,人工智能将起到什么样的作用?

(1)利用人工智能重构政务审批业务。行政审批和非行政审批许可是国家管理社会政治、经济、文化等各方面事务的一种重要的事前控制手段。多年来电子政务建设和发展已经取得了良好效果。例如,广东省早年就开展的逻辑集中物理分散"网上办事大厅"项目;实行网络畅通、数据畅通、应用畅通、服务畅通的"畅通工程"项目;以及后来的"粤省事"项目。其核心后台便是建立了完整的政务审批系统,才能在前端服务的更好。所以,"数字政府"建设必然要解决政务高效审批和业务流程再造的问题。政务审批和许可是有标准流程和所需的材料,公务人员审批也有标准,且是重复的,那么重复性审核同一标准事项的环节可以交由人工智能来实现,整个审批事项只需最后一人复核签批结果即可,既高效又节省人力。更重要的是,可能同一个行政审批事项也存在跨部门审批的问题,也即是需要前置审批。在这个问题上,此前曾出现过证明"我是我","我妈是我妈"的奇葩事件,随着信息共享和"互联网+"政务平台的建设,基本不会再发生。"数字政府"致力于打造信息多跑路,群众少跑腿,"最多跑一次"或"一次都不用跑"的"24小时不打烊"政府。甚至提到的让群众在线办事像网上购物一样方便,这并没有什么难度,人工智能可以促使更进一步,非但能够实现办事像购物,更要实现结果一日达,实时到达,由被动办事到主动办事转变,在这个过程中,人工智能的应用必然难以或缺。

(2)利用人工智能渗入政务服务应用场景。人机交互由原来的通过代码交互,到通过计算机图形交互,然后再到触控交互,发展到现在通过语音对话交互的过程越来越快。目前人工智能语音语义的发展,形成的智能客服产品,可以广泛应用于政府市民热线,加载或内置于"互联网+政务服务"提供的载体,如微信,微博,App,门户网站等。通过智能客服的在智能线应答、智能语音应答、智能外呼、智能交互RPA、智能调度和智能工作台等功能,实现24小时不间断的政民互动,通过人工智能技术提供有温度,有情感,可信赖的 AI 服务。CV ComputerVision(计算机视觉的简称)是人工智能领域的一个重要研究子领域,目前该技术也取得了较大的发展。在 CV 领域的图片识别与合成,视频识别与合成技术的突破,已经在人脸识别,人体行为识别,OCR 票证识别等方面有了较大发展,被广泛应用于实名认证,行为监测,治安安防,考勤等方面。某公司利用人工智能技术的人脸识别认证、生物虹膜认证加声纹识别认证,实现了远程社保活体认证工作,服务人员携带终端走进偏远山区农村家庭,面向卧床不起的孤寡老人进行远程认证工作,既方便了居民,增加居民的获得感,又减少了国家的损失。总之,人工智能技术的发展将越来越多地被广泛应用于政府提供给居民的政务服务当中,未来的美好值得期待。

(3)利用人工智能联动行政执法业务。人工智能 CV 和语音 TSR、TTS 的结合,加上机器学习,将为基于城市管理的行政执法变为机器人服务一体化成为可能。举一个应用场景,当一个驾驶员非法在重要路段停车,极有可能影响交通堵塞情况下,通过摄像头的内置模型算法,第一时间进行预警,并通过监测到该车的车牌号或驾驶员,随即通过大数据分析出该车车主或驾驶员电话,通过预先机器学习后生成的对话脚本,将文字转换成语音,通过智能外呼的方式自动打电话给车主或驾驶员,让其尽快驶离非常停车区域。除此之外,人工智能还将逐步在交通执法、环境保护、森林防火、危化品管理等行政执法较多的领域大展身手。当然人工智能在公共安全治安领域的已经得到了长足发展,随着"雪亮工程"的持续推进,加上人工智能应用的深入,未来构建平安城市、平安中国的目标一定会实现。

(4)利用人工智能辅助决策和监管。人工智能的能力高低核心取决于数据,算法和算力。目前,经过国家几十年的信息化建设和发展,已经形成了海量的大数据,依托这些数据,结合业务流程,建立起监测预测预警和监管的模型,可以将政府的决策和监管的智能化辅助支撑起来。因为决策最终是需要人来决定,机器只能帮我起到辅助支撑的作用,给出决策后可能的几种结果,影响到哪些方面,让决策更精准,更科学。武汉智慧城市建设了好多年,然后在这次"新型冠状病毒肺炎"COVID-19 疫情过程没有看到其发挥重要作用,尤其在疫情初期针对物资供需的分配都未能科学有效的管控起来，更不用说针对疫情扩散的预测图和医院床位与患者数量的匹配预测。究其原因，并不能说智慧城市建设完全失败，而是智慧城市领域比较大，没有在公共卫生应急领域发挥重要作用，原因可能是缺少大数据，缺少准确的算法模型，缺少新技术的应用。当然在监管方面，国内大部分主流的智慧城市建设提供商并没有将人工智能与智慧城市建设内容充分结合起来，仍按照原有的思路和逻辑建设出来的智慧城市，数字政府注定难以适应未来形势发展的需要，需要得到认真的反思。

（5）利用人工智能提高幸福指数。《未来简史》作者尤瓦尔·赫拉利认为，如果人工智能发展到一定程度，绝大部分人将成为无用的群体。尤其是在强人工智能时代，机器人有了人类的心理能力之后，能够被替代的工作种类将更多。其实，随着人工智能的发展，人类并不会成为无用的群体，人工智能虽然能够取代的工作种类较多，但也会创造新的就业岗位，而我们人类将拥有更多的时间去享受生活，去投入更值得研究的事务，促进人类文明进入一个新高度。

数字政府

第六章

数字政府的"五脏六腑"

数字政府的"五脏六腑"或者说内部结构是什么样的？最终回答这个问题，还需要研究的不断深入、技术的不断成熟、经验的不断积累，才会有更加精准的答案。当前，我们惊喜地看到，广东、浙江、贵州等地高度重视"数字政府"建设，取得了可喜的成效。

前面论述了数字政府的蓝图、人才、技术等等,那么数字政府的"五脏六腑"或者说内部结构是什么样的? 最终回答这个问题,还需要研究的不断深入、技术的不断成熟、经验的不断积累,才会有更加精准的答案。当前,我们惊喜地看到,广东、浙江、贵州等地高度重视"数字政府"建设,取得了可喜的成效。下面以广东、浙江、贵州为例,论述数字政府建设的具体行动。

6.1 广东省数字政府架构

2017 年 12 月,广东省政府率先在全国部署"数字政府"改革建设,进一步加快广东省政务信息化建设体制改革的步伐,已然成为我国数字政府的"开路先锋",他们数字政府的"框架结构",代表了我国数字政府建设最成熟、最先进的一面,为此,本章以广东省的数字政府为例,介绍数字政府的"框架结构"。

广东省数字政府建设目标:以系统工程的理念,持续开展应用建设和数据治理,构建大数据驱动的政务管理运行新机制、新平台、新渠道。全面推行"指尖计划",建成整体、移动、协同、创新、阳光、集约、共享、可持续的服务型政府。到 2020 年底,建立整体推进、政企合作、管运分离的"数字政府"管理体系和整体运行、共享协同、服务集成的"数字政府"业务体系,构建统一安全的政务云、政务网,建设开放的一体化大数据中心、一体化在线政务服务平台,建成上接国家、下联市县、横向到边、纵向到底全覆盖的"数字政府",以"制度创新 + 技术创新"推动改革向纵深发展。

广东省数字政府的总体架构包括管理架构、业务架构、技术架构。其中,管理架构体现"管运分离"的建设运营模式,以省政务服务数据管理部门统筹管理和"数字政府"建设运营中心统一服务为核心内容,通过构建"数字政府"组织管理长效机制,保证全省"数字政府"的可持续发展;业务架构对接国家和省深化机构改革和"放管服"改革要求,包括管理能力应用和服务能力应用,促进机构整合、业务融合的整体型、服务型政府建设;技术架构采用分层设计,遵循系统工程的要求,实现全省"数字政府"应用系统、应用支撑、数据服务、基础设施、安全、标准、运行管理的集约化、一体化建设和运行。

6.1.1 "管运分离"的管理架构

广东省按照"管运分离"的总体原则,在管理体制、运行机制、建设运维模式等方面探索创新,构建"统一领导、上下衔接、运作高效、统筹有力、整体推进"的全省"数字政府"改革建设组织管理体系。

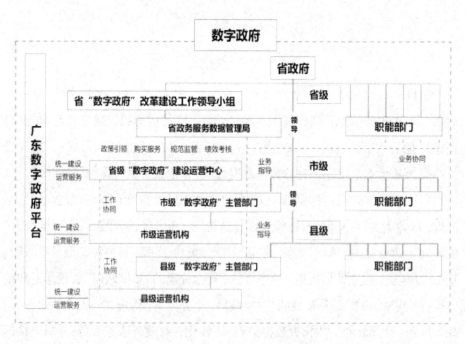

6-1:广东省"数字政府"管理框架图

6.1.2 "整体协同"的业务架构

广东省突破传统业务条线垂直运作、单部门内循环模式,以数据整合、应用集成和服务融合为目标,以服务对象为中心,以业务协同为主线,以数据共享交换为核心,构建"纵向到底、横向到边"的整体型"数字政府"业务体系,聚焦各地各部门核心业务职能,不断推动业务创新和改革。

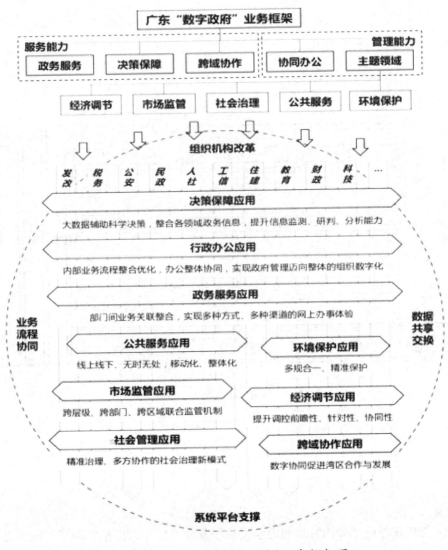

6-2: 广东省"数字政府"业务框架图

6.1.3 "集约共享" 的技术架构

广东省的"数字政府"技术架构为"四横三纵"的分层架构模型,"四横"分别是应用层、应用支撑层、数据服务层、基础设施层,"三纵"分别是安全、标准和运维管理。基础设施层统一规划、统一标准、统一建设、统一运营,实现政务云资源集约、共享;建设全省统一的大数据中心,实现共性数据的汇聚、共享;建设省统一身份认证中心、可信电子证照系统、非税支付平台、社会信用公共平台等,为各种应用系统提供基础、公共的应用支撑平台,实现用户相通、证照相通、支付相通、信用数据共用。

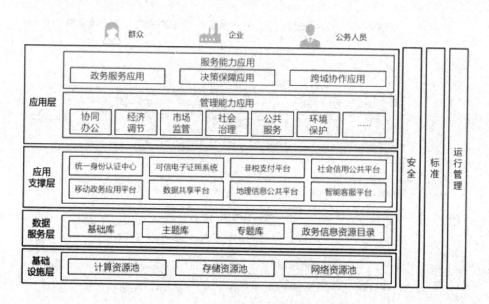

6-3: 广东省"数字政府"的技术架构

6.2 广东数字政府九大创新政务应用

创新政务应用分为管理能力应用和服务能力应用。广东省的管理能力应用面向各部门履行专业职能的业务,包括经济调节、市场监管、社会治理、公共服务、环境保护,以及面向政府内部管理的行政办公业务等;服务能力应用由面向群众办事创业的政务服务业务、面向领导的决策保障业务以及面向跨层级跨区域的跨域协作业务构成。通过统一规划、统一标准、统一建设,实现跨部门系统互联互通、数据交换共享、业务流程协同,构建"数字政府"大服务、大应用、大数据、大平台体系,提升"数字政府"整体效能。

6.2.1 扁平高效的协同办公应用

建设目标。建立移动政务应用体系,实现移动办公、协同审批,推动扁平、透明、移动、智能的办公方式,提高跨部门政务业务协同效率、降低行政成本,通过不断改善和优化并联审批流程,为各职能领域非涉密信息处理、推进"转职能、转方式、转作风"的改革要求提供支撑。

建设内容。(1)办公自动化系统。省直各部门按省统一规范改造现有办公自动化系统,对接应用支撑平台、政务微信平台和移动办公终端,实现省直部门、地市政府办公自动化系统互联互通,尽快实现全省范围非涉密公文及各种文件传输互通,逐步整合相关系统,实现一体化的公文处理、业务审批、机关事务处理。(2)决策支持系统。实现全省数据汇聚,在全省大数据中心基础上,实现丰富、及时、准确的数据分析应用,包括驾驶舱、仪表板、热力图等多种呈现形式,支持各级领导决策。(3)电子督查系统。建设集督查和绩效信息采集、分析、管理、监督、运用为一体的"督考合一"综合信息管理服务平台,建立全程监控和流程控制机制,并结合政务微信平台,实现督查工作随时审核、随时签收、随时反馈。(4)协同办公的应用支撑层。建立公文流转总线,制定公文交换标准规范,通过电子印章,实现跨部门、跨地市、跨系统公文流转;通过移动政务应用平台,支撑移动办公应用。

6.2.2 科学智能的经济调节应用

建设目标。充分整合和利用政府、社会数据资源,以跨地区、跨部门、跨层级信息共享与业务协同,提高宏观经济各领域监测分析、目标设定、政策制定与评估能力,强化全省经济监测预测预警能力,增强经济调节的前瞻性、针对性、协同性。

建设内容。(1)经济大数据运行分析应用。基于省政务大数据中心,汇聚投资、消费、就业、税收、财政、金融、能源等经济运行领域的监测数据,建立经济运行大数据分析模型,对区域经济运行趋势进行分析和预判,为淘汰落后产能、清理"僵尸企业"、鼓励科技创新、扶持优势产业、改造技术落后企业等一系列经济调节目标提供及时、精准、有效的决策信息。(2)经济运行主题数据库。围绕经济运行重点领域,依托宏观经济、产业专题、企业专题数据库等,汇聚相关领域的产业组织、生产能力、生产要素、市场竞争、资源环境等基础数据,构建经济运行主题库,提升经济管理数据资源统筹协调能力。构建支撑企业开办、不动产登记、跨境贸易等主题服务系统。(3)宏观调控数据体系。统筹共享省直有关部门掌握的企业、全省工业经济运行和制造业领域等经济数据信息,通过对各类数据进行自动汇聚、清洗、比对、统计、数据可视化等操作,为建设全省制造业企业高质量发展综合评价体系、支撑广东省制造业大数据指数(MBI)等经济调节工作提供数据和应用支持。

6.2.3 统一协作的市场监管应用

建设目标。汇聚整合来自多渠道的市场主体准入、生产、行为等多维数据信息,推动政府负责、部门协作、行业规范、公众参与和司法保障相结合的市场主体监管新模式。加强事中事后监管,推行"双随机、一公开"监管机制。建立准入宽松便捷、风险主动发现、执法跨界联动的多元共治市场监管体系。

建设内容。(1)全省市场监管大数据库。基于大数据平台整合市场主体档案库,根据市场监管事项目录及相关事项标准化梳理结果,建设监管规则信息库及监管业务信息库,为部门协同监管提供数据支撑。(2)全省综合监管平台。集约建设通用监管和行政处罚系统,支撑多部门综合监管业务统一运作,实现对市场主体的常态化、系统化监管,提高部门协同监管能力,发挥监管合力。建设市场监管标准化管理系统,实现对监管事项、监管部门、监管对象、监管表单、执法文书、法律法规依据等的规范化管理。建设市场监管预警系统,通过对市场主体日常市场行为信息的分类整理、动态评估,准确、及时预警潜在市场风险,运用大数据手段,将事后处罚转向事前防控。(3)全省移动监管系统。建设移动监管系统,以关联整合的市场主体信息业务为开展依据,支撑各部门使用手持移动设备上的移动执法客户端完成日常监管、行政处罚、行政强制等现场业务的办理,及时登记、报送市场主体各类违法违规行为。(4)全省监管事项目录。从权责清单出发,全省各级部门梳理明确本部门监管事项目录。紧紧围绕广东省商事制度改革、宽进严管的要求,优化部门监管流程,完成监管事项统一进驻省级市场监管平台,按照统一标准实现省市两级互联。借助可信电子证照、信用信息、政务大数据等推动市场监管精细化。(5)全省"双随机、一公开"监管平台。建设各部门通用的监管平台,将具备行政执法职能的各级部门全部纳入该平台。按照全省统一要求,由省级部门统一梳理本部门、本系统行政执法事项,明确检查事项的检查主体,法定的检查事项全部纳入随机抽查事项清单。完善检查对象名录库和执法检查人员名录库,涵盖各部门所有具有执法资格的执法检查人员信息,各部门统一录入、动态管理。为其他监管系统预留灵活加载的数据接口,支持多部门联合惩戒、大数据分析、智能预警、分类监管等应用,适应不断发展的监管业务需要。(6)加强对网络交易平台、网络商品和服务经营者以及其他网络交易服务机构的监管,建立网络交易信用档案,督促落实网络商品和服务经营者实名登记和身份核实制度,依法查处网络交易中的违法行为,为网络交易当事人创造公平、公正的网络交易环境。

6.2.4 共治共享的社会治理应用

建设目标。以全省汇聚的社会治理大数据为支撑,创新立体化的治理机制,构建一张社会治理"地图",提升社会风险预测、预警、预防能力、应急指挥调度能力,形成智能感知、快速反应、精准指挥、科学决策的现代化社会治理体系。

建设内容。(1)移动终端应用。通过微信公众号、网格员 App 等移动终端应用,让社区居民、志愿者、辖区单位内部保卫、网格员、保安和警察等各种社会治理力量参与社会治理工作,实现事件信息采集、分析和预警,实现"多元参与、共建共享"的治理格局。(2)全省社会治理指挥调度及监控平台。基于统一的电子地图和网格,整合接入各相关部门业务系统,依托地理信息、视频监控、智能感知、移动互联、电话热线等信息采集手段,建立跨部门、跨层级联动,可视化、扁平化的综合性指挥平台,支撑对突发事件的监测、预测、预警和应急指挥,建立集约高效、共享协同的社会治理模式。(3)网格化综合治理平台。一是建设辖区档案系统、辖区配备系统,为基层工作人员提供辖区内人、单位、房屋、楼宇等对象管理、分类查询、基础档案展现、基础统计、可视化功能,实现辖区服务管理对象电子化、全覆盖。二是建设事项任务管理系统、工作台账系统、民情日志等系统,为各级部门提供任务分派、审核等全过程监管,为基层工作人员提供辖区对象花名册、按巡查任务登记服务记录等功能,提升服务管理的有效性、针对性。三是建设移动巡检系统、协同治理系统,为基层工作人员提供日常巡检、事件上报、信息采集、事件回访等功能,为各级指挥中心提供事件调度分派功能,为各级部门提供事件处理功能,支撑跨层级、跨部门、跨区域的业务协同。(4)社会治理大数据库。基于政务信息资源共享平台整合接入各相关部门业务系统和社区网格的社会治理相关数据,建设社会治理业务库及治理专项库,为精细化社会治理应用提供全方位的数据支撑。

6.2.5 普惠便利的公共服务应用

建设目标。充分发挥信息化促进公共资源优化配置的作用,促进信息化创新成果与公共服务深度融合,加快推动智慧养老、智慧教育、智慧社区、智慧旅游、精准脱贫等建设,形成线上线下协同、服务监管统筹的移动化、整体化服务能力,推进基本公共服务均等化、普惠化、便捷化。

建设内容。(1)智慧养老服务。一是建设覆盖全省所有医疗机构的远程医疗服务体系,使基层群众和老年人得到优质均等的医疗服务。二是整合养老服务信息平台资源,实现与相关公共服务信息平台联网、与各地养老信息平台衔接、与社区服务网点及各类服务供应商对接,整合线上线下资源,促进供需对接,增强精准服务能力,为老年人提供各类线上和线下融合的服务。(2)智慧教育服务。一是持续完善"粤教云"公共服务平台建设,推进教育数据资源整合,建立覆盖各级各类教育机构、互联互通的优质教育资源共享平台,建设优质教育资源共享服务体系。二是完善省教育基础数据库,建设教育大数据分析主题数据库,推进教育决策和管理信息化、教育内容资源均等化,提升政府教育决策、管理和服务公共服务水平。(3)智慧社区服务。一是建立完善社区公共服务综合平台,推动地市为街道(乡镇)及社区开展服务提供支撑,整合社区服务资源,建设网上社区服务超市,提升社区服务水平,让居民享受优质的生活服务。二是整合应急、公安、消防、气象、交通、城管等社会治理信息资源,实现城市信息发布应急管理,提升社区治理水平,让居民享受安全、舒适的生活环境。(4)智慧旅游服务。一是着力发展移动化智慧旅游应用,整合升级广东省旅游产业大数据平台,与省政务大数据中心对接,获取交通、气象、公安等部门以及社会第三方旅游大数据资源,实现全省旅游数据共享。二是深化智慧旅游建设,加快旅游区及重点旅游线路的无线宽带网络覆盖,推进机场、车站、宾馆、景区景点、旅游购物店、游客集散中心等主要场所的信息互动。三是推动智慧旅游乡村建设、大湾区资源整合,完善游客信息服务体系,提升旅游的管理、服务水平。(5)精准脱贫服务。一是推进省扶贫大数据平台建设,对建档立卡的相对贫困村、相对贫困人口数据进行补充完善,建立覆盖广东省农村低收入群体的社会保障大数据平台,运用大数据从多维度、多层面对扶贫对象、扶贫措施、扶贫成效进行分析,为各级政府扶贫管理工作提供数据支撑。二是完善以"信息共享、业务协同"为目标的智慧扶贫信息化应用框架,推进跨部门跨层级的服务与资源整合共享、业务协同联动和决策科学支撑,建设以群众为核心的智慧扶贫大数据管理和信息服务平台,实现精准识贫、精准扶贫、精准脱贫。

6.2.6 多方共治的环境保护应用

建设目标。结合广东省"互联网 + 环保"建设部署,充分利用大数据、物联网等技术,建设智能、开放的环境保护信息化体系,推进生态环境保护管理创新,构建政府主导、企业主体、社会组织和公众共同参与的环境治理体系,为推进生态文明建设提供强有力的技术支撑。

建设内容。(1)环境监测监控一体化系统。在现有环境监管信息平台基础上,依托大气、噪声、污染源、水资源、机动车尾气等环境数据采集网络,建设环境综合监测监控一体化系统,以点带面,以面查点,形成集中统一的环境监控预警平台。(2)环境综合管理协同系统。以污染源管理为主线,建设集审批管理、现场执法、行政处罚、排污管理、固废管理等业务的一体化管理系统,实现主动推送、预警提醒、智能判断等精细化管理功能。(3)环保大数据分析应用。汇集水、气、声、固体、放射源、污染源、生态、应急、土壤等各类环保数据资源,并整合至全省政务大数据中心,实现环保数据资源统一访问、统一应用、共融共通。(4)环保公共服务应用。通过网站、移动 App 等多门户、全方位发布社会关心的环保数据,实现与公众的互动,保障公众对环境状况的知情权,通过公众参与的环境污染监督,支撑生态环境部门实现更加有效的管理和执法。

6.2.7 便捷优质的政务服务应用

建设目标。升级改造网上办事大厅,建设广东政务服务网,精简审批环节、压缩办理时限、优化用户体验,力争实现高频事项"最多跑一次""只进一扇门"。推行"指尖计划",拓展微信、支付宝等第三方互联网服务渠道,通过便捷的智能终端入口,推动线上线下服务融合,实现政务服务"马上办""掌上办""就近办""一窗办",建立多元化的政务服务模式。通过省统一身份认证、可信电子证照库、非税支付等,实现全省通办、刷脸办事、扫码缴费,最终实现足不出户即可办事,提升群众获得感和满意度。

建设内容。(1)政务服务终端应用。通过移动终端、一体机、家庭智能电视机等各种终端,为群众、企业提供多元化的服务渠道。一是在多终端、多渠道拓展政务服务应用,特别是微信公众号、小程序、城市服务、支付宝等第三方移动互联网服务渠道,全面触达用户,使群众、企业可在指尖上把事办好;二是一体化规划设计各类政务服务终端,使各类终端用户体验基本一致,包括界面风格一致、办事指引一致、办事流程一致;三是提供场景式服务,提供形式直观、易看易懂的办事导航指引,方便群众办事。(2)政务服务门户。升级改造网上办事大厅,建设广东政务服务网,各地各部门依托政务服务网开通本地区本部门服务站点,推动政务服务事项在政务服务网、移动终端、实体大厅、政府网站和第三方互联网入口等服务渠道同源发布。(3)政府网站集约化平台。按照国家关于政府网站集约化建设的部署要求,建成全省统一的政府网站集约化平台,分批次将全省各级政府网站迁移上平台,并将政务移动客户端、政务新媒体纳入平台管理,实现统一标准规范、统一域名格式、统一技术平台、统一安全防护、统一运维监管。(4)升级政务服务管理平台。一是提供部门政务服务事项进驻、运行管理等管理功能,支撑部门提供全流程线上服务,支持 PC 端服务和移动端服务同步发布,实现线上线下融合的一体化服务。二是对接应用支撑平台,充分运用八大应用支撑平台提供的服务实现政务服务应用智能化、便捷化。依托省统一身份认证中心,实现办事"零跑腿";依托可信电子证照系统,协助办事人便捷录入在线申办表单、提交办事材料,方便工作人员在线查阅核验,减少重复工作;依托数据共享,实现信息自动填充、少填少报;依托非税支付、统一物流和智能客服平台,实现政务服务线上全流程闭环办理。(5)升级省统一申办受理和审批系统。支撑跨层级审批,实现与地市申办受理和审批系统的衔接,支持部门高效开展业务审批。(6)建设网上中介服务超市。采取全省统一建设、数据共享、综合监督的建设模式,建成贯通省、市、县三级的网上中介服务超市,并与行政审批事项深度融合,解决中介服务材料多、耗时长的问题,推动行政审批再提速,强化中介服务监管,降低企业制度性交易成本。(7)对接微信平台。基于政务服务平台的统一服务接口,与微信平台全面对接,支持通过微信公众号、小程序、城市服务等渠道,实现身份认证、服务预约、在线申办、进度查询、扫码支付、业务咨询、评价投诉等服务。把高频政务服务延伸至触达范围更广的微信平台上;将身份证"网证"等各类电子证照与微信卡包关联,进一步优化掌上政务服务体验,支撑高频政务服务事项"零跑腿"、材料信息"少填少报",提高办事便捷性,让群众、企业在指尖上能办事、好办事。(8)政务服务大数据。建设政务服务事项目录库、事项服务档案库、办事人服务档案库、办件档案库,汇聚关联全省各部门政务服务运行的过程数据,形成全省政务服务信息资源体系,为各级政府部门充分运用政务大数据进行绩效管理、效能监督、服务优化,推进政务服务提速增效提供有力支撑。(9)政务服务事项实施目录。在现有全省行政许可事项通用目录的基础上,对政务服务事项进行科学分类,按照部门单一事项、跨层级事项、跨部门事项、垂管事项、协同服务事项等分级分类进行梳理优化,统一事项管理,制定全省政务事项实施目录,实现政务服务事项三级十统、动态管理、同步更新、同源发布、多方应用。(10)实体政务服务大厅。政务服务大厅为必须到现场办理的事项提供优质、便捷服务,实现"一窗办理"和"最多跑一次"。依托智能客服平台的全省统一预约系统,实现线上预约与大厅现场排队叫号系统一体化。统筹规划整合各部门、各地市的实体政务服务大厅,包括政务服务终端、办事窗口以及政务服务大厅的信息基础设施。建设统一政务服务终端的后台支撑能力,为群众提供标准规范统一、用户体验一致的政务服务。依托智能客服平台,实现凡要到现场办理的事项可预约,并在预约时向群众提供清晰的指引,力争做到"只跑一次""一次办成"。

6.2.8 数据驱动的决策保障应用

建设目标。通过有效整合政府数据和互联网企业、基础电信运营商等社会第三方数据,为各级政府综合决策提供科学、全面、准确、及时的信息支撑,适应新形势下政府治理体系和治理能力现代化的要求。

建设内容。(1)"数字政府"决策服务平台。整合汇聚各类政务数据资源和社会数据资源,依托政务大数据中心数据可视化技术实现数据的直观展现,在城市运行、地区生态环境监测、行业经济运行、管理效能评价等方面提供模型预测、分析研判等综合应用,提升政府基于大数据的科学决策能力。(2)应急指挥"一张图"信息资源库。以现有卫星遥感、航拍等空间地理信息为基础,整合交通、水系、行政区域界线、地名、地貌、植被、气象、人口、风险点、危险源信息,统筹设计、建设、管理和更新应急指挥"一张图"信息资源库,解决不同地理信息数据库、空间坐标系统、数据格式等影响"一张图"应急综合指挥和科学决策的问题。

6.2.9 高效顺畅的跨域协作应用

建设目标。加强整合优化珠三角地区涉及大湾区的政务服务事项,提升湾区通关效率,利用数字化推动粤港澳大湾区人流、物流、资金流、信息流更顺畅,优化营商环境,促进粤港澳合作实现互利共赢。

建设内容。(1)大湾区内地一站式办事服务系统。依托"数字政府"政务服务应用平台,建立健全粤港澳大湾区的行政许可和公共服务专题事项清单,构筑线上"大湾区内地一站式办事服务",线下大厅设立大湾区内地一站式办事综合窗口，推动大湾区行政许可和公共服务事项部门业务办理的协同，实现大湾区办事更方便、更畅通。（2）智慧口岸平台。基于广东省电子口岸平台建设成果，持续推进智慧口岸建设，推进口岸信息共享与相关部门各作业系统的横向互联，以口岸信息化建设推进口岸发展，构建服务广东省、对接港澳、辐射泛珠、面向全国、联通世界的口岸大通关、大物流、大外贸公共信息服务平台。

6.3 广东数字政府八大应用支撑平台

6.3.1 统一身份认证中心

建设目标。依托人口、法人单位基础信息库，构建省统一身份认证中心，围绕可信数字身份整合各种核验方式，为全省政务服务提供统一的身份认证，并对接国家统一身份认证系统，实现"一次登录、全国通办"。

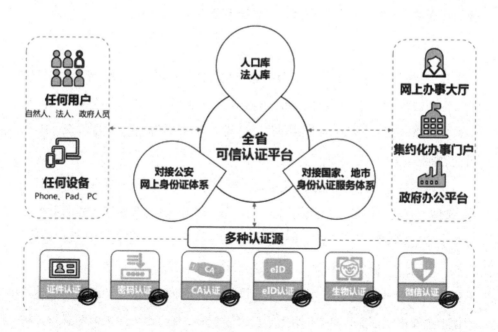

6-4：广东省统一身份认证中心示意图

建设内容。（1）省统一身份认证中心。以省政务服务网统一身份认证平台为基础，构建省统一身份认证中心，为全省政务服务系统提供统一身份认证服务。为互联网用户（含自然人、法人）、公务人员提供统一账户服务，实现任何用户在任何设备上，使用一个账户即可获取全省政务服务。完成和国家统一身份认证系统的对接，实现全国范围内政务服务跨层级、跨区域通办。（2）建立全省统一账户库，整合多种核验方式。依托人口库、法人库，为全省政务服务提供统一的实名身份认证服务，利用数字证书、生物特征识别（面部、指纹、虹膜、声音识别等）等技术手段，整合公安可信身份认证以及第三方的身份核验方式，建立面向互联网用户（自然人、法人）、公务人员的全省统一账户库。实现便捷注册、多渠道身份核验，随时随地证明"我就是我"，支撑"一次注册，全网通行""一次认证、全网通办"。（3）为全省政务服务提供统一用户支持。业务办理系统按照统一规范接入省统一身份认证中心，获取符合国家规范的用户账户认证服务及用户基本信息。实现全省业务办理系统的单点登录服务，覆盖实体政务服务大厅、政务服务网、门户网站、移动服务、自助终端等多种应用场景，为全省政务服务用户提供统一的身份认证和账户管理服务。

6.3.2 可信电子证照系统

建设目标。升级现有电子证照系统，建设"无介质、等效力、全流通"的可信电子证照，提供电子证照发证、用证、电子印章认证、身份认证、数字签名认证和信息加解密等服务，解决网上提交办事材料的合法可信问题，实现群众办事少提交、少跑动。

建设内容。（1）全省电子证照系统。对省电子证照系统进行升级和数据迁移，按照国家统一规范，提高电子证照的可信度和通用性，与国家政务服务平台统一电子证照系统对接，实现电子证照全国互认互信。与微信公众平台对接，开通"微信证照"服务。用户通过实名身份认证后，个人电子证照可保存至微信卡包等相关应用，企业用户可通过企业微信查看企业的电子证照信息。支持在微信上提交电子证照，方便办事人提交办事材料，从电子证照提取信息自动填充在线申办表格，提升办事体验。（2）电子印章。建立规范、可信、易用的统一电子印章服务,为电子证照、电子文书、电子公文等"保驾护航"。规范电子印章制发、管理、验证等业务,提供电子文档电子印章认证、身份认证、数字签名认证和信息加解密等服务,实现印章和验章功能,提供 SDK 接口及文档,方便系统接入。电子证照系统使用电子印章服务对电子证照进行印章,生成符合国家标准的电子证照文件,为省内签发的电子证照在省外办事提供支撑。依托电子印章验证服务,实现外省签发电子证照的有效性验证,为办事人使用外省签发的电子证照在省内办事提供技术支持。(3)证照电子化。拓展电子证照系统功能,支持证照可信等级管理,实现广东省存量证照以及省外证照的采集和复用。(4)个人和企业电子证照应用。重点围绕民生服务,实现对个人办事高频证照服务覆盖,逐步开通居民身份证、出生医学证明、居民户口簿、居住证、结婚证(离婚证)、残疾人证、婚育证明、社保证明、不动产权证书、完税证明、学历学籍证明、机动车驾驶证等电子证照服务。支撑"减证便民"行动,推动常用基层证明实现异地网上开证明。围绕深化营商环境综合改革、投资审批、网上中介服务超市等专项,推动常用企业电子证照的开通和应用。支撑"多证合一"改革,与全省工商登记系统对接,实现电子营业执照签发同步向省电子证照系统推送,支撑

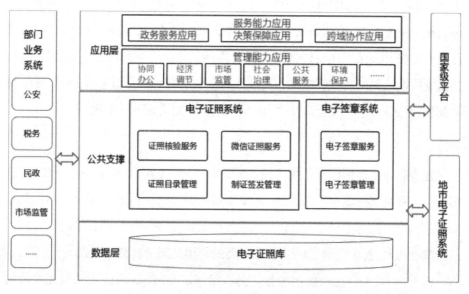

6-5:广东省可信电子证照系统示意图

涉企事项办理时在线实时查验企业电子证照,扩展"一照一码"营业执照电子证照的应用。支撑涉审中介服务电子证照应用,与省网上中介服务超市对接,推进中介资质审核、中选通知、服务结果等关键环节采用电子证照,减少项目业主跑腿,强化中介服务监管。

6.3.3 非税支付平台

建设目标。形成统一的网上非税支付渠道,支撑非税支付业务网上缴费,推动非税缴费事项网上支付,实现"扫码缴费",解决非税缴费渠道不一致、群众在缴费单位窗口及银行网点柜台"扎堆"办理业务、长时间排队等问题。

建设内容。(1)升级非税支付平台。完善省财政厅"政务收费业务应用非税支付平台",支持通过第三方支付平台(微信、支付宝等)、收款银行实现非税业务网上支付,对接地市非税业务网上缴费平台及其他非税缴费服务平台,并与省政务服务集约化平台整合,形成全省统一的非税业务网上缴费渠道,实现线上线下缴费一体化,非税缴费"一站通"。(2)推进政务服务网上缴费。梳理现有涉及非税缴费的事项,规范网上缴费流程,推动相关事项分批进驻非税支付平台,对涉及个人的缴费事项设定相应的支付二维码,实现缴费环节的主动推送,让办事人足不出户轻松缴费。(3)推动网上缴费规范管理、信息共享。建设数据和服务接口,提供非税业务网上缴费信息服务,支撑对资金流向、流量实行全程监控,促进缴费信息共享。一是支撑网上非税业务缴费及电子票据领取;二是支撑财政部门及执收单位非税业务网上缴费的对账及信息服务;三是支持与其他政务业务系统进行衔接,提供非税缴费数据信息的共享服务。

6.3.4 社会信用公共平台

建设目标。连接国家信用平台,逐步整合、对接各部门、各行业业务系统,实现全省社会信用信息互联互通,逐步实现跨部门、跨行业、跨区域信用信息记录、整合和应用,建立政府、社会共同参与的跨地区、跨部门、跨领域的社会信用信息联动机制,建设完整、真实、动态更新的信用档案及社会信用信息库。

建设内容。(1)社会信用平台。升级信用广东网,面向公众升级完善信用信息公示、红黑名单公示查询展示、联合奖惩专项信息查询展示、信用政策法规查询、信用异议申请、信用投诉、信用监督反馈等功能。完善社会信用服务系统，提供信用公示、信用查询、信用异议、信用信息推送等社会信用服务，全面支撑政务服务、市场监管、社会治理等应用。建设社会信用档案管理系统，规范信用数据管理工作，提高数据归集、数据整合、数据质量、数据分析、数据脱敏、数据服务、数据安全等数据资源全流程管理能力，形成权威的自然人和法人等信用主体档案，建设高效的信用数据治理体系。建设社会信用业务管理系统，支持信用异议管理、信用审查报告、信用授权、信用红黑名单管理、信用评估等信用业务管理工作开展，为守信联合激励和失信联合惩戒机制落实提供技术支撑。建设社会信用信息资源库。建设信用主体档案库、社会信用信息库、信用业务与服务信息库、信用规则信息库等信息库，形成覆盖全面、权威真实的自然人与法人单位信用信息库。（2）社会信用数据。梳理部门、行业信用信息共享目录，依职能梳理部门、行业所提供和共享的信用信息目录内容。明确法人与自然人信用元数据、信用数据指标项等规范，包括数据项编码、数据项类别、数据项名称、数据项定义、数据项类型、数据项长度等，为各级部门汇聚法人、自然人信用信息提供规范指引。按照国家信用数据相关规范制定广东省信用信息分类标准与编码规范、统一分类与编码管理等规范。（3）全省统一的社会信用体系。

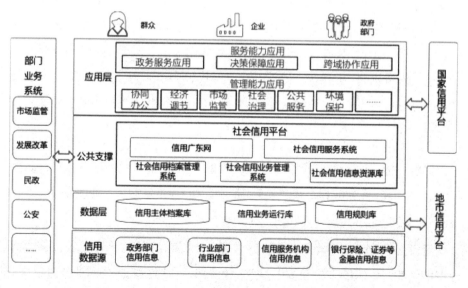

6-6：广东省社会信用公共平台示意图

健全涵盖信用信息归集共享机制、信用监管机制、信用奖惩机制、信用应用机制、信用主体权益保护机制、信用宣传教育机制、信用工作推进机制等的制度支撑。构建以信用为核心的新型市场监管体制，建立健全事前信用承诺和信用查询、事中信用记录和信用分类监管、事后联合奖惩和信用修复的、以信用为核心的监管机制。（4）行业领域的信用应用。基于完整真实的社会信用主体档案快速构建行业、领域信用应用，有力支撑政府部门对行业、领域主体的联合监管、专项整治、重点排查等市场监管工作。在条件成熟的领域，引入信用报告机制，促进行业主管部门制定相关标准及管理办法、执行联合惩戒措施。

6.3.5 移动政务应用平台

建设目标。依托移动政务应用平台实现行政办公移动化，支撑公务人员在移动端实现移动办公和协同审批。

建设内容。（1）移动政务应用支撑平台。依托省"数字政府"政务云平台架构，建设"分布开发、集中审核、统一发布"的移动政务应用支撑平台，实现移动端应用快速开发和部署。一是实现应用开发、审核、发布、升级、暂停服务、下架等全生命周期管理，同时提供对终端应用的推荐、搜索、用户评价等发布推广功能；二是提供智能终端的 iPaaS/aPaaS 服务，为终端应用、微服务和原生应用提供开发框架的支撑；三是对接广东省"政务微信"及政务服务资源，提供标准的服务交互接口。（2）移动政务智能终端安全管控平台。为智能终端提供统一的安全接入管控机制，提供统一的设备认证授权、风险审计、检测评估、实名认证等功能，形成"安全受控、可信认证"的管控体系，支撑智能终端的鉴权管理。

6.3.6 数据共享平台

建设目标。改造提升省级政务信息资源共享平台，构建全省信息枢纽，利用大数据技术，增强数据汇聚、交换、服务能力，为推动政务数据资源实现跨层级、跨区域、跨部门共享交换和协同应用提供有力支持。

建设内容。（1）依职能按需共享。建立依职能按需共享的信息共享机制。数据提供部门依职能采集和提供信息，业务部门在履行职能开展业务过程中产生和采集政务信息资源目录数据。数据使用部门依职能获取和使用信息共享目录信息,获取履行职能所需的信息,并在履行职能开展业务过程中使用。(2)政务信息资源目录。依据各部门权责清单,梳理建立权责事项与数据资源的关联关系,明确部门履行权责产生的数据资源和所需的数据资源,形成政务信息资源目录与信息共享目录。结合政务信息系统数据资源大普查工作要求,组织相关各部门进行政务数据信息资源目录梳理,摸清数据家底,更新完善省政务信息资源目录,梳理确立信息共享目录,建立权责事项与数据资源的关联关系,通过政务信息资源目录系统进行政务信息资源管理和发布。(3)省政务信息资源共享平台。建立共享业务管理系统,支撑依职能按需共享业务活动开展,提供信息共享申请、授权、协调、仲裁、数据反馈核准等信息共享业务管理。建设专项应用支撑系统。支持快速实现相关专项数据共享管理,满足各部门专项应用需求,实现统一管理和对外服务,为各级政务部门的业务协同、公共服务和辅助决策等提供可靠的数据交换、数据授权共享等服务。改造政务信息资源目录系统。优化现有政务信息资源目录,在现有信息资源基础上,以责任采集部门和权威来源部门所提供的信息资源为基准进行整合,形成跨部门、跨层级的统一政务信息资源目录,确保信息资源的有序共享和使用。改造信息资源目录系统,建设权责事项与数据资源关系管理功能,支撑依职能按需共享应用。升级

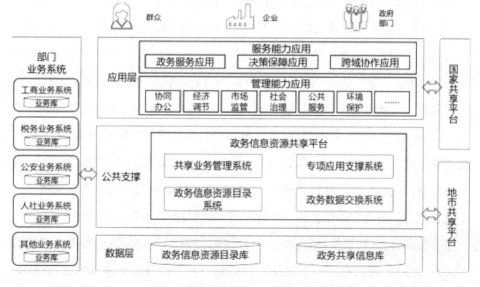

6-7: 广东省数据共享平台示意图

政务数据交换系统。完善数据库、文件、消息等批量交换，监管信息整合比对及数据统计分析辅助决策等后台应用；优化服务调用个案访问方式，支撑巡检、执法、办事等前台应用。以省政务信息资源共享平台为中心，全面完成21个地市（含各县区）的接入与应用，并实现与国家级平台的对接，形成覆盖全省、统筹利用、统一接入的数据共享平台，构建省市县"两级平台、三级管理"的政务信息资源共享体系。

6.3.7 地理信息公共平台

建设目标。依托省自然资源地理空间框架建设基础，汇聚、整合省直各单位、行业、社会等第三方地理空间信息资源，纵向实现国家、省区和市（县）三级框架的联通，横向实现相邻省区基础地理信息与专题图层信息的集成和叠加，形成全省统一的省、市、县级地理信息服务体系，依据国家相关安全保密的要求为全省各单位、社会公众提供地理信息数据的共享与服务，为城市公共管理、应急处理、公共服务以及科学决策等提供"一张图"的地理信息数据的支撑。

建设内容。（1）基础地理信息数据库。完善现有基础地理信息数据库，为城市公共管理、应急处理、公共服务以及科学决策等提供优质的地理底图数据。一是推进省级基础地理信息资源建设和大比例尺地理信息数据建设，实现城市、乡镇和农村基础地理信息全覆盖；二是在丰富和细化现有地形地貌、交通、水系、境界、植被、地名等要素基础上，进一步拓展地表覆盖、水下地形、地下管线、地名地址以及生态、环境、资源等方面的信息内容；三是完善国家、省、市三级基础地理信息数据库联动更新机制，实现不同尺度地理信息数据及时同步更新，保障基础地理信息数据鲜活。（2）地理信息公共平台。依据国家标准，以现有省级地理空间框架建设为基础，建成全省统一、权威的地理信息公共平台，为全省政府部门和社会公众提供统一、集成的地理信息应用与服务奠定基础。一是整合各部门地理空间信息数据，融入具有时空标识的商业公司POI数据；二是完善数据管理、数据交换等功能；三是与国家、市级地理信息公共平台实现纵向关联。（3）地理信息服务。依托地理信息公共平台及基础地理信息数据库，按照国家相关保密政策要求，完善现有地理空间数据服务功能，提供认证、地图应用、地理编码、数据接口、数据发布、服务注册和二次开发服务等功能,为全省政府部门和社会公众提供经过组合与封装的地理信息及其服务,支撑"一张图"的时空数据展现、空间定位、数据时空分析等多层次的需求。

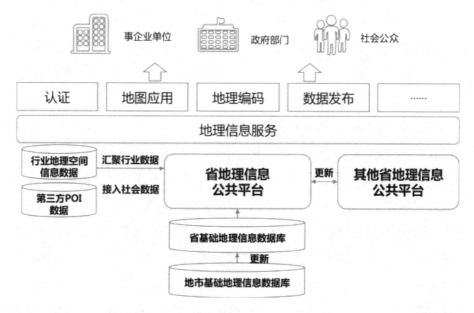

6-8:广东省地理信息公共平台示意图

6.3.8 智能客服平台

建设目标。建设"数字政府"智能客服平台,实现"数字政府"实时运行监控,全面及时掌握"数字政府"建设和运行情况,实现物流、智能客服等运营支撑能力,为保障"数字政府"整体协同、持续、高效运行提供有力支撑。

建设内容。(1)预约平台。建设全省统一的预约平台,对需要到现场办理的政务服务事项,提供统一的预约服务,以优化人力资源并防止群众扎堆排队等候等现象出现。为各个政务服务提供统一的接口,提供基本的验证技术和手段,防止恶性预约。在预约时,可公布实体办事大厅的地点、空余时段、预约率等信息。在导航平台上提供预约入口,引导群众网上办事。(2)智能客服。与政务服务网对接接口。推行网上办事智能在线咨询服务,建立公众参与机制,鼓励引导群众分享办事经验,将在线客服插件化,为各政务服务页面或 App 提供客服入口,接入微信或短信平台,实现服务结果主动提醒。借助智能机器人,在政务服务网及实体办事大厅进行信息收集、办事咨询等,推进 7×24 小时在线智能政务服务,建设智能知识库,实现自动或半自动知识抽取,不断提升问题解决能力。基于语音识别、文字识别、图片识别等技术,提供智能搜索和应答。依靠大数据分析,提供主动服务,推送关联信息。对接各市"12345"热线平台,支持省市投诉咨询信息统一视图,综合分析用户诉求,发现热点问题,提供全面、精准的服务。(3)物流平台。实现统一的物流任务、地址和递送结果跟踪管理,实现地址一次录入,多点共享,订单统一调度,智能分派。支持网银、微信支付等方式在线支付物流费用。支持无人货柜寄收物件,实现"就近办"。省物流平台对接地市已有物流平台/模块,同步订单、地址、递送结果等信息。市级政务服务平台可直接对接省级物流平台,实现物流下单和查询。物流平台对接材料上传和办结环节,推进全流程网上服务。原件预审或核验时可通过大厅和物流提交两种途径,领取审批结果时也可通过大厅自领和物流递送两种途径,必须要用户提供实物证件或材料的,可提供物流上门取件服务,审批结果可通过物流递送,整个办事过程无需到大厅,提供足不出户的办事体验。实时获取物流状态和轨迹,实现全程跟进。开放接口,为政务服务网、政务公众号、APP 提供物流查询服务。通过实时跟踪及短信/微信推送能力,在上门取件或派送等关键环节,提前主动通知用户。

综观广东省的数字政府建设,以系统工程的理念,持续开展应用建设和数据治理,构建大数据驱动的政务管理运行新机制、新平台、新渠道。全面推行"指尖计划",建成整体、移动、协同、创新、阳光、集约、共享、可持续的服务型政府。到 2020 年底,已经建立整体推进、政企合作、管运分离的"数字政府"管理体系和整体运行、共享协同、服务集成的"数字政府"业务体系,构建统一安全的政务云、政务网,建设开放的一体化大数据中心、一体化在线政务服务平台,建成上接国家、下联市县、横向到边、纵向到底全覆盖的"数字政府"。他们以建设数字中国、智慧社会为导向,立足全省经济社会发展需要,以改革的思路和创新的举措,建立大数据驱动的政务信息化服务新模式,推进信息资源整合和深度开发,促进政务信息共享共用和业务流程协同再造,高标准打造"数字政府",推进政府治理体系和治理能力现代化,打造了数字政府建设的"中国标杆"。

6.4 浙江数字政府 123466 建设思路

为全面贯彻落实数字浙江建设部署,聚焦聚力高质量竞争力现代化,加快全面实施标准化战略,深化国家标准化综合改革试点,以标准化支撑数字化转型,推动浙江省加快转入高质量发展轨道,浙江省制定了数字化转型标准化建设方案(2018—2020 年)。方案提出,到 2020 年,建立健全权责明确、统一协调的数字化转型标准化工作机制,构建完善结构清晰、系统高效的数字化转型标准体系,制定实施一批具有先进水平的亟需标准,组织开展一批关键领域的标准化项目,打造形成一批可复制推广的标准化成果,高标准引领数字化转型取得明显成效。数字化转型标准化建设的基本原则是:(1)科学规划,系统布局。以推动高质量发展为着力点,强化标准体系顶层设计和系统架构。系统梳理数字化转型标准化建设的短板和需求,制定实施任务清单,构建完善标准体系,确保高标准推进数字化转型。(2)开放共享,协调发展。着力发挥标准化的互联互通作用,以标准化促进政府、经济、社会等领域数字资源深度融合,助力打破信息孤岛。针对数字化转型多学科融合和涉及面广的特点,着力加强各领域标准化建设的统筹协调。(3)需求导向,重点突破。以政府数字化转型为先导,撬动经济和社会各领域数字化转型,加快各领域数字化转型标准化建设。围绕数据共享、流程再造、信用体系、服务协同等关键领域,优先制定政府数字化转型亟需标准。

在数字化转型标准化建设中,重点任务之首是助力政府数字化转型,全力打造智慧政府。为此,浙江提出了"数字政府 123466"基本思路:

"一杆大旗",以网络强国和数字中国战略思想为指导,举起"最多跑一次"改革大旗。

"两个目标",即建成"掌上办事之省"和"掌上办公之省",加快推进政府治理体系和治理能力现代化。

"三大模型",即构建数据共享模型、流程再造模型、信用体系模型。

"四大模块",即应用、共性技术、数据库以及数据共享平台的交换模块。

"六大体系",即经济调节、市场监管、公共服务、社会治理、环境保护、政府运行等六方面的数字化应用体系。

"六大支撑",即数据资源、关键技术、政策制度、标准规范、组织体系、专业人才等六方面基础性支撑。

浙江省数字政府建设中注重以下几方面:

(1)构建数字政府标准体系框架。以"最多跑一次"改革标准化建设为突破口,按照"123466"的要求,完善标准化运行机制,助力争创政府治理数字化转型试点省。围绕大系统、大数据、大平台、大集成建设,构建涵盖经济调节、市场监管、公共服务、社会治理、环境保护、政府运行等领域的数字政府标准体系,加快总体要求、政务服务、数据共享、业务管理和技术应用等标准研制。围绕公共数据整合、共享、开放等重点领域,抓好公共数据平台标准化建设。

(2)打通数据互通关键节点。围绕建立"三大模型"的要求,直面打通信息孤岛的堵点和难点,加快构建跨部门、跨层级、跨领域的标准模型。围绕数据共享、流程再造、信用体系建设,重点开展数据汇聚、数据平台、数据安全、大数据应用等领域亟需标准的研制,加快公共数据资源目录编制规范、"互联网 + 政务服务"公共数据管理规范及电子证照库、人口综合库、公共信用库等规范制定。加强政务领域大数据、物联网、云计算等信息技术应用标准研制,着力破除"三大模型"中标准缺失问题。

(3)扩大政府治理标准化效应。加快政府决策、执行、督查、反馈等数字化协同标准化步伐,强化财政、金融、国资、商务等领域数字化转型标准化机制建设。健全市场监管数字化转型标准体系,结合信息系统建设,将监管要求固化为可量化、可执行、可追溯的全周期标准链和监管模式。推进大数据、互联网、云计算、人工智能、区块链等现代化信息技术标准化联动应用。加强政府数字化转型标准宣贯和实施评价,在民政、人力社保、教育、卫生计生等领域开展标准化试点示范建设,打造政府数字化转型标准化样板。

通过数字政府标准体系构建引领经济数字化转型,全力打造数字经济。立足互联网、物联网、大数据、人工智能等,实施标准领航工程,加快制定实施先进标准,制定实施团体标准30项以上,抢占产业标准制高点。围绕集成电路、基础软件、核心元器件、柔性电子、量子通信等薄弱环节,推动成立产业标准化技术组织3家以上。推动之江实验室成为国家人工智能标准化总体组成员单位,争取获批国家级技术标准创新基地和标准验证检验检测点试点,加快创新成果标准化。围绕术语定义、产品评估、系统和组件接口、数据兼容、互换模型等国际竞争和市场应用重点领域,加快标准研制步伐,提升行业标准话语权。

通过数字政府标准体系构建支撑社会数字化转型,全力打造智慧浙江。探索"标准化+大数据+公共服务"模式,加快"网上办、掌上办"领域数据采集、分级、交换、质量、保密等关键共性标准的制定,实施基本公共服务指导性目录及标准。建立全省社会数据标准化协调机制,构建涵盖教育、司法、文化、健康、交通、地理、金融、信用等领域的社会公共服务标准库。推进企业投资项目审批监管、商事登记联办、不动产登记管理等全过程标准化,建立公安、人力社保、民政、医疗等领域信息共享标准化路径。强化乡镇(街道)便民服务中心、村(社区)代办点等公共服务标准制定、实施与评价。

6.5 贵州"政务云"+"淘宝式"政务

自2014年以来,贵州省委、省政府进行了发展大数据的战略部署,贵州省政府办公厅以提升行政效能、创新社会管理、完善公共服务为目标,全力打造"电子政务云",实施"淘宝式"政务。

贵州开展精准服务紧紧依靠"互联网+",进一步深化"放管服"改革,力争让群众企业办事像"网购"一样方便。贵州政务网络于2015年5月23日正式运行。2016年底覆盖省市县乡村五级,2018年按照国家政务服务平台标准规范升级完善,完成与国家政务服务平台对接,与省市56个自建审批系统进行融通,成为全国一体化在线政务服务平台的重要组成部分。2019年,贵州省运用

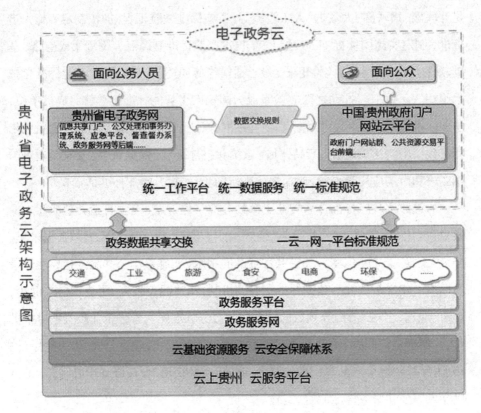

6-9：贵州政务云示意图

大数据、云计算技术，打造了全国领先的贵州政务服务网"淘宝式"门户。在建设理念上，贵州"淘宝式"政务实现了"你寻找"到"我推送"、从"政务信息化"到"服务定制化"、"政府供给导向"向"群众需求导向"三个转变。"群众感受网上政务及时公开，对于政府网站的公信力和受关注度都是极大的提升"。

同时，"淘宝式"门户还使用了一些前沿创新的做法。比如在全国首创多种泛圈推送算法，率先引用 AI 智能数据挖掘、智能数据匹配、智能数据修复，形成个性化的"个人画像库"和"企业画像库"；结合人口库、法人库、电子证照库等基础信息库，对数据进行不断丰富和扩展，为多维度的精准服务分析提供支撑。截至目前，全省 58.8 万个政务服务事项在贵州政务服务网集中办理，总办件量达 4100 万件，2019 年以来共享调用数据 1900 万次。集约化建设 打造统一平台集约化，是解决政府网站"信息孤岛""数据烟囱"等问题的有效途径。

2014年,《国务院办公厅关于加强政府网站信息内容建设的意见》首次提出"推进集约化建设",并要求"在确保安全的前提下,各省(区、市)要建设本地区统一的政府网站技术平台。"对此,贵州省抢抓机遇,近年来坚定不移推进全省政府网站集约化建设,2014年率先在全国建设省级统筹面向全省的中国·贵州政府门户网站云平台,编制《贵州省电子政务云顶层设计2.0》,发布《政务云政府网站建设规范》和《政务云政府网站数据交换规范》两项地方标准。在平台建设上,以推进整体迁移、逐步开展分级集约、积极引导整合上移的方式,加大整合力度,彻底消除政府网站数据开放共享的障碍。采取自上而下的方式进行,贵州省政府办公厅组织省直部门网站和市、县政府门户网站整体迁移至中国·贵州政府门户网站云平台,通过减存量、控增量,集约化建设取得明显成效。

近年来,贵州各地各部门结合部门业务实际,建设了大量云工程、云应用,比如贵州省宏观经济数据库、贵州省政府数据开放平台等,平台通过数据打通等方式调用它们的数据同步更新,无须二次录入,增强了信息内容的准确性和时效性。政府网站集约化"贵州模式"引起了外界的关注,贵州应邀参与了国务院办公厅《政府网站发展指引》编制工作,有关做法经验写入了正式印发的文件。

2016年9月30日,贵州省政府数据开放平台正式上线,该平台是贵州省大数据局牵头,云上贵州大数据产业发展有限公司作为承办单位与技术支撑单位,贵州中软云上数据技术服务有限公司共同建设的政府数据服务门户。该平台旨在促进政府数据资源的开发利用,鼓励企业、社会组织和个人利用数据资源开展商业模式创新,满足公众和企业对政府数据的"知情权"和"使用权",向社会提供政府数据资源的浏览、查询、下载等基本服务,并逐步完善平台服务功能,提供类似汇聚发布基于政府数据资源开发的应用程序,开放指数分析等增值服务。而贵州省人民政府门户网站的"政府数据"频道,正是围绕大数据战略行动,依托贵州省政府数据开放平台建设的,频道提供了"开放数据分类""数据集下载量TOP10""应用调用量TOP10"等内容,数据与贵州省政府数据开放平台实现了同源,是展现、宣传贵州大数据发展成果的重要渠道之一。

据统计,目前,贵州省政府数据开放平台已开放66家省直部门2001个数据资源，其中涵盖财税金融、交通运输、医疗卫生、科技创新等十余个重要领域数据，通过开放政府数据，有效带动社会治理和协同服务创新。截至 2019 年 12 月 25 日，贵州省政府数据开放平台访问次数为 592399 次，下载调用次数为 194923 次，平台用户数为 5648 个，开放数据接口数量为 1380 个。

第七章

数字政府的"核心窗口"

有专家指出，数字政府就是政府信息化、管理网络化、办公自动化、政务公开化、运行最优化。它的意义在于使政府决策科学化、社会治理精准化、公共服务高效化、政府治理民主化。因而，数字政府建设工作千头万绪，建设过程"有始无终"。然而，综观数字政府建设的各项内容可以得知，建设数字政府，必先建好政府网站。因为，与数字政府的其他因素相比，它的影响力最大，受众面最广，基础性最好，必须让政府网站成为数字政府建设的"核心窗口"。

有专家指出，数字政府就是政府信息化、管理网络化、办公自动化、政务公开化、运行最优化。它的意义在于使政府决策科学化、社会治理精准化、公共服务高效化、政府治理民主化。因而，数字政府建设工作千头万绪，建设过程"有始无终"。然而，综观数字政府建设的各项内容可以得知，建设数字政府，必先建好政府网站。因为，与数字政府的其他因素相比，它的影响力最大，受众面最广，基础性最好，必须让政府网站成为数字政府建设的"核心窗口"。本章重点论述政府网站这一"核心窗口"的建设与管理。

政府网站是广大民众能直接接受和感知的数字政府存在形式之一，是数字政府的重要载体和主要平台。关于我国最早的政府网，有人说是北京，有人说是青岛，还有人说是其他网站。经过反复查证，我国第一个严格意义上的政府网站于 1998 年 4 月建成于青岛，我国第一个比较成熟的政府网站于 1998 年 12 月建成于北京。

关于世界最早的政府网站，众说纷纭。20 世纪 90 年代初，美国、欧盟、澳大利亚等国都纷纷着手电子政务和政府网站建设。

7.1 政府网站的发展历程

我国政府网站通过多年的建设与发展，形成了规模庞大的网站集群，各地网站群的建设情况参差不齐，迭代速度差别较大。根据网站群的形成，第一代为自然群，第二代为区域群，第三代为互通群，第四代为共享群。目前，"四代同堂"。在国家强力推动下,大部分正在从第二代、第三代向第四代过渡。

据记载显示,我国政府网站建设发展的重要里程碑如下:

1992——政府机关办公自动化;

1993——三金工程启动;

1998——中国第一个严格意义上的政府网站——青岛政务信息公众网;

1999——40 多家部委发起"政府上网工程";

2001——政府信息化建设"十五"规划;

2001——国务院信息化工作办公室;

2002——"17 号文件"领衔电子政务建设规划;

2002——十六大明确"以信息化带动工业化";

2006——《国家电子政务总体框架》《国家电子政务建设"十一五"规划》颁布,中华人民共和国政府门户网站建立;

2007——《中华人民共和国政府信息公开条例》颁布;

2008——工业和信息化部成立、国务院办公厅设立电子政务办公室、政府信息公开条例施行、胡锦涛温家宝先后上网;

2009——政府网站绩效评估两大调整、《政府网站发展评估核心指标》发布;

2014——《国务院办公厅关于加强政府网站信息内容建设的意见》(国办发〔2014〕57 号)颁布;

2017——《国务院办公厅关于印发政府网站发展指引的通知》(国办发〔2017〕47 号)颁布;

2018——《国务院办公厅关于印发进一步深化"互联网 + 政务服务"推进政务服务"一网、一门、一次"改革实施方案的通知》(国办发〔2018〕45 号)颁布;

2019 年,全国性开展网站集约化(集群)建设,开始致力于实现网站之间的互联互通。

"尚品中国"2018 年 01 月 25 日刊载的一篇文章,对政府网站集约化进行了较深刻的论述。文章说,不管是出于政府网站自身建设需要,还是迫于社会公众对网上政府公共服务改革的迫切要求,集约化已经成为当前政府网站发展的关键词。政府网站集约化工作不是一刀切,也不是一气呵成的,是个循序渐进、持续发展的过程。受各地经济条件、人员技术水平等多方因素影响,其工作目标、工作内容和可达到的集约化程度各有差异。总体来说,当前集约化分为以下三种类型:基础设施集约化、应用支撑平台集约化和服务集约化。现将三种集约化分述如下。

(1)基础设施集约化。这是最基础的集约化方式,解决机房和设备上的重复投资、重复建设、资源不能充分利用而造成浪费的问题。基础设施集约化若用云计算中心方式进行建设,建议一级政府(如:省部级、地市级)建设一个云计算中心,以云服务方式向各网站主办单位提供虚拟设施资源,达到节省资金、提高设备利用率、节能减排的效果。目前,此类集约化所使用的云计算技术和

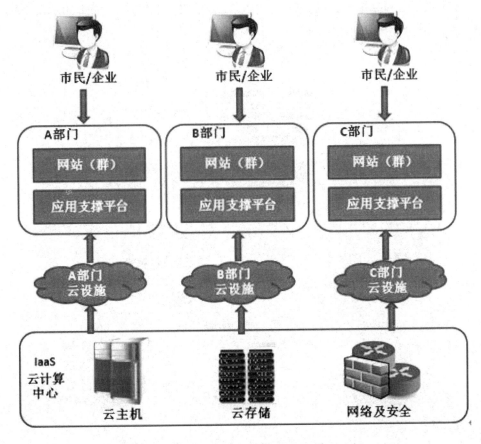

7-1:政府网站基础设施集约化示意图

管理模式已成熟,并已有成功经验,但安全风险也会集中。

(2)应用支撑平台集约化。应用支撑平台在整个网站体系架构中,起着承上启下的作用,为政府网站的建设、管理、维护及网站上各类应用和服务提供技术支撑,为网站运行提供了软件环境。应用支撑平台必须稳定、安全,平台开放性和可扩展性是满足个性化需求的关键。若一级政府建设一个集约平台,建议标准先行、分步迁移。此类集约方式技术难度小、见效快、安全风险集中,容易被少数厂家垄断。

作为地方政府的应用支撑平台,其集约化可分为省级、地市级和区县级三级集约方式。省级政府网站应用支撑平台集约化可基于省云计算中心进行建设,省级政府网站群、地市级政府网站群均在此平台上进行建设、维护和运营。地市级平台和县级平台以此类推。在做地方集约化平台时,应满足上级对下级平台的日常监管需要。

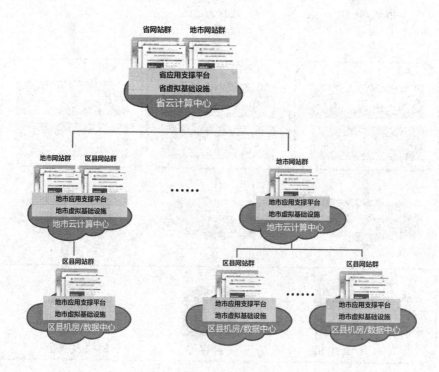

7-2:政府网站应用支撑平台集约化示意图

（3）政务服务集约化。政府网站服务集约化是政府网站集约化建设中最高层次的集约，对跨部门业务协同、业务流程再造、数据资源共享、服务统一规划均有较高要求。政府网站的服务集约化可在很大程度上解决社会公众找信息难、办事难的问题，实现"少跑马路、减少网上断头路"的目标，并可有效降低行政和社会成本。通过集约门户网站提供一站式的政府网上信息与服务，部门在网站上的职能边界将越来越融合。这种集约方式具有顶层设计要求高、跨部门协作阻力大、技术安全风险高、建设成效慢等风险。目前政府网站服务集约化尚不能一步实现所有网上信息与服务都做到集约化、整合化，这是一个长期循序渐进过程。常见应用场景包括：一站式政府门户网站、一站式政务服务大厅、一站式政府信息公开、政府数据开放、统一搜索门户、市民网页和企业专属网页

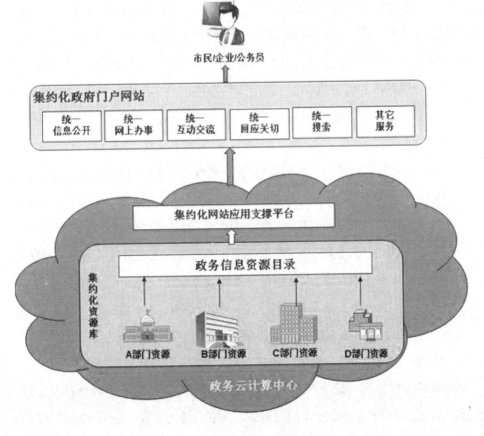

7-3：政务服务集约化示意图

等,即针对某一社会需要建设统一的一站式服务。

7.2 我国政府网站的运维矛盾

尽管国家对政府网站进行了全面整顿和反复督办,但是,伴随着政府网站的纵深发展,一些基础性、结构性问题逐步暴露出来。主要呈现出以下矛盾:

一是"三维模式"与"二维模式"的矛盾。

我国政府组织结构是条块分割的"二维模式",是纵向层级制和横向职能制的矩阵结构。纵向层级制的行政组织系统由纵向的若干层次构成,每一下级层次对上一层次负责。除最高层外,每一层次依地域行政单位划分为若干板块。层次越低块数越多,层次越高块数越少,整个系统形成一个金字塔状。横向职能制的组织结构由横向的若干部门构成,甲部门不对乙部门负责,每一部门均直接对管理对象实施管理,每一部门行使不同的且多是单一和专门的管理职能。从而使每一部门在全国范围内均构成一个相对独立的系统,在系统内部实施垂直领导。

政府网站是以公共服务需求为出发点,将政府各个部门封装起来,需要形成"三维模式"。只有这种模式,才能使公众享受政府服务只需一个入口,不必再一个一个"衙门"去拜访。政府网站希望展现的一种比较理想的公共服务结果是,"一网通办"并"一次办好"。市民将办理业务所需的证明材料或其他文件传递给一个政府业务处理入口,政府内部业务处理可以并行式办公,提高工作效率。这种并行式办公方式并非简单理解为"一站式"服务,也不能简单理解为"一厅式"集合办公,而是需要后台系统的协调统一,需要全域数据的互通、共享。

伴随着越来越多的政府服务转移至网上实现,这种政府网站要求的后台协调一致的工作流程与政府"条块分割"的组织结构之间的矛盾将会愈发尖锐。究其实质,这种矛盾来源于不同时期的政府职能重心不同。旧有的政府组织结构是在计划经济体制下为满足国家需要而采取的行政管理职能为主,公共服务职能为辅。市场经济发展到今天政府职能的重心已经转变为以公共服务为主，以行政管理为辅。进一步加快政府职能转变，优化政府工作流程，是解决政府网站服务模式与陈旧的政府组织结构的唯一途径。

二是"求新求变"与"求安求稳"的矛盾

信息技术日新月异，人们对政府网站的要求也越来越高。伴随政府上网工程的不断推进，人们对于政府网站的需求已经不只停留在浏览政府网页，知道一些政府法规的状态，而是需要可以通过政务平台可以进行交流、互动以及办事服务。这时政府网站法规的不健全对于政府网站的制约就逐步显现出来。到底哪些内容应该上网，哪些内容不能上网，哪些可以公开，哪些不能公开，哪些事项可以网上办理，哪些不能网上办理？就像以往人们讨论的电子邮件是否具备法律效力，电子签名是否合法等。

信息技术的发展要求政府网站"求新求变"，而相对滞后且静态的法律法规却是"求安求稳"，这一矛盾早已是信息时代的新问题。但这一问题的出现也存在一定原因。一方面由于未来形势发展存在大量不确定信息，所以政府决策需要缓冲期和灵活度，要求政府网站的立法要有一定弹性；另一方面是因为信息技术变化迅速，而政府网站受技术影响很大，涉及了人员观念、业务整合、设备资金投入等等系统环节，政府网站系统每一次升级后都需要有一段稳定期，以"阶段应用、交叉更新、逐渐升级"的方式才可实现社会资源与政府资源的最佳组合。

那么是不是这个问题就不可调和呢？解决问题的方法还是有的。环顾世界政府网站法规建设现状，世界各国政府网站法律体系目前处于均处于无统一规范、不断修订的不成熟阶段。有专家认为，政府网站法规的制定不同于传统法律法规，并非对于政府网站的事事都要有个说法，应该抓住重点逐步完善。同时，要有容错机制，比如一方面要全面推进信息公开，一方面要加强个人隐私保护，这永远都是一对矛盾，只不过看我们侧重于哪个方面来看待问题。

三是"数据安全"与"数据开放"的矛盾

政务活动不同于商务活动，它关系到党政部门、各大系统乃至整个国家的利益。因为政务信息比商务信息更为敏感，所以政府网站作为政务活动在信息时代的一种新的表现形式，在安全性方面有着很高的要求。"安全第一"的思想一直贯穿于政府网站建设的全过程。同时，政府是为公众服务的，政府的大多数部门和大多数公务员是承担政府的公共服务职能，政府的大多数信息是为公众服务的，是需要为公众所知的。政府网站倡导的就是利用网络优势加速信息的流通，使公众更好地享受政府服务。

由此政府网站的安全要求与政府网站平台的开放性要求成为政府网站实施过程中最为难以平衡的一对矛盾。如何把握安全与开放的平衡？专家认为"一方面要把握住哪些信息属于机密，哪些信息应该开放；另一方面，在政府网站的建设过程中要摆脱'安全绝对化'倾向。"（出自互联网实验室：《政府网站报告》）。

7.3 政府网站的"心脏解剖"

目前，各级政府都建设了政府网站，打开以后也可谓光艳夺目，然而，它的核心功能是什么？到底能对市民提供哪些服务？这里将解剖它的"心脏"，让我们看到它的问题所在。

随着政府网站项目在全国普及，不少人发现，这项本应是政府提高效率、百姓切身受益、施工企业增加利润一举三得的事业，却只在最后一个目标上取得了明显的效果，在更为重要的前两个目标上的收效都不甚理想。人们不禁疑惑，问题到底出在哪里？它的身体到底哪里有病？

"疾病1"：概念到位，实效不够。根据统计显示，目前，我国县级以上各级政府部门均建立了网站，这些网站几乎无一例外地设有一些便民服务的措施，比如留言、信箱、电话，有的还设有省长信箱、市长公开电话，但是这些措施的实际运行效果不理想。

目前，在国家把信息化提到战略高度的情况下，大部分政府领导都对信息化工作重视起来了，但这种重视并不一定是发自心底的自发重视，也不等于就能把信息化工作有效推进。对政府网站的重视，现在更多是停留在文件上、停留在概念上、停留在不得已而为之。

不仅如此，甚至有些地区还有领导只是把政府网站看作面子工程、技术性工程、锦上添花工程，缺乏对政府网站应用效果的正确认识，这些地方的政府网站当然只会虚有其表。

"疾病2"：分布到位，整合不够。工业时代初期一个普遍的现象是，工厂遍布，烟囱林立。信息时代初期也是如此。著名经济学家吴敬琏先生曾经对我国政府网站建设情况表示忧虑。因为，各种政府网站建设项目遍地开花，如同"工厂遍布"；而各级各类政府网站各自为政、自成一体、不联不通、没有有效整合，如同"烟囱林立"，各烧各的火，各冒各的烟。政府各个部门变成了被"网络大潮"包围着的一座座"信息孤岛"，看似壮观，实则无用。

"孤岛效应"给我国的政府网站发展带来严重阻碍。信息化专家周宏仁博士曾对各个部门的"跑马圈地"表示不满：政府网站的基础是土地、人口、法人等社会经济的基本数据。随着政府网站的推进，有的部门开始把自己掌握的相关数据当成"独家秘籍"，不愿共享。在数据库、应用系统的建设上，不考虑同其他部门的互联互通、协同办公，而是自成体系、互相封闭。

可喜的是，国家已经注意到"孤岛效应"带来的危害并着手解决。国家信息化领导小组早已提出，要统一平台，统一标准，建立以"三网一库"为基本架构的政府系统信息化框架。"三网一库"即政府机关内部的办公业务网、中央和地方政府及部门的办公业务资源网、以互联网为依托的政府公众信息网和政府系统共建共享的电子信息资料库。2019年，国家又率先在新疆、湖北等9个省和自治区在进行网站集约化试点。

"疾病3"：技术到位，服务不够。技术的进步不断地推进和优化政府网站的建设。然而，政府网站的核心是"政务服务"，衡量政府网站的成功与否，除了技术、设备，更重要的是看它能不能更好地履行政府职能，更有效地提供在线服务。

当前，在我国不少地方，政府网站建设中仍然存在着重电子轻政务、重技术轻服务的情况，政府网站的本色被表面的硬件和网络所遮掩。比如，2002年的统计数据显示，国内政府网站的采购额超过350亿元，年增长率近25%，其中硬件支出250亿元，软件和服务方面的投入相对较少，这表明，当时国内的政府网站大多数还处在一个应用层次较低的设备普及阶段。然而，作为政府网站的关键，政务处理信息化则更多地体现在前端。一家调查公司曾对全国除港、澳、台地区外 36 个城市的市政府网站进行了评估。评估结果表明，政府网站的内容服务、功能服务和网站建设质量 3 大指标均处于较差和很差的水平，其中功能服务的水平最差，网上办公办事、公众反馈等指标严重不足。

综观全球政府网站建设，大致需要经历四个阶段：第一阶段"信息上网"；第二阶段"信息利用"，第三阶段"在线服务"；第四阶段"网上政府"。据北大网络经济研究中心的一份报告显示：按照国际流行的政府网站发展阶段来划分，我国的政府网站在 2015 年以前总体上处于第一阶段，即政府"信息上网"；2015 年至 2019 年总体上处于第二阶段，即政务"信息利用"；2019 年以来，部分优秀网站正在从第二阶段向第三阶段"在线服务"跨越，但距离第四阶段"网上政府"还差距较大。

这些不尽人意的差距是如何产生的？核心原因并不是技术和资金，而是人们的认识。政府网站专家张思华指出，未来的政府网站，要实现的是"一站式"办理和"在线服务"，需要政府各部门之间进行交互式办公。如果政府网站仅仅局限于现有流程的电子化，不能根本解决问题，也失去了政府网站的价值。政府网站建设的成功关键在于政府职能的转变，高科技只是辅助手段。

7.4 政府网站的重复建设

政府网站的核心和本质是"互联网＋政务服务"。对此，国家明确要求，政务服务"一网一门一次"办好。让人莫名其妙而又难以接受的是，为了强化政务服务，不少地方撇开"政府网"又建设一个"政务网"，这就出现了"真假猴王"的闹剧。老百姓都大为不解：什么是政府网，什么又是政务网？外行不懂，内行无语。平心而论，这完全是重复建设，是资金和资源浪费。政务网的所有功能，完全可以在政府网上开通一个频道来实现。

近年来，我国从中央政府到地方各级政府几乎都设立了自己的官方网站，电子政务已经成为目前信息化建设的重点，也是服务地方经济发展的助推器。但是，网络重复建设，管理各自为政，应用和服务领域窄，仍然是摆在政府网站管理者面前亟待破解的难题。据中国互联网信息中心统计，目前，县级以上政府机构的网站平均拥有率超过80%，初步形成了中央、省、市、县、乡五个层级的政府网站体系。政府网站的定位是政务公开、公众参与和在线办事三大服务功能，实现三大功能服务是政府网站独有的属性特色，其"特色"的基本特征体现在服务功能的完善。

建设初期的政府网站，功能定位不清晰，多数以信息发布为主，简单说就是"名片型"网站，如今政府网站职能逐渐向"服务型"转变，公众通过政府网站，可切实体验到政府创建现代服务型政府的理念和实践。现在重新建设政务网站，不仅使原有的政府网"空壳化"，而且使新建的政务网"小众化"。这个现象再次说明，政府网站长期存在这种重新建轻整合、重硬件轻软件、重管理轻服务、重电子轻政务的现象，迫切要求进一步提高政府网站的资源整合度。

对此，国家互联网信息办公室负责人庄荣文曾表示，将建立国家电子政务统筹协调机制，统筹整个电子政务的发展。一是建立国家电子政务工作统筹协调会议制度，提高了国家电子政务重大政策的一致性和协调性。同时，要求各地网信领导小组要根据本地的实际情况建立本地的电子政务统筹协调机制。二是完善顶层设计。在顺应新技术发展的趋势和充分考虑国家电子政务发展实际基础上，中央网信办会同国家有关部门对我们国家的电子政务顶层设计进行了完善，制定并出台了国家电子政务总体方案，这个总体方案对电子政务的数据资源、业务协同和政务服务体系的建设运用，以及电子政务的基础设施、标准规范、安全保障、政策法规等方面作出了安排。三是部署地方的试点，根据总体方案，为了推动地方解决管理机制不顺、信息系统整合不足、业务系统水平不高、政务服务不到位等问题，通过综合试点来推动整个国家电子政务的有序发展。

7.5 政府网站的"国际范本"

在美国，政府网站日益渗透到百姓的日常生活中，越来越多与政府打交道的事情都可以从网上得到解决。在联合国去年的一份调查中，美国的电子政府成熟度指数排名世界第一。那么，发展政府网站需要什么样的条件，又能带来怎样的好处呢？环球时报报驻美国记者很早就此做了采访。

联邦一级和州一级的政府全部上网。1996 年，美国政府公布"重塑政府计划"，提出要让联邦机构最迟在 2003 年全部实现上网，使美国民众能够充分获得联邦政府掌握的各种信息。如今，美国联邦一级和州一级的政府机构已全部上网，几乎所有县市一级政府也都建立了自己的站点。大家各司其职，互有分工。比如，申请美国护照，要上联邦政府的网站办理；驾驶执照更新，要上州政府车辆管理部门的网站办理；申请住户的长期停车证，则要上市政府的网站。据统计，现在全美已建立各级政府网站 2.2 万多个，可以搜索到的网页超过 5100 万个。为了方便人们使用这些多如牛毛的政府网站，早在 2000 年 9 月，一个联邦政府的门户网站"第一政府"开通了。"第一政府"是美国电子政府的形象标志和服务窗口，它把美国电子政府绘成了一张网上交通网。只要进入了这个网站，就等于连通了整个美国的电子政府，它会根据你的需要，带你进入相应的政府网站。在"第一政府"主页上方最显眼的地方，直接标明：政府对居民、政府对企业、政府对联邦雇员以及政府部门之间。这样，网民可以一目了然，根据自己的身份进入相应的选项，从而获得不同的服务内容。

政府网站推动政务公开。美国各级政府的网站都对推动信息公开化功不可没。政府官员的重要活动及演讲，政府工作的最新动态，民众到政府办理注册、登记等事项的有关信息，与政府工作相关的研究、支持机构的有关信息等，都能及时通过政府网站与公众见面。例如，在美国教育部的网站上，可以查阅到政府资助的项目及具体要求，包括标书如何填写、如何申请资助，以及以往资助项目的详细情况等。2001 年，布什总统上台后出台了一个政府网站方面的规定：到 2002 年底之前，凡是 25 万美元以上的政府采购项目，联邦政府各部门必须使用联邦政府统一的电子采购平台。2003 年 4 月，联邦一级的政府拨款网站开通,专门负责美国联邦政府的项目拨款。电子采购、电子拨款的方式不仅提高了交易的效率,最重要的是促进了政务公开,减少了交易过程中个人以权谋私的弊病。那么,是不是所有的信息都可以公开呢?美国的《信息自由法》规定:所有政府部门必须在20天之内具体回答公民索取政府资料的要求和提供有关资料;如果需要保密,必须说明法律依据,否则就是违法行为,公民可以对主管部门或负责人提出起诉。

在马里兰州房屋部政府网站工作的杜海燕先生告诉记者,他们的工作的确有保密要求,比如为了安全起见,信息数据库的结构不可以对外公布;工作人员不可以随便拷贝计算机信息系统的资料等;但政府的政务信息并不是他们保密的范围。为了了解政府网站信息的更新速度,记者给"第一政府"网站发了封电子邮件,询问他们网站的更新速度。邮件发出10分钟后,就收到了自动回复,说明在两个工作日之内,会有相关部门回答记者的问题。第二天,记者就收到了"第一政府"的一位网站专家莎拉的邮件。莎拉说,从开通到现在,"第一政府"已经经历过两次主要的结构改造和更新,现在,"第一政府"网站的内容一般每天都要更新几次,并且随时修补破损的链接。在邮件的最后,莎拉还附上了她个人的办公电话和手机号码,说有问题可以随时跟她联系,这一举动给记者留下了深刻印象。

民众与政府打交道更方便。南希女士几十年来一直用邮寄的办法报税。每年4月20日的截止日期之前,她都要忙活好几天。因为业务量太大,每年的4月20日,美国的邮局都要把工作时间延迟到晚上12点。不过,今年的4月20日,南希女士没有凑这个热闹,因为她改用上网报税。她说,自己虽然年纪大了,但也一直在用电脑,所以在网上填税表没什么困难;而且,不用自己跑邮局,还省下了邮票钱。美国政府网站的"灵魂"就是为公众服务,让老百姓足不出户,用鼠标就能跟政府打交道。以广受好评的加州州政府网站为例,申报收入所得税、预约驾驶执照考试、更新你的营业执照,甚至购买垂钓许可证等等都可以"一网打尽"。

政府的首席信息官扮演重要角色。自1996年起,美国政府就建立了分级制的首席信息官(CIO)负责制。美国政府网站的建设由总统管理委员会领导。

具体的建设目标、发展规划、政策法规的起草以及组织实施则由首席信息官委员会（由联邦政府各部门和地方政府的首席信息官组成）统一负责。2002 年，这项制度被写入了美国的《政府网站法》。联邦各部门、各州的每个部门都设立相应级别的首席信息官，定期向上一级首席信息官汇报工作，并听从上一级首席信息官的指挥与协调，形成了非常严密的组织结构和专人管理体制，避免了职责不清的现象。杜海燕介绍说，房屋部的网站向外公开的所有信息，都要先由首席信息官过目和把关；涉及网民个人隐私的信息，则只有首席信息官可以看到。

◢ 7.6 政府网站的管理机制

政府网站的建设，不仅仅是一项单纯的技术工作，而且与政府各部门的业务工作紧密联系，因此，不但在技术层面，而且在行政业务层面也需要加强领导，以保证服务公众这一核心价值的有效落实。因此，良好的管理机制是我国政府网站发展的必备条件。以下主要分析各级政府门户网站的管理。

领导机构。我国政府门户网站需要具有一定政治权力的领导机构。政府门户网站的建设和管理不仅涉及信息技术的应用和系统创新，而且跨越多个政府部门，包括政府部门职能、业务分工和利益调整。网站建设和管理的协调工作量大，无论过去、现在和未来，都会在网站建设发展过程中涉及政府改革、机构设置、业务重组、流程再造等体制层面的问题，需要长远的战略眼光和发展谋略，需要得到本级政府最高领导班子的直接推动，在政府系统范围内达成广泛共识。

内容保障。一整套有效内容保障制度是我国政府门户网站信息更新、政民互动、在经办事等功能得以实现的基本保证，是公众满意的基本保障。我国政府门户网站需要聚集各级政府门户的政务信息和服务项目，整合部门网站信息和服务。我国政府门户网站能否为公众认同，关键在于能否提供满足公众需求的高质量的信息服务。信息服务的内容保障就是政府门户网站的生命。网站建设，制度先行，内容保障需要领先。内容保障制度，包括政务信息的采集、编审、分类、共享、发布、检索、服务等环节。重点在于完善信息采集制度。信息内容采集主要依靠各级政府，同时，进行机制创新。要逐步建立在政府部门间合理的信息采集分工负责和相互协作制度，明确主要采集部门和协作维护部门；同时要适当放宽采集权限，允许和鼓励非政府机构和社会公众在一定范围内进行信息采集，为我国政府门户网站服务。在网络信任空间逐步发展到一定水平以后，对于网上公众提供的信息内容，可以经过验证确定为网站信息来源。不断创新信息采集机制，为网站信息全面开源。逐步完善信息报送、信息抓取、信息共享、栏目共建、公众互动、在线服务等联动机制，保障政府网站的健康发展和快速发展。

督察考评。我国政府门户网站的发展，不能单靠行政命令、技术驱动，还需要在组织建设、方案实施和项目管理等方面建立并完善督察制度，全面引入评比激励机制。网站信息维护和网上服务的开展工作应该纳入各级政府机关目标考核，加强督促检查，开展评比，以评比促进建设，发挥各级典型政府网站的示范引导作用。督察考评机制的建立是发挥各级政府建设门户网站的创造性和自觉性的有力途径。政府门户网站可以将公众服务结果作为绩效评价体系主要内容，适度淡化技术指标。重点放在栏目访问量、用户覆盖面、内容满意度、服务认同度等指标方面，建立起持久改进的激励机制，以此激励各级政府部门的建设自觉性。可由政府网站主管部门和专业机构（比如上级政府网站或专家团）联合设立政府门户网站评分表，开展各级政府门户网站的评比，重点关注那些至关重要的公众服务要素指标。各级政府门户网站新上项目都可经由专业机构或第三方中介组织进行评比，评比结果可以作为各级政府的考评依据。

经费保障。巧妇难为无米之炊。政府网站的好坏与经费投入息息相关。如同今天的人们买车，你出几百元，只能购买一辆自行车；你出几千元，只能购买一辆摩托车；你出几万元，只能购买一辆小轿车；你出几百万，则可以购买一辆跑车。当下很多贫困地区，政府希望"少花钱多办事"，出发点是好的，却不太现实。很多基层政府网站无人无钱，根本无法运行。政府门户网站运维费用必须纳入各级政府的经常性支出管理。在早期，政府门户网站建设费用通常是纳入基本建设投资支出，这在当时是比较合理的。但是，政府门户网站已经由一次性的工程建设阶段进入常态化的运行维护阶段，内容保障、软件升级、后台整合和版面调整任务比较繁重，已经成为常态性工作，需要较为稳定的工作经费支持，最好列入经常性支出的行政管理支出项。政府门户网站如果沿用基本工程建设支出方式加以管理，严重影响网站的内容更新和有效管理。时至今日，还将政府网站运维支出纳入基本工程建设预算，早已显得极不合适。

7.7 政府网站的体制构想

政府网站的领导管理和具体运维工作，应该做到"统分结合"。"不统"无法协调，"不分"无法落实。

具体讲，就是需要将高层领导的政府制度创新职能和管理建设职能区分开，将流程梳理和机构协调功能和系统技术协调功能区分开，将核心政务管理、非静态政务管理和支撑政务管理分开，将系统需求分析职能和系统建设运维职能分开，将电子政务建管职能和项目过程管理职能区分开，将临时授权和长期授权区分开，将协调职能和领导职能区分开，将机构变动和知识积累区分开。然而，由于政府网站的特殊性，门户网站的业务协调和工程建设，需要领导机构的支持。在全国或者本级政府范围内顺利推进门户网站技术规范，规范政务信息发布和办事服务流程，协调和整合跨部门政府服务，在政府垂直和纵向系统内统一规划、设计、建设、应用、管理、升级有关的政府门户网站系统，离不开各层次政府行政首脑的支持和授权，离不开强有力的行政管理体系的支持，离不开政府系统内部所达成的广泛共识，也离不开社会公众的理解和认同。政府门户网站的建设，还需要政府业务部门的配合。经济实力和政治权力的支持只是为政府门户网站的成功提供了政治保证和资源保障，具体的政务信息和办事服务还需要落实到具体的职能部门和一线政府工作人员身上。

我国政府网站的管理体制比较混乱。有的由政府办公室派公务员兼职运维,由于不懂技术、时间有限,效果一般不大好;有的放在经信委等部门运维,与当地信息化工程同步推进,有利项目统筹,却缺少更新的内容;有的视同新闻网站,放在报社或电视台运维,新闻信息充分,但统筹力度不够;还有的甚至外包给个体企业运维,后果可想而知。

政府门户网站的建设管理非常特殊。因为需要全区域范围内的综合协调,所以应该行政推动;因为需要永不断档地更新与维护,所以应该事业化经营;因为涉及技术人才的招揽和流动,以及区域信息化建设项目的运作与投入,需要企业化管理。

本人在长期调研的基础上,提出了"三位一体"的构想。这一构想听起来似乎复杂,其实非常简章,类似烟草局和烟草公司,盐业局和盐业公司,也就是人们常说的"一套班子三块牌子"。结合当前现状,第一块牌子应该是行政机构,诸如政务管理办公室、电子政务办公室、大数据中心,或者是相对虚化的数字政府领导小组,只有当政府网站背靠行政力量,才能够很好地协调各个部门,才能够实现数据共享,才能够落实政府网站的服务功能,才能够促进政府网站的发展。第二块牌子应该是事业单位,诸如"政府门户网站"或"市委市政府门户网站",作为事业单位,有稳定的人才队伍,专心、专业、专注地开展政府网站的运维工作,确保事业稳定、健康发展。第三块牌子应该是科技企业,诸如"大数据公司"或"网络公司"或者"云公司",利用企业的灵活性,整合市场优势,盘活数据资源,为区域信息化提供人才、技术支撑。通过"三位一体、三足鼎立"的体制机制,才可以很好地解决政府网站的建设、管理、运维问题。

若如此,政府网站的快速发展指日可待,营商环境的改善方可落地、落实,政府网站助力地方经济社会发展定显成效。

 ### 7.8 政府网站服务性的"三大重点"

近几年,我国的政府网站在国家强制要求下,已经在公众互动、文件公开等方面有了诸多改进,但仍存在不足。

当前,政府网站内容方面应该主攻的重点和痛点是什么?主要应该在以下三个方面。

7.8.1 政务服务

随着科技进步和时代发展,"互联网＋政务服务"已成为推进政府治理现代化、提高政务服务水平的重要途径。要推动在线政务服务不仅能办事而且能办成事、办好事,用法治和技术手段优化营商环境,让企业群众办事创业更便利,进而激发澎湃的市场活力和社会创造力。

为此,国务院颁布了《国务院关于在线政务服务的若干规定》(下简称《规定》),将在线政务服务建设发展纳入法治化轨道。作为国家层面出台的首部规范在线政务服务的行政法规,该规定为全国在线政务服务规范化、标准化、集约化建设指明了方向。

近年来,"只进一扇门""最多跑一次""不见面审批"等政务服务改革措施不断涌现,其中有一个共同特点就是"互联网＋",即通过使用网络信息技术,提高服务效率,进而实现数据多跑路、群众少跑腿。据统计,目前在 31 个已建成的省级平台提供的 22152 项省本级行政许可事项中,超七成已经具备网上在线预约预审功能条件,平均办理时限压缩 24.96%。但仍有不少地方只是在"作秀"。

身份验证、材料提交、文件归档等环节在政务服务中处于核心地位,这也是在线政务服务实现突破的关键一环。但是,我们在各地实践中发现,有的在线政务服务提供者网上办事标准不统一、指南不清晰、信息不对称,企业群众办事"多头跑""多次跑"、窗口人员"反复查""反复核"等现象仍然存在。这就需要推动在线政务服务不仅能办事而且能办成事、办好事,让企业群众办事创业更便利。

为此,需要解决好三方面关键问题。(1)注重机制建设和法规保障,推动实现"全国一盘棋"。信息共享难、业务协同难,这是在线政务服务发展常遇到的问题。围绕当前群众网上办事的痛点堵点,各地区各部门探索开展在线政务服务建设遇到的体制机制障碍,亟须强化顶层设计,促进政务服务跨地区、跨部门、跨层级数据共享和业务协同。此次通过行政法规形式，明确了国家政务服务平台基于自然人身份信息、法人单位信息等资源，建设全国统一身份认证系统，为各地区、各部门政务服务平台提供统一身份认证服务，实现一次认证、全网通办。这样，不仅解决了缺乏法律法规支撑的问题，而且能够解决"信息孤岛"问题，实现在线政务服务在法规制度层面的重大突破。（2）明确电子印章、电子签名等在政务领域的法律效力，提升业务办理效率，方便基层群众办事。要实现企业群众办事"少填、少报、少走、快办"，核心在于电子证照的应用。根据新规，国家建立电子证照共享服务系统，实现电子证照跨地区、跨部门共享和全国范围内互信互认。这将助力全国政务服务"一网通办"换挡提速。长期以来，纸质文件归档成为制约政府办公无纸化的突出问题。此次新颁布的《规定》明确提出，除法律、行政法规另有规定外，电子文件不再以纸质形式归档和移交；符合档案管理要求的电子档案与纸质档案具有同等法律效力。这为政府全面无纸化办公、提升服务效能提供了法律依据和重要保障。（3）在线政务服务建设得好不好，关键在好不好用，办事人满不满意。对此，要强化监督考核，将电子证照等应用效能作为"互联网＋政务服务"评估的重要指标。比如，可以把电子签名、电子印章、电子证照、电子档案应用效能纳入政务服务"好差评"评估指标体系。

我们看到，随着科技进步和时代发展，"互联网＋政务服务"已成为推进政府治理现代化、提高政务服务水平的重要途径。必须通过用法治和技术优化营商环境，让企业群众办事创业更便利，进而激发澎湃的市场活力和社会创造力。因此，国家已经落实全国一体化在线政务服务平台建设。全国一体化在线政务服务平台由国家政务服务平台、国务院有关部门政务服务平台（业务办理系统）和各地区政务服务平台组成。国家政务服务平台是全国一体化在线政务服务平台的总枢纽，各地区和国务院有关部门政务服务平台是全国一体化在线政务服务平台的具体办事服务平台。国务院办公厅牵头成立全国一体化在线政务服务平台建设和管理协调工作小组，负责全国一体化在线政务服务平台顶层设计、规划建设、组织推进、统筹协调和监督指导等工作。2019 年 11 月 8 日，全国一体化政务服务平台整体上线试运行。

7.8.2 信息公开

信息公开是指国家行政机关和法律、法规以及规章授权和委托的组织,在行使国家行政管理职权的过程中,通过法定形式和程序,主动将政府信息向社会公众或依申请而向特定的个人或组织公开的制度。

2015年2月,针对信息公开"成绩单"公布,国务院办公厅严格督查,各部门"交作业"的时间大为提前。不过,信息公开"成绩单"公布,不只需要速度和规模,下一步,得在"质量"上面多下下功夫才行。2015年4月,国务院办公厅印发的《2015年政府信息公开工作要点》,更加明确地强调推进行政权力清单、财政资金、公共服务、国有企业、环境保护等九大领域的信息公开工作。其中不少方面是首次纳入公开范围,如要求地方各级政府部门公布权力清单,公开棚户改造建设项目信息、国有企业信息、社会组织和中介机构信息等。

2007年1月17日国务院第165次常务会议通过《中华人民共和国政府信息公开条例》(下简称《条例》),自2008年5月1日起施行。《条例》从基本原则、公开的范围、公开的方式和程序、监督和保障等方面进行明确的规定。是我国政府信息公开的基本法规,是一部政府加强自身建设的重要法律制度,推进社会主义民主法制建设,加强对行政权力的监督,更加有效地防治腐败。规定:"各级人民政府应当加强对政府信息公开工作的组织领导"。国家按照"公开为原则,不公开为例外"的基本要求,大力推行政务公开工作。电子政务是信息公开的重要载体。按照"统筹规划、资源共享、面向公众、保障安全"的要求,在加强电子政务建设的同时,构建网上信息公开平台。

《条例》要求,行政机关对符合下列基本要求之一的政府信息应当主动公开:(1)涉及公民、法人或者其他组织切身利益的;(2)需要社会公众广泛知晓或者参与的;(3)反映本行政机关机构设置、职能、办事程序等情况的;(4)其他依照法律、法规和国家有关规定应当主动公开的。

信息公开,意义重大。主要体现在以下"四个推动":

一是有效推动全国范围的反腐倡廉。一切欺诈行为的基础都来自信息不对称,无论是不法分子的欺诈,还是政府官员的贪污和滥用职权,都源于双方的信息不对称，事实证明占据信息优势就会成为强势的一方。政府信息公开使政府将信息充分公开，减少了政府与公众的信息不对称，会极大地改善社会公众的监督条件，提升公众的监督能力，对政府的渎职、贪污、滥用职权行为产生极大的抑制效果，政府信息的充分公开是反腐败的重要措施，是推动政府官员廉政、勤政的重要措施。

二是推动全国自上而下依法执政。政府信息公开之前，虽然部分先进地区已经通过电子政务的建设来实现部分政府信息的公开，但政府信息公开的发展很不平衡，很多地区尚未行动起来，一些地方的官员以没有相应法规为由而减慢政府信息公开的进度，拖延政府改革。政府信息公开有力规范了各级政府的信息公开行为，保障了政府改革的进度，并使各项政策都因为有了更为有效的公开而提升了执行效果，在一定程度上抑制了"上有政策、下有对策"的阳奉阴违，促进了政府行为，特别是基层、边远地区、农村政府行为的规范化，推动了整个国家自上而下依法执政。由此可以预知，与政府信息公开相结合的电子政务建设也必将成为推动各级政府依法执政的重要力量。

三是推动社会经济发展。政策稳定、政务公开是现代国家社会经济发展的重要环境，公众越清楚地理解政府的政策意图，对未来的预期就越有把握。同时，明确的预期能够鼓励社会的长远投资，也能有力的促进经济的发展。政策只锁在抽屉里由官员随需而用，会增加投资者对日后效益的担心而缩减投资规模，从而导致企业与投资人追求短期效果，使经济建设的质量及效益大大下降。事实证明，那些吸引投资多、经济发展好的地区常常是政府信息公开做得好的地区，是政府最讲信用的地区。

四是推动以人为本的和谐社会建设。中国经济已经发展到必须推行以人为本政策的阶段，依靠大量消耗自然资源的粗放型经济增长模式已走到尽头，"知识经济"已经成为经济进一步发展的必经之路。知识经济社会最重要的资源是知识、智慧与创造力，这种资源只存在于人们的头脑中，现代政府要以调动智力资源为中心，唯有以人为本、尊重人才的社会才能够调动智力资源。

7.8.3 政民互动

对政府网站来说，政民互动不仅是公众的要求，也是国家的要求。国务院办公厅近日印发《关于加强政府网站信息内容建设的意见》（以下简称《意见》），要求加强政府网站管理，充分发挥互动交流作用。明确提出，对公众关注的社会热点问题，要主动在政府网站予以回应，发布权威信息，讲清事实真相、有关政策措施以及处理结果等。提倡地方和部门负责同志到政府网站接受在线访谈。关于政民互动的重要性，主要体现在以下两方面。

（1）有互动，政府网站才有活力

针对一些政府网站内容更新不及时、信息发布不准确、意见建议不回应等问题。国办《意见》指出，各级政府要把满足社会公众对政府信息的需求作为政府网站建设的出发点和落脚点，使政府网站成为公众获取政府信息的第一来源、互动交流的重要渠道。

前些年，很多所谓的政府网站都是"僵尸网站"。内容基本上不更新，更谈不上什么互动交流。这样的政府网站只能说是一种形象工程，一件好看的"摆设"。政府网站的生命力就在于互动交流，若没有了互动交流的存在，政府网站也就没有了自身存在的意义和价值。尤其是在互联网时代，每个网民都有着无数的问题需要政府进行正面回应，而政府网站正是一个最为方便的渠道。如果不及时有效回应公众的问题，不仅会对政府的公信力造成损害，更影响到政府部门的基本形象。在互动交流的过程中，一个基本的方式就是渠道建设。在自媒体时代，政府网站理应建设各种渠道实现与民众的交流和沟通。一方面，需要在政府网站上开设如"领导信箱""投诉通道""网上问政"等栏目，方便公众在第一时间完成投诉和举报过程；另一方面，政府网站上应该有自己沟通渠道的延伸，也就是说，政府网站必须有自身的建设机制，比如开设自己的论坛、博客、微信和微博等多种沟通渠道。对于政府网站来说，只有完善这样的渠道建设，才能为互动交流打下最好的基础，如果连基本的互动渠道都找寻不到，民众的目光会渐渐从政府网站上移开。另外，在渠道建设完毕之后还需要维护和回应。在这些方面，对政府网站的基本要求就是应当第一时间回应。在自媒体时代,政府网站如果不能在与谣言的"赛跑"中获胜,小道消息就会乘虚而入,而这样的过程正是考验政府网站公信力和政府网站生命力的关键时刻。所谓第一时间,就是在事件发生之后的最短的时间内,只有在这段时间进行回应,才能有力避开各种信息的侵扰,不仅能够塑造政府网站本身的影响力,更是能够实现人们对政府网站的依赖程度。除了在第一时间回应之外,政府网站的互动更是必须及时,也就是让工作人员在最快的反应中处理相关的投诉和举报。唯有如此,政府网站才能够实现自己生命力的维系。

倘若一个接着一个的公共事件出现的时候,政府网站如果滞后于各种媒体的回应,不仅会给民众留下办事效率低下的印象,更是有损政府部门自身的公信力和形象。为了塑造良好的公信力和形象,不断寻找政府网站的生命之源,互动交流是其中的根本之策略,这也是顺应互联网时代发展的基本要求。

(2)有互动,政府网站才有"政"能量

政府网站的生命价值之一在于与民众互动交流。仅仅依靠更新发布信息,固然不是"僵尸网站",但由于缺乏与民众的沟通互动,即使"活着",也处于"沉睡"状态,其存在的意义大打折扣。

近年来,政府不断加强电子政务发展,微博、微信平台的开通,让公众可以通过更多渠道了解政府工作和有关政策。政府网站是块试金石,网民可以"围观",政府却不能"旁观"。随着互联网技术的迅猛发展、信息传播方式的深刻变革和交流沟通方式的显著变化,社会公众对政府工作知情、参与和监督意识不断增强,对各级行政机关依法公开政府信息、及时回应公众关切和正确引导舆情提出了更高要求。如果"领导邮箱"的链接是空白、"公众留言"只见提问不见反馈,群众的"获得感"将从何而来?这不仅影响群众的满意度,也不利于推动政府工作改进。

"民有所呼,我有所应;民有所求,我有所为。"政府网站作为官民沟通的新平台,更是一面镜子,可以照出政府对民众的关爱和体贴。如果说书信时代的反馈按周来算,电话时代的反馈按天来算,那网络时代的反馈就是按分钟来算。"互联网 + 政务"必然是政府办公行政的大势所趋,如果政府部门的官网长期没有互动、缺乏沟通、失声失语,就谈不上和群众的心理共鸣、距离拉近。

　　政府官网不仅要天天在线,还要发出权威声音、回应社会关切,加强与群众的互动,以及提供高速通道的便民服务。在互动交流的过程中,一个基本的方式就是渠道建设。沟通才能了解民意,互动才能回应关切。政府网站不能成"摆设",必须注重与民众的沟通、互动,建设有效、畅通的监督与反馈途径,如此政府网站才更具"政"能量。

　　政府网站,只有办好政务服务、信息公开、政民互动,网站才有活力,有生命力,有竞争力,有公信力,有影响力。

数字政府的"延伸触角"

近年来，政务新媒体得到了政府的高度重视。国务院办公厅在《2014 年政府信息公开工作要点》中明确提到："加强新闻发言人制度和政府网站、政务微博、微信等信息公开平台建设，使主流声音和权威准确的政务信息在网络领域和公共信息传播体系中广泛传播。"面对层出不穷的新应用和越来越多的新平台，政府部门如何在"顺势而为"与"谋定而后动"之间寻找平衡，评估自身职能与新媒体功能的适配性，以更好地借助新媒体提升政务工作水平，从而实现"沟通""便民""施政"的价值，是打造"互联网＋政务"模式面临的重要问题。

对于政务新媒体大家并不陌生。我们先通过几个案例来展示政务新媒体的功能与优势。

案例1：三级消防共同导演"仙女寝室覆灭记"。2019年1月4日中午，有媒体报道了江西师范大学几名研究生花费了近万元打造出一间"仙女寝室"。1月5日晚19时30分，@中国消防 注意到该媒体的视频报道，发文质疑，通过与 @江西消防 @南昌市消防支队 逐级传令联动，事件得到妥善处置，这一过程仅耗时85分钟。@南昌市消防支队 @江西消防 通过微博进行逐级反馈，事件最终以 @中国消防 发布的微博"消防安全容不得半点大意！全民参与，防治火灾"圆满画上句号。

案例2：成都共青团7年"深夜陪聊"解救青年无数。成都共青团微博从2012年6月15日开始运营，凭借主动服务，及时回应网友关切，让网友感受到了"成都的温度"。它主动搜索关键词，寻找需要帮助的网友，通过与他们不断聊天，帮助很多有自杀倾向或患有抑郁症的青年解开了心结，走出了困境，从而获得了广大网友难得又珍贵的信任。

案例3："粤省事"运营1年多实名用户累计破千万。"粤省事"是一个集成民生服务微信小程序和政务微信服务号于一体的集合式服务大平台，也是广东省"数字政府"改革建设的重要成果，于2018年5月21日正式上线。用户通过"实人＋实名"身份认证核验，即可通办多项民生服务事项。经过一年多的运营，"粤省事"的影响力在广东省不断扩大，用户数量快速增长。截至2019年10月11日，"粤省事"小程序实名用户累计1885万，公众号关注量累计467万，累计上线747项服务以及62种电子证照，其中654项实现"零跑动"，累计业务量3.25

8-1：消防85分钟处置一起安全隐患

亿笔，"粤省事"平台已成为广东居民日常生活重要的工具。

通过以上案例，我们可以感觉到，政务新媒体对于数字政府来说，犹如扩音器，可以放大政府声音；犹如黏合剂，可以增加政府与老百姓的黏度；犹如延伸触角，可以增加政府与老百姓的接触。政务新媒体是老百姓最常见、最常用的数字政府存在形式之一，被誉为"指尖上的数字政府"。本章重点论述政务新媒体的建设与发展。

近年来，政务新媒体得到了政府的高度重视。国务院办公厅在《2014年政府信息公开工作要点》中明确提到："加强新闻发言人制度和政府网站、政务微博、微信等信息公开平台建设,使主流声音和权威准确的政务信息在网络领域和公共信息传播体系中广泛传播。"面对层出不穷的新应用和越来越多的新平台,政府部门如何在"顺势而为"与"谋定而后动"之间寻找平衡,评估自身职能与新媒体功能的适配性,以更好地借助新媒体提升政务工作水平,从而实现"沟通""便民""施政"的价值,是打造"互联网+政务"模式面临的重要问题。

8.1 政务新媒体的概念

2011年是中国"政务微博"的发展元年,之后随着政府部门进驻微信、开设客户端,"政务微信"和"政务客户端"等概念也相继出现在各路媒体和学术论文中,但均没有明晰的定义。从2014年开始,"政务新媒体"作为"政务微博""政务微信""政务客户端"等的统称又被提出,但定义仍不明确。从"政务微博"到"政务新媒体"概念的不断扩大,我们从中也能看到政务信息化的发展之路。

由于"新媒体"这一概念的外延丰富,因此不能简单将"政务新媒体"归为"政务微博""政务微信""政务客户端"的统称。要弄清什么是"政务新媒体",首先要知晓什么是"新媒体"。联合国教科文组织对"新媒体"下的定义为:"以数字技术为基础,以网络为载体进行信息传播的媒介。"可以说,"新媒体"的基础支撑是数字技术,同时还应该具有互动性、个性化、网络化的特点。作为报刊、广播、电视、户外媒体等传统媒体之后发展起来的新的媒体形态,新媒体以电脑、电视、手机、PDA等设备为终端,包括网络媒体、移动媒体、IPTV等。

基于此,我们可以把"政务新媒体"定义为政府机构、公共服务机构和具有真实公职身份认证的政府官员进行与其工作相关的政务活动、提供公共事务服务、与民交流和网络问政的新媒体平台。除了政务微博、政务微信、政务客户端外,目前提供政务信息以及公共事业缴费等服务工作的高清交互数字电视也应包含在政务新媒体的范围内,都是政府实现电子政务的重要技术载体。而随着数字技术的高速发展,一些区别于传统媒体的新兴媒体将不断涌现,彼时政务新媒体的外延也必将不断扩大。

为了抓住重点,今天这里所说的政务新媒体,是指各级行政机关、承担行政职能的事业单位及其内设机构在微博、微信等第三方平台上开设的政务账号或应用,以及自行开发建设的移动客户端等。它们是移动互联网时代党和政府联系群众、服务群众、凝聚群众的重要渠道,是加快转变政府职能、建设服务型政府的重要手段,是引导网上舆论、构建清朗网络空间的重要阵地,是探索社会治理新模式、提高社会治理能力的重要途径。通过政务新媒体这个"触角",政务服务可以以更便捷的方式延伸到更多、更远的群众中去。

8.2 政务新媒体的现状

据统计,中国政务微博元年(2011年)这种新媒体得到快速发展,截至当年10月底,通过新浪微博认证的各领域政府机构及官员微博已近2万家,其中政府机构微博超过1万家,个人官员微博近9000个。微博成为政府机构进行信息公开和舆论引导的重要工具,为政府与群众提供了一个平等的沟通互动平台,甚至在一定程度上改变了中国官方与社会话语权的力量对比和强政府弱社会的整体格局。2012年,政务微信开始出现。2013年10月,国务院办公厅下发《关于进一步加强政府信息公开回应社会关切提升政府公信力的意见》,着重强调政务微博、微信的重要地位和关键作用,将"政务微博、微信"作为与"政府新闻发言人制度""政府网站"并列的第三种政务公开途径。2014年,政务客户端开始呈现爆炸式增长,"两微一端"(政务微博、政务微信、政务客户端)的政务新媒体发展新模式正式形成。截至2014年11月30日,政务微博认证账号(含新浪微博、腾讯微博)达28.7万个,累计覆盖43.9亿人次,发布量达1782.3万余条,转发评论量达2.3亿条;全国17217个政务微信公众账号,推送内容超过300万次,推送微信文章达到1200余万次,累计阅读量超过15.3亿次。以后数年,进一步节节攀升。

　　据中新网发布的消息，截至 2018 年底，经过认证的政务微博就已经达到 18.6 万个，政务微信公号已逾 50 万个，政务 App 超过 10 万个。以下是腾讯科技发布的政务微信的区域和行业分布情况，以及新浪科技发布的政务抖音号分布情况。

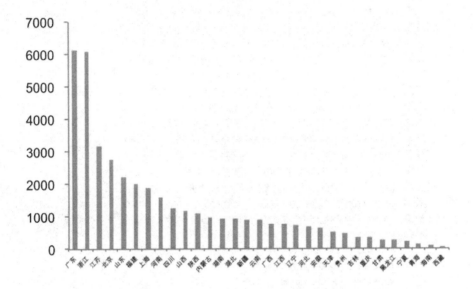

8-2：政务微信地域分布情况

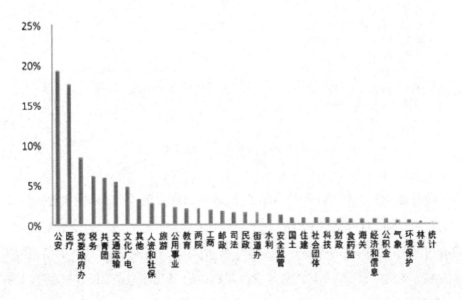

8-3：政务微信行业分布情况

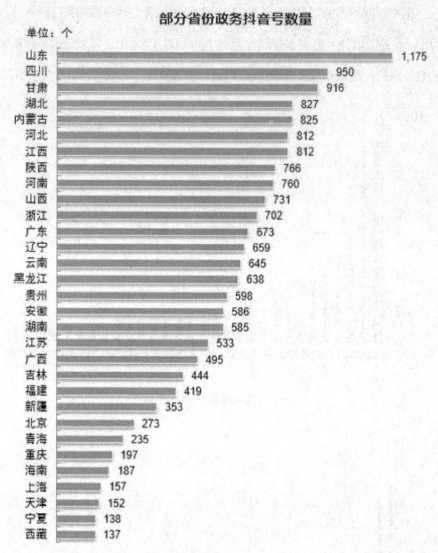

部分省份政务抖音号数量

单位：个

省份	数量
山东	1,175
四川	950
甘肃	916
湖北	827
内蒙古	825
河北	812
江西	812
陕西	766
河南	760
山西	731
浙江	702
广东	673
辽宁	659
云南	645
黑龙江	638
贵州	598
安徽	586
湖南	585
江苏	533
广西	495
吉林	444
福建	419
新疆	353
北京	273
青海	235
重庆	197
海南	187
上海	157
天津	152
宁夏	138
西藏	137

8-4：政务抖音号分布情况

　　随着政务新媒体"队伍"的不断扩充，政务信息实现了从单向输出转变为双向的交流互动，政府信息公开的力度也在不断加大，政务新媒体已然成为中国政府与网民沟通对话的重要通道。同时，如何整合政府网站与微博、微信、移动客户端等各类平台资源，最大限度发挥新媒体的"集群"效应，做好移动互联网时代"指尖上的政务"，也成为亟待解决的新课题。

8.3 政务新媒体的困惑

"政务新媒体"固然为服务型政府政务工作的开展拓展了更为丰富的样式、提供了更为多样的渠道，不断推动政务工作迈向高效率、低成本和便民化。然而，也正是其"多样性"这一特性，为"政务新媒体"的整体规划、精准定位和具体运营带来了一定的难度和考验。总体而言，当前政务新媒体主要存在以下四个方面问题。

一是媒体规划：缺乏整体性、长远性。从政务新媒体的发展历史不难看出，其外延扩大的过程始终伴随着互联网新技术新应用的频频推出与网络中心舆论场"多点"并存的流变演进。一些政府机构在网站、微博、微信、App多点布局，希冀通过多平台展现部门风采，开拓多渠道与民沟通互动。然而，每个平台的特点各异，达到的传播效果也不尽相同。如PC网站（包括移动电脑端）展现的信息最为全面、承载功能最多、视觉效果最佳，是政府政务公开、对外提供系统信息检索与数据查询等综合服务的"总平台"；手机移动网站和App胜在板块简约、核心突出、访问便利；微博是浅社交、泛传播、弱关系的平台，目前在互动交流和舆论引导上的效果最优；微信是深社交、精传播、强关系的平台，传播方向更为精准，且服务功能的丰富性与App相比不分伯仲。但就目前政务新媒体建设情况而言，所有平台主要承担的都是宣传与政务信息公开的功能，并未统筹发挥不同平台的优势以及实现相互协作、共同发力的作用，陷入了"刻舟求剑"式的尴尬发展局面，缺乏"大一统"的指导性、规划性和协调性。在缺乏整体性的同时，政务新媒体规划问题也面临着缺少长远性的窘境。特别是在新技术、新应用层出不穷的情况下，现今的活跃平台，如微博、微信很可能在未来重蹈开心网的覆辙，在其发展放缓、影响力和活跃度不断弱化的趋势下，深化云产品和云服务在电子政务中的应用，建立支撑政务数据资源共享和开放的政务大数据中心，也应作为规划的重要组成部分。

二是媒体发展：缺乏精准定位。作为政务媒体，信息公开、回应关切、提供服务应该是最重要的三大功能定位。然而，各个平台媒介的性质特点不同，在功能定位上也应有所区别。例如，PC网站（包括移动电脑端）、微博在版面合理、运营科学的情况下能够很好地承载这三项功能,特别是在突发性事件中,微博作为目前第一时间公开信息和回应关切的最佳渠道,是有效掌控网络舆论信息阵地的"利器"。而移动 App 和微信则在服务性上更胜一筹。以政务微信为例,其对自身平台功能的定位为"行业知识与政策法规的普及宣传"的占比 18.41%,定位为"政务信息公开与及时权威发布"的占 16.94%,而能够体现"服务号"功能的"微信平台数据查询办事功能"恰恰在功能排位中居后,仅占比 10.34%。另外,在政务微信账号推送的内容中,政务类、民生类、文化类信息的占比最高。

从最热门推送文章来看,时政资讯观察与解读、居民生活常识和提示、美文鉴赏、经典语录、心灵鸡汤、轻松搞笑等成为微信用户高热度的主体内容。一味地进行政策宣传不能持久吸引用户关注,但过度娱乐化、非正式化有损政府官方权威性,同时微信"服务性"这一最大优势也并未有效发挥,其核心定位并不清晰。政务微博也面临着核心定位模糊的问题,虽然政务微博被公众普遍视为低成本、易运营的网上"关系场域",但在实际运营中,其核心定位依旧是宣传与信息推送,"低互动、弱联动、'高冷'姿态难破、僵尸化趋势加剧"是当前多数政务微博普遍存在的现象。如在 2014 年云南昆明火车站的暴力恐怖案件中,作为云南省人民政府新闻办公室官方微博,"@微博云南"在 8 天时间内共发布了 65 条与事件相关的微博,全部由信息告知类和价值引导类内容构成,而"案件答疑"等具有互动性的解释类信息完全缺失;对回复公众评论的数量进行统计发现,"@微博云南"在此次突发事件传播中的评论回复数为 0,互动功能未被使用,仅发挥了信息告知和价值引导的作用,并未承担"加强政民关系、获得公众理解"的互动解释职能,传播行为带有明显的"我播你听"的单向特征。

三是媒体运营:缺乏专业管理。种类日趋繁多的政务新媒体应用对新媒体管理和运营带来一定的考验,甚至已有不少的政务机构因为专业技术人员短缺、全媒体信息采编能力不足等制约而叫苦不迭。在具体运营上,最突出的表现就是内容弱化。例如,2015 年 1 月在哈尔滨大火事件中,哈尔滨市公安局官方微博"@平安哈尔滨"发布消息公布"哈尔滨市道外区太古街 727 号库房火灾基本情况"。短短 585 字的通稿,"领导高度重视"这样的文字就有 258 个。内容弱化的另一表现还在于与民互动沟通的能力不足。2014 年 7 月,江西丰城市一位市民曾向媒体投诉"丰城市国土资源局行政不作为"。原因是丰城市国土资源局在给其要求纠正错误、调处纷争的回复中说道:"因我局工作人员对政策、对法律的理解能力和执行能力有限,无力对该纠纷进行调处,敬请谅解。"选择什么样的平台合适、在不同平台上设置发布什么内容、采取怎样的形式、如何回复网民的评论,都需要专业的操作,而这显然是目前政务新媒体的普遍短板。作为政务新媒体,内容上的软肋在一定程度上导致了政务新媒体运营的另一突出问题,即所发布信息的被关注度与扩散程度不足,无法引发强大的"蝴蝶效应"。在 2014 年云南昆明火车站的暴力恐怖案件中,将"@ 微博云南"与"@ 央视新闻"微博的转发数和评论数进行对比发现,"@ 微博云南"发布的 65 条微博累计被转发 7808 次,平均每条被转发 120 次,累计被评论 1475 次,平均每条被评论 23 次;"@ 央视新闻"发布的 87 条微博累计被转发 1146943 次,平均每条被转发 13183 次,累计被评论 99594 次,平均每条被评论 1145 次;"@ 微博云南"的平均转发数、平均评论数仅为"@ 央视新闻"微博的 0.91% 和 2.18%。当然,新媒体时代内容不一定为王,政务新媒体传播力、影响力的不足,还有待于平台运作、优化服务等多方面工作的提升。

四是媒体评判:标准有待商榷。政务新媒体考评标准的设定,目前尚缺乏详细统一的官方机制。从一些机构(如人民网舆情监测室、新华网舆情监测分析中心)的评定标准来看,主要包括传播力、服务力和互动力三个维度,传播力即考量发博数,互动力即考评转评赞、阅读数等数据,服务力即考评主动回复、主动发私信等客观指标。大数据的支撑令政务新媒体的考评有了客观依据。然而,有些政府部门的工作天生具有"亲民性"和"选题"优势,如公安部门、气象部门、交通部门等,而"冷门"单位如地震局、水利局等,其业务与普通民众的日常生活并不紧密"贴合",其传播力、互动力、服务力自然不能与公安、交管等部门相提并论。此外,地方政务新媒体虽然传播力有限,但服务力与互动力上又要优于省部级政务新媒体。当前,政务微博的运营已经纳入一些地方政府和相关部门的考核范围。一些地方政府热衷于登上各种渠道的排行榜。但仅仅以榜单或者几个维度去总体衡量某一机构政务新媒体的优劣,作为考核评价的标尺,显然是不合适的。各部门、各地方应该制定更为明晰的考评制度,更为科学的奖惩体系,才能有效促进政务新媒体的运营发展。

8.4 政务新媒体的方向

打开微博浏览最新政务信息,进入微信公众号一键办理业务,在社交平台上与官方账号互动交流,观看政府部门发布的执法短视频……对许多人来说,这是日常生活中习以为常的事情。

2018 年 12 月,国务院办公厅印发《关于推进政务新媒体健康有序发展的意见》(下称《意见》)指出,落实网络意识形态责任制,大力推进政府系统政务新媒体健康有序发展,持续提升政府网上履职能力,努力建设利企便民、亮点纷呈、人民满意的"指尖上的网上政府"。那么,作为"指尖上的数字政府"应该肩负什么责任?

(1)出亮点,紧跟时代发展。2018 年 5 月,微博"@中国警方在线"发布了一段拍摄于上海某道路的视频,展示了一位民警检查无牌车辆的执法过程,引发网络热议。口头传唤,连续三次警告,武力升级,行动前提醒无关人员远离……执法民警的一系列规范操作被网友称为"教科书式"执法。随后,该微博发布"九宫格"图文,对依法文明、规范执法进行详细解读,还挖掘出更多典型视频进行示范,赢得广泛认可。

"@中国警方在线"是公安部新闻中心官方微博,自 2011 年 8 月开通运营以来,7 年多时间累计发布约 6.8 万余条微博。现在,它是拥有近 3000 万粉丝的"大 V",并连续 5 年荣获全国政务机构微博影响力第一名。这是当下中国政务新媒体发展的一个缩影。政务新媒体,是指各级行政机关、承担行政职能的事业单位及其内设机构在微博、微信等第三方平台上开设的政务账号或应用,以及自行开发建设的移动客户端等。

数据显示,截至 2018 年 8 月,中国开通认证的政务微博账号已达 17 万、政务微信公众号已超 50 万、政务移动客户端及入驻短视频平台的政务公号也初具规模。截至 2018 年 12 月，中国在线政务服务用户规模达 3.94 亿，占整体网民的 48.5%。"网民在哪里，政务发布就在哪里"。近年来，从中央到地方、再到基层，一大批影响力强、活跃度高的政务新媒体账号在各个社交平台上不断涌现，呈现出快速发展的良好态势。"指尖上的网上政府"走进越来越多人的生活。

（2）接地气，创新社会治理。"@外交小灵通"的"刚刚体"收获数万次转评赞，"@国家税务总局"快速回应演艺行业"阴阳合同"问题，"@最高人民法院"与"山东高法"的"决战执行难"全媒体直播吸引了大批网友在线观看，"@湖南公安"帮助海外中国旅客远程解决困难，完成"跨国救助"……一个个引发广泛关注的鲜活事例，显示出政务新媒体在社会治理中的重要作用。

不回避、接地气、善管闲事、巧办难事，政务新媒体在发布权威消息、回应社会热点、引导网络舆论、塑造政府形象等方面成绩斐然。

国务院要求，到 2022 年，建成以中国政府网政务新媒体为龙头，整体协同、响应迅速的政务新媒体矩阵体系，全面提升政务新媒体传播力、引导力、影响力、公信力。在人人是麦克风、人人是记者的新媒体时代，政务新媒体的快速发展，使得政府部门能够及时回应重大突发事件、重大社会舆情。如今，政务新媒体已超越媒体的范畴，越来越成为社会治理的重要组成部分，有利于广泛收集民情、民意、民智，提高人民群众的参与感与获得感。正如中国传媒大学媒介与公共事务研究院高级研究员侯锷所说，政务新媒体不仅仅是"媒体"，更是服务平台。

（3）重服务，致力惠民利民。政务新媒体百花齐放，但质量也良莠不齐。一些政务新媒体账号开通后，以单向发布为主，缺乏与受众的沟通互动，语言空洞说教，更新速度慢，甚至出现了不少"僵尸号"。还有一些政务新媒体缺乏内容上的精准定位，随意发布个人信息或走入过度娱乐化的误区，缺乏舆论引导力。

当专业、严肃的政务信息借力移动端融媒体产品进行传播时，如何适应公众的阅读习惯和互联网的传播规律？

我们要遵循政务新媒体发展规律，明确政务新媒体定位，充分发挥政务新媒体传播速度快、受众面广、互动性强等优势，以内容建设为根本，不断强化发布、传播、互动、引导、办事等功能，为企业和群众提供更加便捷实用的移动服务。

惠民利民应始终是政务新媒体发展的动力和追求。政务新媒体应以人民为中心，互动、沟通、服务，回应社会关切，提升公信力。在政务新媒体建设中，要听民意、重互动，积极反馈留言，杜绝公式化、机械化回应；也要解民忧、重服务，加强与其他业务部门的沟通与配合，对于群众诉求要限时办结、及时反馈，确保合理诉求得到有效解决。与此同时，要充分运用互联网思维与手段，以群众喜闻乐见的、多样化的方式融入大众生活，拿捏得当而非哗众取宠，严守底线亦不忘人性温度。

◢ 8.5 政务新媒体的误区

为了引导政务新媒体正确发展，国务院办公厅印发《政府网站与政务新媒体检查指标》和《政府网站与政务新媒体监管工作年度考核指标》，对政府网站和政务新媒体的运行和考核制定了严格标准。从文件内容来看，粉丝量、转发数和点赞量等硬性数据将不再是政务新媒体考核的重点，而内容是否安全、是否及时发布更新、与网民是否形成有效互动则成为考核的"单项否决"指标。这意味着，政务新媒体们未来将不用再费尽心思、绞尽脑汁地蹭热点、追流量，只需"本本分分"将自己的本职工作做好，让网民满意即可。这一举措，无疑将切实地为政务新媒体减负松绑，推动其工作脱虚向实，更好地为广大网民服务。

近年来，政务新媒体作为政府政务公开、听取网民意见的新渠道而备受人们欢迎，一些政务新媒体能及时跟进社会热点，通过"要宝""卖萌"的方式拉近与网民之间的距离，同时还有效宣传了政府的政策，发展得有声有色。然而，部分政务新媒体发展错位，一些政务新媒体甚至跟风，在片面追求阅读量、粉丝量的道路上越走越偏，背离了其重在"政务"的根本。比如，一些账号盲目追求"10万+"，却连最基本的信息发布都没做到位；一些账号只顾"撒娇卖萌"，对网友提出的实际问题却视而不见；还有一些账号坐拥几十万甚至上百万粉丝，但疏于打理，阅读量和网友互动寥寥无几。一些账号主管人员还存在业务素质不高、政治敏感性差等问题，导致出现一些违背其性质定位的言论，成为舆论批评的对象。这些政务新媒体的"僵尸化"和过度娱乐化等问题，不仅严重影响到政府部门的权威和公信力，显然也与政民沟通的初衷渐行渐远，沦为完成上级任务的"空壳"。

此次国务院办公厅印发文件，将政府网站和政务新媒体考核指标规范化、标准化，力图整治政务新媒体乱象的决心不言而喻。一方面，对政府网站和政务新媒体中存在的安全及泄密问题、内容不更新、互动不及时、服务不实用等问题进行单项否决，对网站内容信息、功能设计不准确、不合理的部分进行扣分处理，另一方面也对政府网站和政务新媒体及时进行信息公开和回应关切的行为加分奖励，明确规则、细化标准，为广大政务新媒体未来的工作廓清迷雾、指明方向，从而使其回到正轨。

这些规定也给所有政务新媒体们提了个醒：要真正发挥连接政府和网民桥梁和纽带的作用，在亲民情、接地气的同时，也该摒弃浮躁心理，少一些"不务正业"、哗众取宠，多一些恪守本分、脚踏实地。该发布的信息及时发布，该解读的政策及时引导，该回应的问题及时回应，有话好好说，以求真务实的心态解决网民问题，只有这样，才能最大化地释放"指尖上的正能量"，真正发挥政务新媒体的价值。

8.6 政务新媒体的发展指南

国办发〔2018〕123号《国务院办公厅关于推进政务新媒体健康有序发展的意见》明确提出：到2022年，建成以中国政府网政务新媒体为龙头，整体协同、响应迅速的政务新媒体矩阵体系，全面提升政务新媒体传播力、引导力、影响力、公信力，打造一批优质精品账号，建设更加权威的信息发布和解读回应平台、更加便捷的政民互动和办事服务平台,形成全国政务新媒体规范发展、创新发展、融合发展新格局。

如何实现以上目标?必须从以下三个大的方面着手:

(1)加强功能建设

各地区、各部门要遵循政务新媒体发展规律,明确政务新媒体定位,充分发挥政务新媒体传播速度快、受众面广、互动性强等优势,以内容建设为根本,不断强化发布、传播、互动、引导、办事等功能,为企业和群众提供更加便捷实用的移动服务。中国政府网政务新媒体要发挥龙头示范作用,不断提升政务公开和政务服务水平。

推进政务公开,强化解读回应。积极运用政务新媒体传播党和政府声音,做大做强正面宣传,巩固拓展主流舆论阵地。围绕中心工作,深入推进决策公开、执行公开、管理公开、服务公开、结果公开。做好主题策划和线上线下联动推广,重点推送重要政策文件信息和涉及群众切身利益、需要公众广泛知晓的政府信息。做准做精做细解读工作,注重运用生动活泼、通俗易懂的语言以及图表图解、音频视频等公众喜闻乐见的形式提升解读效果。要把政务新媒体作为突发公共事件信息发布和政务舆情回应、引导的重要平台,提高响应速度,及时公布真相、表明态度、辟除谣言,并根据事态发展和处置情况发布动态信息,注重发挥专家解读作用。对政策措施出台实施过程中出现的误解误读和质疑,要迅速澄清、解疑释惑,正确引导、凝聚共识,建立网上舆情引导与网下实际工作处置相同步、相协调的工作机制。县级政务新媒体要与本地区融媒体中心建立沟通协调机制,共同做好信息发布解读回应工作。

加强政民互动,创新社会治理。畅通政务新媒体互动渠道,听民意、聚民智、解民忧、凝民心,走好网上群众路线。认真做好公众留言审看发布、处理反馈工作,回复留言要依法依规、态度诚恳、严谨周到,杜绝答非所问、空洞说教、生硬冷漠。加强与业务部门沟通协作,对于群众诉求要限时办结、及时反馈,确保合理诉求得到有效解决。要善于运用大数据、云计算、人工智能等技术,分析研判社情民意,为政府决策提供精准服务。注重结合重大活动、重要节日及纪念日、主题日等设置话题、策划活动,探索政民互动新方式。政务新媒体、政府网站、政务热线等应依托政府网站集约化平台完善和使用统一、权威、全面的咨询答问库，不断提升答问效率和互动质量。推动省级政府和国务院部门的咨询答问库与中国政府网对接联通。鼓励采用微联动、微直播、随手拍等多种形式，引导公众依法有序参与公共管理、公共服务，共创社会治理新模式。

突出民生事项，优化掌上服务。强化政务新媒体办事服务功能，围绕利企便民，聚合办事入口，优化用户体验，推动更多事项"掌上办"。要立足工作职责，重点推动与群众日常生产生活密切相关的民生事项向政务新媒体延伸。着力做好办事入口的汇聚整合和优化，统筹推进政务新媒体、政府网站、实体政务大厅的线上线下联通、数据互联共享，简化操作环节，为公众提供优质便捷的办事指引，实现数据同源、服务同根、一次认证、一网通办。注重把握不同形态政务新媒体分众化、差异化的特点，创新服务模式，扩大服务受众，提升服务效果。政务新媒体提供办事服务应依托本地区、本部门已有的办事系统或服务平台，避免重复建设，防止形成新的信息孤岛和数据壁垒。

（2）规范运维管理

开设整合。县级以上地方各级人民政府及国务院部门应当开设政务新媒体，其他单位可根据工作需要规范开设。一个单位原则上在同一平台只开设一个政务新媒体账号，鼓励在网民集聚的新平台开设政务新媒体账号。严格按照集约节约的原则统筹移动客户端等应用系统建设，避免"一哄而上、一事一端、一单位一应用"，移动客户端要全面支持IPv6（互联网协议第6版），支持在不同终端便捷使用。政务新媒体名称应简洁规范，与主办单位工作职责相关联，并在公开认证信息中标明主办单位名称，主办单位在不同平台上开设的政务新媒体名称原则上应保持一致。集中力量做优做强主账号，构建整体联动、集体发声的政务新媒体矩阵。对功能相近、用户关注度和利用率低的政务新媒体要清理整合，确属无力维护的要坚决关停。建立政务新媒体分级备案制度，开设、变更、关停、注销应向主管单位备案。政务新媒体主办单位发生变化的，应及时注销或变更账号信息，并向社会公告。

内容保障。严格内容发布审核制度，坚持分级分类审核、先审后发，明确审核主体、审核流程，严把政治关、法律关、政策关、保密关、文字关。规范转载发布工作,原则上只转载党委和政府网站以及有关主管部门确定的稿源单位发布的信息,不得擅自发布代表个人观点、意见及情绪的言论,不得刊登商业广告或链接商业广告页面。建立原创激励机制,按照规范加大信息采编力度,提高原创信息比例。发布信息涉及其他单位工作内容的,要提前做好沟通协调。建立值班值守制度,加强日常监测,确保信息更新及时、内容准确权威,发现违法有害信息要第一时间处理,发现重大舆情要按程序转送相关部门办理。政务新媒体如从事互联网新闻信息服务或传播网络视听节目,须按照有关规定具备相应资质。

安全防护。严格执行网络安全法等法律法规,落实安全管理责任,建立健全安全管理制度、保密审查制度和应急预案,提高政务新媒体安全防护能力。加强对账号密码的安全管理,防止账号被盗用或被恶意攻击等安全事件发生。加强监测预警和应急处置,对于泄露后会危及国家安全、公共安全、经济安全、社会稳定的信息和国家秘密、商业秘密、个人隐私,要加强管理,确保不泄露。强化用户信息安全保护,不得违法违规获取超过服务需求的个人信息,不得公开损害用户权益的内容。

监督管理。加强政务新媒体的日常监管,定期组织检查,积极运用技术手段进行实时监控,及时通报、督促整改存在的突出问题。对发现的假冒政务新媒体,要求第三方平台立即关停,并通报有关部门依法依规处置。严禁购买"粉丝"等数据造假行为,不得强制要求群众下载使用移动客户端等或点赞、转发信息。第三方平台要强化保障能力,持续改进服务,为政务新媒体工作开展提供便利。

(3)强化保障措施

加强组织领导。各地区、各部门要充分认识移动互联网环境下做好政务新媒体工作的重大意义,提高认识,转变观念,完善政务公开协调机制,将政务新媒体工作纳入重要议事日程。明确分管负责人,统筹推动政务新媒体与政府网站整体协同发展。加强政务新媒体管理,提供必要经费保障,配齐配强工作人员,专岗专责,抓好工作落实。建立完善与宣传、网信、公安等部门的沟通协调机制,共同做好发布引导、舆情应对、网络安全等工作。

加强人员培训。各地区、各部门要将政务新媒体工作纳入各级领导干部和公务员教育培训内容，着力强化运用政务新媒体履职能力。认真组织开展业务培训和研讨交流，增强信息编发能力、舆情研判能力、回应引导能力、应急处置能力，打造一支政治立场坚定、熟悉政策法规、掌握传播规律、具备较强能力的专业队伍。积极开展试点示范，选择发展基础好的地方和部门，开展规范发展、创新发展和融合发展试点，探索可借鉴、可推广的典型经验。

加强考核评价。各地区、各部门要将政务新媒体工作情况列入年度绩效考核，制定考核评价办法。树立重实干、重实绩导向，对政务新媒体工作成效好的单位和个人，按照有关规定予以激励表扬。对违反规定发布转载不良或有害信息、破坏网络传播秩序、损害公众权益等突出问题，要严肃追责问责。国务院办公厅将对各地区、各部门政务新媒体进行网上监测和抽查，并通报有关情况。

8.7 政务新媒体的核心价值

网民用微信，于是官方微信公众号出炉；网民玩抖音，于是官方抖音号开通。政务新媒体紧跟时代潮流，也是体现了"群众在哪里服务到哪里"的人本理念。跳出舒适区，在新媒体领域迎接政务服务的挑战，这份初心和出发点无疑是值得肯定的。不过，政务新媒体经过这些年的迭代与进化，一些共性的流弊与问题也是毋庸讳言的：比如"三分钟热度"，一开始信心满满，做着做着就成了半拉子工程，最后反而贻人口实、落人话柄；又比如粗放管理，人手不够、经验不足的情况下仓促上马，事情没解决、服务没搞好，反倒成为次生舆情的高发之地，自己不堪其累、效果灰头土脸。

更值得警惕的，是一些地方把政务新媒体搞成"新形式工程"：基层工作者疲于奔命，为了各类KPI焦头烂额。官方网站、官方微博等，都曾经成为一些地方备受吐槽的案牍劳形。

政务新媒体风起云涌之际，恐怕也要念好监管的紧箍咒。或因如此，国务院办公厅专门印发《政府网站与政务新媒体检查指标》和《政府网站与政务新媒体监管工作年度考核指标》,对政府网站和政务新媒体的运行和考核制定了严格标准。从文件内容来看,粉丝量、转发数和点赞量等硬性数据将不再是政务新媒体考核的重点,而内容是否安全、是否及时发布更新、与网民是否形成有效互动则成为考核的"单项否决"指标。一言蔽之,政务新媒体不是"流量明星",只需"本本分分"做好本职工作即可,网民满意胜于漂亮数据。

再形而下点说,政务新媒体无论穿什么衣服、跳什么舞,底线的两个维度是不能僭越的:第一,政务新媒体固然是形式,但形式要为内容服务,人民性与贴近性、实用性与便捷性是永恒的价值遵循。第二,政务新媒体不能脱实向虚。说白了,它只是线下工作的"线上映射",别以为公众号或抖音玩好了,线下的服务就能自动升级了。这就像电商和实体的关系一样,再天花乱坠的流量营销,最终还得靠扎实的商品与服务来支撑可持续性的交易。

归根结底,对于政务新媒体来说,"好看"只是颜值,"好用"才是气质;而在两者的优先级关系上,"好用"永远要优先于"好看"。如果能够真真切切地为老百姓提供有价值的政务服务,才是它的核心价值所在。

8.8 政务新媒体的三个纬度

很多人都知道,有一篇名为《对话多伦"网红"县长刘建军:直播问政,把短视频当助手》的文章引发了社会的广泛热议。刘建军是内蒙古锡林郭勒盟多伦县的县长,半年来,他利用下乡或业余时间带头搞网络直播、拍短视频,与老百姓打成一片。可见,政务新媒体已经成为反映民意的新通道。如何利用好政务新媒体让政府与百姓进行有效沟通也成为我们值得思考与探讨的问题。下面从三个维度来探讨政务新媒体的建设重点。

(1)政务新媒体应该体现政府温度。一枝一叶总关情,在十九大报告中,"人民"这个概念出现了203次。经济社会在发展,民生需求在增长,我们只有不断提高人民群众获得感、幸福感、安全感才能展现出政府的温度。我们要做好民生工作,而政务新媒体就可以帮助老百姓更方便地看到变化、得到实惠。例如,多伦县气候复杂,蔬菜受到病虫害的影响,产量大减。刘建军知道后,和多伦农业广播电视学校孙广梅校长去做病虫害的防治宣传工作,但是由于地域广、农户多,刘建军两天仅仅探访了十多家农户,于是,他利用直播和短视频结合的方式,录制相关的内容,让更多的农户快速了解农作物病虫害防治的方法。"网红"县长让乡亲们体会到了政府的温度,很多群众都说自从有了政务新媒体,感觉政府离老百姓更近了,再也没有过去那种可望而不可即的感觉了。

(2)政务新媒体应该展现政府速度。当下正处于互联网快速发展、传统媒体与新兴媒体融合促进的新时代,网络、微博、即时通信和社交网络工具的广泛应用导致舆论形成周期短,这就需要政府展现舆论回应的速度。由于政务新媒体具有兼具政务信息的传播属性和媒介平台的传播属性,政务新媒体想要做到既满足新媒体"频繁发声、快速回应、及时辟谣"的特性,又符合自身政务"严谨、官方"职能特征,是非常困难的事情。这就要求我们政府必须具备较强的快速反应能力,做到不误判、不误导,既要"回得快",又要"回的好"。"@国家税务总局"快速回应演艺行业"阴阳合同"问题,"@最高人民法院"与"山东高法"的"决战执行难"全媒体直播,"@公安部交通管理局"发布昆明重病患儿紧急转移北京相关信息,呼吁沿途司机避让,此后,各地政务微博相继转发,为患儿争取到了更多抢救时间……这一个个引发广泛关注的鲜活事例,都用政务新媒体展现了政府部门在社会治理中的速度,获得社会舆论高度关注和广泛点赞。

(3)政务新媒体应该彰显政府态度。政务新媒体的价值首先在于其信息的权威性和提高政务公开的透明度。一些政务新媒体账号开通后,以单向发布为主,缺乏与群众的沟通互动,语言空洞说教,更新速度慢,甚至出现了不少"僵尸号"。还有一些政务新媒体缺乏内容上的精准定位,甚至走入过度娱乐化的误区,缺乏舆论引导力。这些都违背了开通政务新媒体的初衷。注册一个新媒体账号并不难,难的是如何让政务新媒体走向常态化和具有权威性。现在,在微博上,许多群众遇到困难和事情会@各地警方@共青团中央等等,而政府也通过权威声音通过科学、恰当的方式快速有效地回复,凝聚社会共识,释放正能量,这才彰显了政府的态度。

关于政府网站,人们提出了"让信息多跑路,让群众少跑腿"的工作方向。同样,政务新媒体也应以人民为中心,以为人民服务为出发点,从线上延续到线下,严守底线的同时亦不忘亦不忘人性温度,努力以群众喜闻乐见和多样化的方式融入大众生活,丰富大众生活,温暖大众生活。

第九章

数字政府必将"羽化成蝶"

当前,除专家学者外,人们头脑中的概念有些混乱。因为在我们身边,一会说数字交通,一会说智慧交通;一会说数字校园,一会又说智慧校园。一会说数字城市,一会又说智慧城市。一会说数字政府,一会又说智慧政府。还有诸如数字旅游与智慧旅游,数字农业与智慧农业,让人头晕目眩。

要搞清楚这个问题,我们先要明白"数字"与"智慧"到底是怎么回事。

数字 政府

随着数字政府的成长与成熟，加上数据的几何级增长，以及5G、大数据、物联网、云计算、人工智能等技术叠加，数字政府会不断发生质变，最终"羽化成蝶"，成为智慧政府。

当前，除专家学者外，人们头脑中的概念有些混乱。因为在我们身边，一会说数字交通，一会说智慧交通；一会说数字校园，一会又说智慧校园。一会说数字城市，一会又说智慧城市。一会说数字政府，一会又说智慧政府。还有诸如数字旅游与智慧旅游，数字农业与智慧农业，让人头晕目眩。

要搞清楚这个问题，我们先要明白"数字"与"智慧"到底是怎么回事。

9.1 "数字"与"智慧"

表面上看，似乎"数字"与"智慧"好像是一回事，深究起来，两者还是有一定差别。从技术角度讲，"智慧"的主要技术主要是物联网、大数据、人工智能前沿技术等。"数字"的主要技术是感测技术、通信技术、计算机技术和控制技术以及区块链等。从使用者的角度来讲，"智慧"是侧重人和环境互动的优化，在每个与人互动的环节 让相关的流程或者设备自动感知，自动决策，提供更好的用户体验。而"数字"是改变流程本身，改变操控的方式，用数字化技术对流程进行更精细化的设计。以智慧旅游和数字旅游为例，智慧旅游强调对游人自动化信息服务，带动全域旅游和个性化服务。数字旅游则重在旅游产品设计、旅游资源的共享共建。再如，数字城市、智能城市与智慧城市的关系。数字城市是数字地球的重要组成部分,是传统城市的数字化形态。数字城市是应用计算机、互联网、3S、多媒体等技术将城市地理信息和城市其他信息相结合,数字化并存储于计算机网络上所形成的城市虚拟空间。数字城市建设通过空间数据基础设施的标准化、各类城市信息的数字化整合多方资源,从技术和体制两方面为实现数据共享和互操作提供了基础,实现了城市3S技术的一体化集成和各行业、各领域信息化的深入应用。

信息技术的发展,使得城市形态在数字化基础上进一步实现智能化。依托物联网可实现智能化感知、识别、定位、跟踪和监管;借助云计算及智能分析技术可实现海量信息的处理和决策支持。到了智慧城市这一步,它具有四大基础特征:全面透彻的感知、宽带泛在的互联、智能融合的应用、以人为本的可持续创新。而智能城市主要强调的是前三点中的信息技术技术应用,智慧城市更注重的是以人为本的可持续创新。

因此,可以简单地理解,"数字"是"智慧"的基础,"智慧"是"数字"的升级。在数字政府一词中,如果数字采用广义,那么数字政府就包含智慧政府。当数字政府逐步成熟,它会自然"羽化成蝶",成为智慧政府。因此有人说,数字政府是"建成"的,而智慧政府是"长成"的。

9.1.1 "数字"与"智慧"是两个不同的阶段

初级阶段是数字,即数字化阶段,实现了信息的数字化转换;高级阶段进入智慧,即智能化阶段,依托于前阶段最终实现了智慧效能。

(1)数字和智慧概念。数字主要是指应用计算机、互联网、多媒体等技术将信息和工作、生活相结合,数字化并存储于计算机网络上所形成的虚拟空间。智慧主要是指以移动互联网、云计算、物联网等新一代信息技术为支撑,以宽带泛在互联网络和数据中心等基础设施为基础,以知识社会的创新和智能融合应用为主要内容的高级形态,其核心是"感知化"、"互联化"和"智能化"。

(2)数字与智慧的联系。数字是智慧的基础和重要组成部分。智慧是数字与物联网相结合的产物。智慧的理念是把传感器装备到各种物体中形成物联网,并通过超级计算机和云计算等技术实现物联网的整合,从而实现数字与各相关系统的有效整合,最终实现智慧管理及服务。

(3)数字与智慧的区别。一是采用技术不同。数字采用了计算机、互联网、多媒体等相关技术。智慧在原有技术之上,融入云计算、物联网、移动互联网、大数据、人工智能、知识管理、社交网络等新兴技术。二是依托网络不同。数字基于互联网形成初步的业务协同,智慧则更注重通过泛在网络、移动技术实现无所不在的互联和随时随地随身的智能融合服务。三是参与建设力量不同。数字致力于政府通过信息化手段实现运行与发展各方面功能,提高运行效率。智慧则更强调通过政府、市场、社会各方力量的参与,最终实现公共价值塑造和独特价值创造。四是协同效果不同。数字通过各行业的信息化提高管理效率和服务质量。智慧则更强调从行业分割、相对封闭的信息化架构迈向作为复杂巨系统的开放、整合、协同的信息化架构,发挥信息化的整体效能。五是侧重点不同。数字更多注重利用信息技术的手段,实现各领域的信息化以提升社会生产效率。智慧则更强调人的主体地位,更强调开放创新空间的塑造、广泛的市民参与、用户体验、以人为本实现可持续创新。

9.1.2 信息、数字、智能三者的关系

了解信息、数字、智能、智慧三者之间的关系以及逻辑思维、发展轨迹,有利于领导者、管理者更有逻辑性的进行数字化、智能化转型,以在科技重塑管理和产业的浪潮中抢占一席之地。下面以企业为例,讲解它们之间的关联。

信息化,就是将企业的已形成的相关信息,通过记录的各种信息资源。涉及各个环节业务的结果与管控,本质上是对业务结果数据的信息化再存储与管控,用来提供给各层次的人了解"业务现在是什么情况""流程进展到哪里"等一切动态业务信息。信息化,侧重于业务信息的搭建与管理。信息化:现实业务流程在计算机里固化,从部门各岗位联动、到企业各部门联动、到消费者联动、到产业上下游联动。它的实现价值在于流程与规则固化便于大规模统一作业与协同作业。

数字化,指的是把模拟数据转换成用0和1标识的二进制码,这样电脑就可以读出来这些数据了。其实是基于实际可视化对象进行的转化过程。数字

化更侧重产品领域的对象资源形成与调用。如今，数据代表着对某件事物的描述，数据可以记录、分析和重组它，这些转变称其为"数据化"——数据化是指问题转化为可制表分析量化形式的过程．最直观的就是企业形形色色的报表和报告。数据化侧重结果，将数字化的信息有条理、有结构的组织，便于查询回溯、智能分析，并解决相关决策问题。即用智能产品智能设备传感器、视觉识别自动采集全息全程现实数据，形成计算机里的数字孪生，现实变就计算机里的数字孪生物品自动变，在计算机里操作数字孪生物品，现实世界就自动同步反应。它的实现价值在于不会形成现实情况和计算机里的情况不一致导致决策失误。

智能化，是把烦琐的工作通过数字化处理，或基于数据化直接调用或指导到工作，将人需要付诸的精力和所需的理解减至最低。具有"拟人智能"的特性或功能，例如自适应、自校正、自协调等。智能化侧重点在于工作过程的应用。它的成形需要具备四个条件：一是具备智能操作系统；二是具备智能传感且物联成网；三是具备视觉识别和语音交互；四是具备深度学习计算机来进行社会资源（人才、物料、设备、仓库、运输车、资金）最佳调度。它的实现价值在于能到达产业联动乃至社会化商业，事情的庞大复杂性已经超出人的掌控能力，必须通过社会大数据驱动的人工智能深度学习，来做到社会资源的自动化最佳化供需匹配调度。

信息化、数字化、智能化三者的逻辑关系及发展轨迹：

（1）信息化多半执行业务数据化。举个比较明显的例子，如企业 ERP 的实施，大家发现无非都是让系统记录了你所做的，就像一些人所抱怨的，ERP 无非将手工的过程搬进了系统。的确是这样，这个过程叫作"业务数据化"，用数据将整个业务过程记录下来，最典型的就是各种订单数据，财务凭证。

（2）数字化多半基于数据业务化。"数字化"是基于大量的运营数据分析，对企业的运作逻辑进行数学建模，优化之后，反过来再指导企业日常运行。用现在时髦的语言就是"机器学习"，系统反复学习你的数据和行为模式，最后比你更加专业，并反过来指导你。说白了，没有数字化的信息化是比较"重"的，实施过 ERP 的企业都能明白。有了数字化后，就给信息化减负了，提高效能，降低操作难度。

（3）数字化是智能化的夯实基础。这一阶段解决的核心问题是人和机器的关系：信息足够完备、语义智能在人和机器之间自由交互，变成一个你中有我我中有你的"人机一体"世界。人和机器之间的语义裂隙逐步被填平，并逐步走向无差异或者无法判别差异。数字化是一切信息化、数据化、智能化的夯实基础。

（4）信息化＋数字化＋数据化＝智能化。智能化是信息化、数字化、数据化最终的目标，也是发展的必然趋势。信息化指的是，把真实世界的东西在虚拟世界里实现。比如，超市的信息化是指把实体店的超市变为线上电商平台，通过网络达到销售产品的目的。企业管理的信息化，指的是把很多线下的审批签字变为线上的流程。信息化的目的是为了通过低技术，提高效率，节约成本。数字化是在信息化的基础上完成的。随着时间的积累，我们的信息系统中保存了大量的数据。通过对这些数据的挖掘和分析，我们可以实现精益管理的目的。从以前的拍脑袋决策变为靠数据决策。比如淘宝店主，通过对历史上销售情况的分析，就知道什么款式什么颜色，什么价位的衣服，更适合什么样的用户，从而能够针对性地推出相应的产品来达到增加销量，提高利润，节省成本的目的。智能化是数字化的进一步延伸，指的是我们的系统或者硬件，具备了某种智能，而能够聪明的识别人类的需求。比如我们的电商平台现在不仅能够提供我们想要的产品，同时能够分析用户的特点，针对性地提供用户可能感兴趣的产品。那很多智能音箱，智能电视也能够识别用户的指令。当然，机器或者系统的智能不是凭空而来的，而是通过大数据学习训练出来的。这个意义上来说，没有数字化就没有智能化。

（5）智慧化是智能化的终极目标。我的理解它不是指某一个具体的系统或者具体的设备具备了智能，而是从整个系统层面，具备了某种智慧。比如我们经常听到的智慧城市这个概念，在城市这个生态系统中，人，设备，网络，成了一个整体的生智慧生态系统。当然，这一切的基础都是数据。我们说数据是新的石油，对数据的挖掘和分析，人类和机器可以获得前所未有的洞见。数据作为一种资源，也发挥出越来越重要的作用。比如我们的滴滴公司，旗下没有一辆汽车，但是是现在全国最大的公共出行解决方案商，其核心资产就是数据。通过掌握司机端和客户端的数据达到精确匹配帮助人们高效出行。再比如，阿里巴巴的菜鸟网络，旗下并没有一个物流公司在运快件。但是他通过对管理的物流公司的快件数据进行分析能够实现高效低成本的物流管理。现在越来越多的企业已经把数据作为企业的一项核心资产来管理。在将来，数据必将发挥越来越重要的作用，人们构建信息化，数字化，智能化，智慧化的美好未来。

◢ 9.2 智慧政府的主要成因

数字政府在形成和发展中，多种因素会持续推动数字政府不断迭代和升级，形成智慧政府。主要因素如下：

首先，广泛便捷的移动技术会拓展服务的广度和深度。

公众通过 5G 通信、社交媒体等渠道随时随地便利地获取公共信息和公共服务的需求越来越强烈，这是不可悖逆的浪潮。对此，美国联邦政府 2012 年 1 月发布"移动政务策略"（Mobile Strategy for Federal Government），其出发点是在任何时间、任何地点，通过任何设备都能够获取政府信息和数字化服务。新加坡《电子政务总体规划》将移动政务作为电子政务的核心内容，提出一站式的移动政务建设，汇集 300 多项移动政务服务项目，将移动媒体作为民意征集、公证听取、新闻发布、公民参与政务的重要渠道和途径。因此，广泛应用移动技术和社交媒体，创新移动服务供给方式和手段，为公民（G2C）、企业（G2B）以及其他利益相关方（G2G）提供更广泛、更便捷的移动服务，拓展移动政务的广度和深度是大势所趋。

其次，"云革命"会提供更优质更高效的全生命周期服务。

新兴信息技术如大数据、云计算、物联网、区块链等是人类突破认知极限、超越时空资源局限的"临界点""爆发点""奇点"，云技术和数字技术植入政府治理之后，政府治理工具和技术手段愈加高端化、精准化、高速化。云计算将计算、存储、记忆、网络等信息资源进行集成后，按需求、易扩展的服务方式进行计算资源的交付和使用，促使私有云、公有云、混合云等应用层出不穷。比如，美国 2011 年 9 月在联邦、州、地方各级政府运行过程中实施"云计算战略"，着力解决传统电子政务基础设施利用率低、资源需求分散、重复建设、工程建设滞后等问题。可预见的是，未来"IT 信息时代"向"DT 数据时代"的变迁会提速，互联网加快迈入"后 IP 时代"，集成电路加快迈入"后摩尔时代"，亟待政府进行彻底的"云革命"，通过云上政府与实体政府的无缝衔接与相互驱动，为公众提供更优质更高效的全生命周期服务。

再次，"智能技术"使服务更加智慧化、主动化、精准化。

数字政府深度变革的方向是智慧化。基于海量数据和公众线上行为轨迹的深度分析和价值挖掘，对现实问题进行快速识别并精准提炼公众需求，通过线上访问轨迹和点击行为识别公众的差异化需求，针对性改进政府线上公共服务，使公共服务越来越智慧化、主动化和精准化。我们看到，迪拜 2014 年 3 月启动实施"智能迪拜"计划，在智慧城市的基础上打造数字政府，实施 100 个计划，为公民提供 1000 项智能服务，这对如何领跑"智慧政务"是深刻启发。从

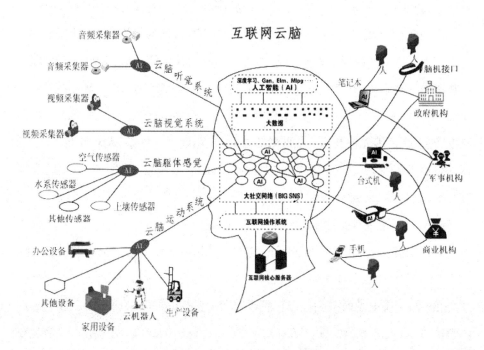

9-1：互联网云大脑示意图

目前看,"智慧交通"是政府数字化转型和工业 4.0 中具有"灯塔效应"的重大行动,它是精密仪表、智能制造、数字技术、传感技术、交通建设、GPS 定位等全方位时空要素的综合集成,是公众迫切需要抢先破解的突出痛点,此外,"智慧环保""智慧医疗""智慧物流""智慧治安""智慧社保""智慧能源"等都将是值得攻克的重点领域。

随着大数据、物联网、云计算、人工智能等一系列技术的成熟与运用,"互联网云大脑"会自动成长与成熟,智慧政府必将到来。

9.3 智慧政府的暂定概念

关于智慧政府的概念,随着时间的推移、工作的推进,智慧政府正式成型,才会形成相对稳定和统一的概念。今天,专家们比较一致地认为,智慧政府充分利用物联网、云计算、大数据分析、移动互联网、人工智能等新一代信息技术,以用户创新、大众创新、开放创新、共同创新为特征,强调作为平台的政府架构,并以此为基础实现政府、市场、社会多方协同的公共价值塑造,实现政府管理与公共服务的精细化、智能化、社会化。由此可见,"智慧政府"的形成需要三个方面形成合力:一是技术方面,利用物联网、云计算、移动互联网、人工智能、数据挖掘、知识管理等先进技术;二是创新方面,强调以用户创新、大众创新、开放创新、共同创新为特征;三是智能化,全面提高政府办公、监管、服务、决策的智能化水平,形成高效、敏捷、便民的新型政府。总之,"智慧政府"是电子政务发展的高级阶段,是提高党的执政能力的重要手段。

大家知道,政府的四大职能是经济调节、市场监管、社会管理和公共服务。"智慧政府"不仅要实现上述职能的数字化、网络化,还将实现智能化、精细化、社会化。与传统电子政务相比,"智慧政府"具有透彻感知、快速反应、主动服务、科学决策、以人为本等特征。随着物联网、云计算、移动互联网等新一代信息技术飞速发展,数字政府必将向"智慧政府"转变。伴随着经济社会发展,人们对政府的要求越来越高,传统政府的智能水平已经难以应付新的形势,必须拥有"智慧政府"才能适应经济社会发展的需要。正如某人社部门的一位老同志叫苦:"刚上班时,我把当地人社档案清理一遍只需要一个星期,现在我想把它清理一遍需要 15 年!"可见,现实迫使我们不得不走向数字化、智能化、智慧化。

9.4 智慧政府的主要表现

从目前的研究水平来看,"智慧政府"主要表现在办公智能化、服务智能化、决策智能化、监管智能化四个方面。

一是办公智能化。在智能办公方面,采用人工智能、知识管理、移动互联网等手段,将传统办公自动化(OA)系统改造成为智能办公系统。智能办公系统对公务员的办公行为有记忆功能,能够根据公务员的职责、偏好、使用频率等,对用户界面、系统功能等进行自动优化。智能办公系统有自动提醒功能,如代办件提醒、邮件提醒、会议通知提醒等,公务员不需要去查询就知道哪些事情需要处理。智能办公系统可以对代办事项根据重要程度、紧急程度等进行排序。智能办公系统具有移动办公功能,公务员随时随地可以进行办公。智能办公系统集成了政府知识库,使公务员方便查询政策法规、办事流程等,分享他人的工作经验。

二是服务智能化。在智能服务方面,能够自动感知、预测民众所需的服务,为民众提供个性化的服务。例如,如果某个市民想去某地,智能交通系统可以根据交通情况选择一条最优线路,并给市民实时导航。在斑马线安装传感器,当老人、残疾人或小孩过马路时,智能交通系统就能感知,适当延长红灯时间,保证这些人顺利通过。政府网站为民众提供场景式服务,引导民众办理有关事项。

三是决策智能化。在智能决策方面,采用数据仓库、数据挖掘、知识库系统等技术手段建立智能决策系统,该系统能够根据领导需要自动生成统计报表;开发用于辅助政府领导干部决策的"仪表盘"系统,把经济运行情况、社会管理情况等形象地呈现在政府领导干部面前,使他们可以像开汽车一样驾驭所赋予的本地区、本部门职责。

四是监管智能化。在智能监管方面,智能化的监管系统可以对监管对象的自动感知、自动识别、自动跟踪。例如,在主要路口安装具有人脸识别功能的监视器,就能够自动识别在逃犯等;在服刑人员、犯罪嫌疑人等身上植入生物芯片,就可以对他们进行追踪。智能化的监管系统可以对突发性事件进行自动报警、自动处置等。例如,利用物联网技术对山体形变进行监测,可以对滑坡进行预警。当探测到火情,建筑立即自动切断电源。智能化的监管系统可以自动比对企业数据,发现企业偷逃税等行为。智能化的移动执法系统可以根据执法人员需求自动调取有关材料,生成罚单,方便执法人员执行公务。

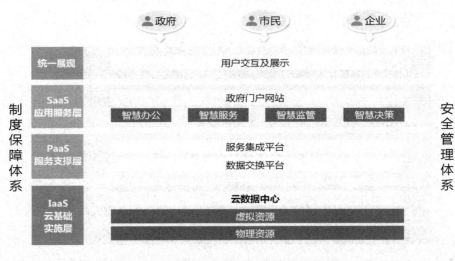

9-2:智慧政府构架结构示意图

9.5 智慧政府的显著特征

伴随信息技术的融合发展,信息时代的政府形态将与工业时代的政府形态显著不同。智慧政府将以用户创新、大众创新、开放创新、共同创新为特征。

第一,用户创新。即指公众参与政府创新过程。一方面是指用户参与政府提供公共服务产品的全过程,包括公共服务产品的设计、生产、提供及决策的全过程;另一方面,是指用户体验,IPv6 与物联网、云计算等新一代技术的发展所带来的移动泛在环境,将用户体验的层级拉到了三维,实现了虚拟与现实融合的泛在用户体验、用户创新,为以用户为中心、用户参与到公共产品的交互体验设计、公共决策中,不断的优化公共产品与服务提供了崭新的机遇。

第二,大众创新。互联网等新技术的出现,使得我们更方便的获取、交流、更新知识,BBS、博客、微博、维基等平台进一步推动知识收集、产生、共享的新模式,也改变了创新的形态,众包成为当今知识工作领域的一个突出现象。大众创新通过维基、微博等社会工具为公众提供创建、分享信息与知识的协作平台,激发大众的智慧,促进创新的涌现,汇聚群体智慧,为不断优化公共决策提供了新的机遇。

第三,开放创新。政府公共服务数据内容、数据标准及相关工具的开放,可以提供公众查询、下载、使用政府数据服务,包括数据标准的开放,方便社会对政府数据的使用和共享应用,以及市场、社会资源对数据的进一步深入开发利用,产生社会价值;同时,通过新技术的应用,可以用更低的成本、更方便的方式使公众参与到政策制定的过程;其三是政府部门充分利用外部资源,将行业专业服务资源以外包等形式纳入自身的创新服务体系之中。

第四,共同创新。未来政府的定位是掌舵而非划桨。利用新技术,通过电子公务等平台,不但可推动管理人员间的交流与合作,还可通过平台实现政府、企业及公众之间的互动、交流、协同,实现电子政务向电子公务的转变,从政府为主体的政府行政过程转变为政府、市场、社会三方协同的公共价值塑造过程,实现协同创新。

 9.6 智慧政府的成长路径

万丈高楼从地起。立足当下,面向未来,我们应该怎么做?为了迎接和拥抱未来的智慧政府,我们必须从以下几方面入手,才能最终使其水到渠成。

一是大力发展新一代信息技术产业。物联网、云计算等新一代信息技术产业是建设"智慧政府"的重要基础。要成就"智慧政府",必须重视发展新一代信息技术产业,使两者形成良性互动,以用促业,以业促用。各地要认真贯彻落实《国务院关于加快培育和发展战略性新兴产业的决定》,抓住机遇,加快培育和发展新一代信息技术产业。因地制宜,有选择性地发展物联网、云计算、三网融合、移动互联网、知识管理、Web 2.0、Web 3.0、智能软件、智能信息服务等产业。

新一代信息技术未来风口

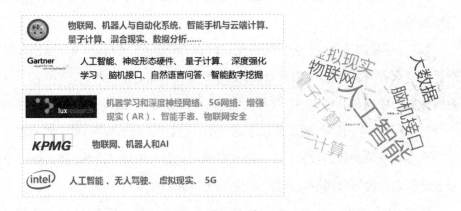

9-3:新一代信息技术列表

二是大力推广物联网和云计算技术。在车辆管理、食品安全监管、口岸监管、灾害预警、环境监测、大型活动管理、重要场所安防等领域推广应用物联网技术,提高有关政府部门监管水平和快速反应能力,减少人民生命和财产损失,方便人民群众生产生活。建设基于云计算技术的政府数据中心,推进政府部门机房大集中,实现统一运维。建设基于云计算技术的政府网站群,形成以政府门户网站为主网站、政府部门网站为子网站的政府网站群。建设基于云计算技术的政府信息平台,推进业务应用信息系统互联互通,促进信息共享和业务协同。

三是大力推广应用新一代互联网技术。在传统电子政务中,政府与民众的互动往往是单向的。例如,民众可以浏览网站,获取有关信息。随着微博、社交网络等 Web 2.0 以及 Web 3.0 技术的发展,为政民互动提供了新的手段。目前,欧美等发达国家的电子政务早已进入 E-Government 2.0 发展阶段。鼓励政府部门开通微博,加强与民众的沟通,促进和谐社会建设。强化互联网监管,适当开办一些社交网络,弘扬主旋律,倾听民众的心声和诉求。

四是大力推广新的应用系统。各地区、各部门要根据实际需求选取"智慧政府"建设的切入点。例如,对于行政办公部门,可以选取智能办公系统、政府知识管理系统、政务智能(GI)系统、场景式服务网站等作为"智慧政府"的切入点。对于行政执法部门,可以选取智能视频监控系统、人脸识别系统、智能执法系统等作为"智慧政府"的切入点。对于信息化主管部门,可以选取智能市民卡、智能应急联动系统、智能食品安全监管系统等跨部门应用系统作为"智慧政府"的切入点。对于其他专业管理部门,可以根据自身职能建设智能系统,如智慧

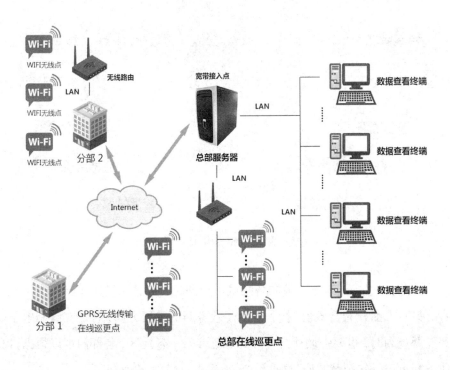

9-4:人脸识别巡更系统

交通、智慧国土、智慧民政、智慧农业、智慧旅游等。

　　五是大力推进一点多面的"智慧体系"建设。智慧政府建设是一个系统工程，其中，政府是一个城市的"大脑"，建设"智慧城市"的首要任务是建设"智慧政府"。"智慧政府"不仅强调新一代信息技术应用，也强调用户创新、大众创新、开放创新、共同创新，将实现作为平台的政府架构，并以此为基础实现政府、市场、社会多方协同的公共价值塑造，实现从生产范式向服务范式的转变。"智慧政府"先行的同时，还要推进经济、社会领域的智慧化建设，如智慧企业、智慧学校、智慧医院、智慧社区等。

9-5：智慧城市总体结构示意图

　　为此，一方面，各地在编制智慧城市规划时，要把"智慧政府"作为重要内容。另一方面，"智慧政府"代表着电子政务新的发展方向，各地在编制电子政务发展规划时，也要强调社会各方的广泛参与。各地区、各部门可以根据自身业务特点，开展"智慧政府"试点示范，最后以点带面，全面铺开。

9.7 透过智慧城市洞察智慧政府

智慧政府建设的成效会集中体现中智慧城市上。目前,我国正处于城镇化加速发展的时期,部分地区"城市病"问题日益严峻。为解决城市发展难题,实现城市可持续发展,建设智慧城市已成为当今世界城市发展不可逆转的历史潮流。韩国、日本、美国、新加坡等都先后提出智慧型基础设施建设计划,制定智慧城市框架,试图运用新一代信息技术来重新审视城市的本质、城市发展目标的定位、城市功能的培育、城市结构的调整、城市形象与特色等一系列现代城市发展中的关键问题。下面我们一起分享以下十个国际著名的"智慧城市"。

1. 维也纳

维也纳作为奥地利的首都城市,在智慧城市建设侧重于交通、住房、通讯、能源、资源等领域的节能减排,为此相继制定"智慧能源愿景 2050""2020 年道路计划""2012—2015 行动计划"等一系列规划文件,进一步明确智慧城市建设低碳减排目标。

(1)城市建设管理应用。维也纳政府大力推动"城市交通总体规划"和"电动交通计划",以改善城市建设管理中交通拥堵、尾气污染等问题。通过扩大铺设市区自行车线路和步行区范围,用户可通过公共自行车停驻站终端机实现注册、租赁、查询车辆信息和报修损坏车辆等操作,服务中心根据终端机发回的信息及时采取相关智能化措施,保障公共自行车租赁业务的顺利进行。相关部门配合建立相应的智慧资讯和指挥系统,从而实现提高环保交通与公共交通工具使用率的同时,保障交通资讯和票务的网络优化的目标。信息化技术在维也纳地下水管网排水系统中也得到充分应用。通过在地下管网不同枢纽区安装230 个监测设备,在暴雨天气时对管网内污水的流速、流量、水位等运行情况进行分层监测和实时监控,实时掌握管道淤积情况,保障水情及时疏通和其他可控操作。同时,维也纳管网公司设立 24 个气象监测站,通过与国家气象局紧密合作,及时向控制中心预报暴雨走向、降水量等,以随时跟进对排水管网的智能化管控。

(2)绿色城市建设。"城市供暖和制冷计划"充分体现维也纳在能源利用方面的成就。首先,供暖系统主要采用燃烧和气化技术将回收的固态垃圾和废水转化为新能源,满足地区暖气和热水需求,从而减少高能耗供暖设备的使用和二氧化碳排放量。城市制冷方面,接入节能技术城市制冷系统,该系统的基本能源需求只有传统制冷系统的 10%,保障在提供制冷需求的同时兼顾能源的节约利用。"城市供暖和制冷计划"实现了城市在供暖和制冷方面的低碳节能目标。维也纳在"市民太阳能发电厂"计划中提出到 2030 年可再生能源占据 50% 的能源,其中在建筑物构造方面充分融合了可再生能源利用的节能环保理念。建造房屋过程中通过把先进的保温、密封和通风技术有机地结合起来,营造出与外界相对隔绝的空间,最大限度阻止外部过冷或过热空气进入,充分利用屋顶太阳能装置保障室内温度达到符合人们正常生活需要的水平。通过最大限度利用可再生能源和先进节能技术减少对高能耗设备的使用,并改善建筑物构造原理,以此达到节能环保的效果。维也纳市政府在绿色采购方面起到良好的表率和带头作用。为引导和鼓励地区企业经营引入低碳环保管理理念,维也纳市政府加大对绿色产品和服务采购,相继颁布并全面实施 63 项生态采购标准,要求政府各部门及其下属事业部门严格执行此类标准,强化了维也纳政府对绿色城市建设的顶层设计和统筹引领作用,并由此成为世界上第一个正式实行政府采购绿色标准的城市。

2. 多伦多

多伦多作为加拿大国家金融中心和重要港口城市,是全球多元化都市之一。全球十大智慧城市排名中,多伦多位居第二,在智慧城市社会公共服务、城市管理以及节能环保等各方面取得良好的成绩。

(1)信息基础设施。通过引入私人领域开发商提供启动资金,多伦多市湖滨社区打造全新尖端网络设施,该光纤设施覆盖湖滨 East Bayfront 和 West Don Lands 地区内的所有建筑。社区内的居民与企业可直接与光纤相连,享受每秒 100 兆比特的高效无限互联网服务、无线社区网络及社区特有的门户服务等,为该地区吸引更多数字媒体及其他创新企业加入创造新的机遇。多伦多于 2011 年 9 月开通 LTE 商用网络,与 2G、3G 通信相比,4G 通信具有通信速度更快、网络频谱更宽、通信更加灵活、智能性更好、兼容性能更平滑、服务种类更多、通信质量更高、频率使用效率更高、通信费用更低等优点。TD-LTE 无线网络作为国际电联 4G 通信技术标准之一,以此向消费者和商务用户提供最优质的网络服务。电力呼叫中心平台采用 VAA 多媒体交换机系统,该平台具有业务咨询、自助查询、故障申报、抢修派单、调度管理、自动催缴与缴费、客户资料管理、回远程抄表、运行监控管理、数据接口管理等功能,确保客户与电力部门的正面连接。实现用户对电力消费情况的自我管理和电力公司对整个电力行业的智能管控。

(2)社会公共服务应用。多伦多的教学质量标准要求教师使用信息技术满足学习者的学习需求。例如,在线教学、在线研讨会、视频会议等远程教学被普遍用于多伦多市各大中小学校、学院以及其他组织机构中(包括企业、咨询公司、工会、协会、民间组织),实现网上授课和进行各种业务培训。信息化技术广泛应用于学习管理系统中,加强对相关教学管理信息的智能化管理和服务。

(3)城市建设管理应用。多伦多政府倾力打造名为"发现之旅"的生态网络和步行系统,推出城市短途自行车自助租赁服务,最大限度减少对高能耗车辆的使用,以此达到节能环保的效果。加强与私营机构的相互合作,制定多伦多智能通勤倡议,最早采用高速公路不停车电子收费和道路交通信息采集等先进技术,改善高速公路运营情况,提高交通运输效率。进一步提升城市运行交通管理智能化水平。

(4)绿色城市建设。为更好地有效回收垃圾,市政府为居民提供十多种语言的垃圾分类指示和垃圾回收日历,帮助居民正确处理垃圾分类。采用新型科技天然气引擎环保节能垃圾车,代替之前的柴油引擎,极大降低城市环境污染和噪声污染。在建筑方面,融入绿色有机外墙和绿色屋顶的技术,降低建筑本身的能耗。城市基础设施安装 LED 照明装置,大力推行"LED 节能照明城市"行动,推动市政当局之间合作开展节能照明活动。

(5)电子政务应用。建设 Wellbeing Toronto 网站,方便市民对多伦多 140 个社区的就业率、犯罪率、安全性、经济情况、健康情况、教育、住房、环境、人口情况、托儿服务以及交通情况等信息进行查询和比较。"WellbeingToronto"项目旨在帮助居民能够更好地了解所住社区,进一步加强市民对市政府的了解,加强公众与政府之间的连接和沟通,同时该网页上所登载的第一手民情资料,也给市政府提供相关议决参考,以便提供更符合市民需求的公共服务。

(6)信息服务产业。多伦多信息服务业企业的密集程度居加拿大之首,主要涉及软件、硬件、新媒体、通信设备、半导体、有线和无线服务等多元化企业。以信息通信技术为首的新技术应用,渗透了多伦多市几乎所有经济领域。多伦多都市区信息服务业从业人员约14.8万人,信息服务业年销售额超过325亿美元,年出口总额超过62亿美元。多伦多极具竞争优势的信息产业吸引了SAS加拿大公司等众多世界领先高科技企业入驻,通过信息服务业集群发展战略,多伦多已成为全球信息服务业研究与商务投资领域最具创新精神的区域之一。

3. 纽约

纽约市美国最大城市及最大商港,也是世界经济中心之一,21世纪初提出旨在促进城市信息基础设施建设、提高公共服务水平的"智慧城市"计划,并于2009年宣布启动"城市互联"行动。通过信息化建设的纽约市已经成为全球知识和信息交流中心与创新中心。

(1)社会公共服务应用。2005年纽约市启动电子健康记录系统,并于2009年由美国联邦政府与纽约市健康和心理卫生局共同推进该系统的建设和升级。目前,纽约市各大医院和社区医疗保健机构普遍采用全套电子病历系统,该系统极大方便了医生对病人病历的调档会诊,提高医疗措施的准确性。建立网上医疗信息交换系统,促进系统之间医疗信息交换和信息共享。开发移动医疗应用程序,为居民提供随时随地的医疗健康服务。随着信息技术在医疗领域的深入应用,电子医疗已经成为纽约吸引人才和创造就业关键的三大领域之一。加快推进宽带服务校园计划,扩大宽带铺设和数字服务覆盖率,加快纽约打造美国最大的无线网络覆盖城市。各大校园广泛推进智能图书馆和智能校务管理计划,利用无线射频识别、传感器等技术,创建智慧读者服务大厅和教学管理信息系统,实现自动图书管理和教务信息智能管理等。纽约大学致力于推进信息化在教学管理中的应用,通过升级Blackboard教学管理平台为基于Java语言开发 Sakai 平台,实现对教学管理特殊功能的个性化定制和设置,力争通过物联网等信息技术实现其连接全球各个社区的战略目标。

（2）城市建设管理应用。纽约智慧交通的建设始建 20 世纪末,目前已建成一套智能化、覆盖全市的智慧交通信息系统,成为全美最发达的公共运输系统之一。纽约智能交通信息服务系统可以及时跟踪、监测全市所有交通状态的动态变化,极大方便了机动车驾驶者根据信息系统发布的交通拥堵和绕行最佳路线的信息选择行驶路线,以及相关部门根据后台智能监控系统提供的路况信息进行交通疏通处理。纽约在全市范围内广泛推行 E-Zpass 电子不停车收费系统,这种收费系统每车收费耗时不到两秒,而收费通道的通行能力是人工收费通道的 5 到 10 倍。集成的 311 代理呼叫热线解决方案面向全体居民、游客及企业提供政府部门的单点连接,从根本上转变了城市公用事业运作方式。自设立 311 热线以来,911 报警电话的呼叫量 34 年来首次下降,通过整合代理呼叫中心节省大量资金,预计将节省数百万美元财政支出。首次启动先进城市报警系统,该系统能实时汇总并综合分析各种公共安全数据和潜在威胁资料,为执法人员快速准确应对提供科学依据,指挥人员也可以参照各种数据对不同来源的资料进行综合分析,制作相应作战指挥图。近年来纽约市政府对下水道系统进行一系列维修改造工程。建立全市下水道电子地图,清晰显示市内下水管道和相关设施,方便施工人员的下水道清淤等作业活动。通过在下水道井盖下方安装电子监视器,对水流、水质、堵塞等情况适时不间断监测,当下水道堵塞水流水位高于警戒线时,监视器就会自动发出警报,工作人员根据监视器发回的信息及时采取相应措施,最大限度地预防灾害的发生,进一步提高了全市下水道的运行能力。纽约市制定 PLANYC 和市民行为设计指南等项目,从土地、水源、交通、能源、基础设施、气候等方面制订相应实施计划,通过对城市温室气体排放的智能管理和市民参与式城市治理,实现到 2030 年将纽约建成"21 世纪第一个可持续发展的城市"战略目标。目前,纽约市启动"纽约市规划计划",对该市每座面积超过 5 万平方英尺的建筑物的能源使用情况进行年度测量和披露,旨在将纽约建设成为一个更加绿色、更加美好的城市。

（3）电子政务应用。纽约市通过《开放数据法案》将各部门所有已对公众开放的数据纳入统一的网络入口,通过便于使用、机器可读的形式在互联网上开放。这些数据主要是涉及人口统计信息、用电量、犯罪记录、中小学教学评估、交通、小区噪音指标、停车位信息、住房租售、旅游景点汇总等与公众生活密切相关的信息,同时也包括饭店卫生检查、注册公司基本信息等与商业密切相关的数据。同时改造升级政府部门的电子邮件系统,并建立"纽约市商业快递"网站,进一步提高政府工作效率和服务水平。

4. 伦敦

2009 年英国发布"数字英国"计划,明确提出将英国打造成世界的"数字之都",伦敦长期被视为欧洲金融首都,就政府如何更好地提高便捷公共服务的计划先后提出"电子伦敦"和"伦敦连接"计划。

(1)信息基础设施。为响应英国政府打造"数字之都"的战略规划,伦敦加快推进升级包括有线网、无线网、宽带网在内的数字网络建设,着力将伦敦打造成欧洲网络最畅通的城市。市民可以通过地铁站、博物馆,艺术中心,歌剧院等公共场所相应的免费 Wi-Fi 或其他免费应用程序,体验各种基于地理位置的便利信息和网上服务。虚拟伦敦项目采用 GIS、CAD 和 3D 虚拟技术,将伦敦西区 45 000 座建筑进行模拟,其成果覆盖近 20 平方公里的城区范围,为城市地理信息系统在城市景观设计、交通控制、环境、污染控制、减灾等诸多方面的应用提供新的视角。

(2)城市建设管理应用。启动"Oyster"非接触式借记卡,方便市民支付 80% 的公共交通服务费。火车安装全球定位系统,方便交通控制中心对火车位置及行驶情况的掌控。传感器技术在智能交通建设中得到广泛应用。例如,乘客随时可以在安装传感器的站台显示牌上了解车辆抵达时间和终点站;站台通过传感器可将等候的乘客发送给控制中心,方便调度人员控制车次和出车时间间隔;交警通过安装传感器的移动终端迅速获取违反车辆的车速、违反条款以及罚款数目等信息,提高基层交警处理违反交通规则事件的效率。推出电动汽车无线充电试用计划,采用无线感应式电力传输技术,增强智能电动汽车体验和普及应用。

(3)绿色城市建设。贝丁顿社区是英国最大的低碳可持续发展社区,其建筑构造是基于高能源利用角度考虑的。社区楼顶风帽是一种自然通风装置,设有进气和出气两套管道,室外冷空气进入和室内热空气排出时会在其中发生热交换,从而节约供暖所需的能源。由于采取建筑隔热、智能供热、天然采光等设计,综合使用太阳能、风能、生物能等可再省能源,与普通社区相比,该社区可节约 81% 的供热能耗以及 45% 的电力消耗,成为世界上第一个零二氧化碳排放社区。信息化技术在伦敦市垃圾处理方面也得到广泛应用。目前伦敦金融城已经设置遍布全市的带有液晶显示屏的数字化垃圾回收箱,所有垃圾回收箱与 Wi-Fi 相连,通过无线信号可以指示居民对垃圾处理分类,同时可以收取天气、气温、时间以及股市行情动态等信息,此外,该类数字化垃圾回收箱还能有效防止恐怖袭击,在一定程度上确保了城市管理有序进行和居民人身安全。这些高科技垃圾箱有望遍布伦敦各个地区,有效助推伦敦智慧城市建设。

(4)电子政务应用。早在 2000 年伦敦政府提出打造"电子政府"概念。英国大伦敦市政府(GLA)指定伦敦市的各级机构、公务员和其他数据捐助者把数据积累到一个公共数据库网络,创立伦敦开放数据网站,该网站提供多种搜索数据方式和所有数据目录下载功能。通过开放数据网站公众能够免费获得伦敦政府等机构组织在农业、运输、犯罪、社会保障、教育、医疗、人口等多个方面的统计数据。GLA 组织研发出相关手机移动设备应用软件,使公众通过手机终端就可以轻松浏览编辑这些开放数据,使得浏览、查询数据更加便捷

5. 东京

日本 2000 年开始加速国家 ICT 战略,继"E-Japan""U-Japan"之后推出"I-Japan 战略 2015",旨在到 2015 年实现以人为本"安心且充满活力的数字化社会",让数字信息融入社会生产生活的每一个角落。东京作为日本的政治中心、文化教育中心以及海陆空交通枢纽,在社会公共服务、智能交通建设、绿色城市建设等方面取得显著成绩。

(1)社会公共服务应用。在物联网技术应用普及上,"东京无所不在计划"取得巨大成功。该计划主要采用泛在的 ID 识别技术,将东京市内所设"场所"及"物品"赋予识别码,通过系统平台将各种信息传送到游客或消费者的手持式接收器上,手持接收器具有 RFID 识别、红外线扫描、429MHz 无线传输、Wi-Fi、

蓝牙传输等功能,用户通过接收器便可读取实体位置或物体上的资讯信息,将真实世界的资讯或内容进行数字化处理后与虚拟现实空间结合。东京电子病历系统在各类医院已基本普及,该系统整合了各种临床信息系统和知识库,极大方便了医生进行检查、治疗、注射等诊疗活动。医院采用笔记本电脑和 PDA 移动终端,方便医生移动查房和护士床旁操作,实现医护环节无线网络化和移动化。通过在家中设置感应器及无线网络,随时随地将患者的生理状况传送到医院数据系统,以提供更快速、便捷的远程医疗服务。"医疗健康云计算"系统作为"个人健康记录"的环节之一,将用户在家中测量的血压及体重等生命体征数据进行统一管理,与医院、诊所及保健所等保持联动。东京校园信息化服务项目主要包括:建立电子账户,使学生及时方便地与学校各部门沟通信息相互联系;借助校园网平台公布相关信息,其中主要包括学校作息时间、各项活动通知、就业信息,就业指导和就业服务等信息。在各大高校普遍建设"电子图书馆和数字化校",增加电子图书和电子期刊等资源数量,为教学和科研活动提供丰富的信息资源,实现整个校园从硬件基础设施、信息资源到组织活动的全方位数字化建设。各大高校提供基于 BS 模式的远程教育系统,提高远程教育画面的清晰度,实现教学资源的信息共享。

(2)城市建设管理应用。东京的公路交通、铁道运输系统以及通勤车站十分复杂,优化城市交通解决方案势在必行。东京市政府提出的"智能化高速公路"计划包括汽车、高速公路和交通管理三大块的优化方案。其中,在汽车方面,实现汽车高度信息化,车载终端可以利用外部信息选择最佳行驶方案,从而避免追尾、碰撞障碍物和违规行驶等问题。其次,包括高速公路在内的所有公路均由信息技术控制和监测,随时提供重组的信息服务,避免各种自然灾害的发生,进一步提升城市公路运行安全管理智能化水平。

(3)绿色城市建设。2008 年推行"绿色东京大学计划",利用信息技术以智能和智慧的方式降低电能消耗,减少碳排放量,改善城市环境。该计划以东京大学工程院信息网络为样板实验平台,利用传感器等先进元件及 IPV6 下一代互联网协议平台,将建筑内的空调、照明、电源、安全设施等子系统联网,形成兼容性综合系统并进行智能数据分析,实现对电能控制和消耗进行动态、有效地智能化配置和管理。与松下、埃森哲、东京煤气的合作下,建成包含太阳能电池板、蓄电池以及高效节能家电全部连接到智能电网的住宅,同时致力于推广智能移动解决方案。

6. 柏林

柏林的智慧城市建设主要由柏林市政府为促进经济社会发展而成立的专门机构柏林伙伴公司负责,其智慧城市主要致力于节能环保领域的建设。

(1)城市建设管理应用。柏林提出"2020年电动汽车行动计划",其中一个重要的项目是奔驰smart的car2go项目。在该项目中,注册用户可以在大约250平方公里的区域内租用配备有智能熄火/启动系统、空调和导航系统的车辆。用户可以通过car2go应用查询附近可用的car2go车辆等信息,很大程度上普及了电动汽车的广泛应用,并起到节能环保的效果。目前的智慧交通项目基本涵盖了私家车到电动汽车共享、企业车队,再到卡车货运、电动自行车的广泛目标。

(2)绿色城市建设。柏林"被动式节能住宅"建设处于世界领先水平。被动式节能住宅的能源主要源于可再生清洁能源,通过屋顶太阳能装置实现屋内供电,屋内自动通风系统通过从废气中提取热量实现为屋内空气加热的效果。被动式节能住宅是基于低能耗建筑发展起来的,对减少城市建设中二氧化碳排放量,改善生态环境有至关重要的节能作用。柏林在绿色城市建设方面主要采取PPP模式,即政府和企业合作的模式。合作有两种情况:一种是政府首先会在智慧城市建设某个领域提出顶层设计,并通过财政补贴的方式引导企业进行相关研究,从中选出合适的合作者。另一种是借助德国电信、西门子、宝马等大型企业以一个或几个城市作为试点推销本公司的某种产品或服务的机遇,促进当地政府与企业的合作。例如,柏林与大瀑布电力公司、宝马以及其他公司的合作中,测试汽车电网技术,有望通过电动汽车创造虚拟发电机组。

7. 香港

香港的智慧城市建设主要体现在信息化基础设施建设、信息化技术应用、保障措施建设三个方面。

(1)信息化基础设施。网络宽频服务是物联网、云计算等新一代信息技术的基础,香港的宽频网络覆盖广泛。截至2013年6月,已有2247080户宽频网络用户,住户宽频渗透率为 84.5%[2]。由于光纤的普及,香港主要网络服务公司的网络连接速度均在 100 兆以上,在某些网络服务商的互联网宽频服务网速可达 1000 兆。2013 年 10 月,互联网内容传输商 Akamai 发布的《互联网发展状况》中显示,2013 年第二季度香港平均高峰连接速度为 65.1Mbps,为全球最高水平。香港无线网络设施铺设同样取得巨大成就。2008 年,香港政府推出"香港政府 Wi-Fi 通"计划。如今,在所有公共图书馆、政府机构大楼、文化中心等公共场所,用户通过智能手机、iPad、笔记本电脑等互联网移动终端设备均可免费使用"freegovwifi"无线网络。截至 2013 年 8 月,香港的公共 Wi-Fi 服务热点达 19699 个,基本覆盖城市所有公共场所。同时开发 70 余种基本涵盖社会生活各方面的免费 App 应用程序,切实满足人们随时随地上网的需求,不断提升香港智慧城市发展的内在活力。

(2)社会公共服务应用。"医健通"是香港政府诸多电子健康记录合作计划之一,目前,医健通的功能主要用于运作医疗券计划和资助计划。为全面实现电子健康记录互联互通,香港医院管理局推出"公私营医疗合作——医疗病历互联实验计划及电子健康记录互通系统",通过医疗病历互联平台,私营医疗服务提供者可在得到病人同意下查阅其电子病历。目前,已有大量私营医疗机构参与该计划,实现私立医院与公立医院间的互联互通。通过电子健康记录系统,医生可根据病人的医疗记录和健康记录,以做出更为准确的医疗措施。

(3)城市建设管理应用。城市地理信息系统在城市规划、建设与管理的实际工作中取得显著效益,成为城市现代化管理的重要工具。目前香港已建成一个综合型的 GIS 系统,包括基本制图、专题信息、城市规划信息和地理信息检索等子系统,满足了港府和公众服务要求。香港的智能交通系统涵盖了从宏观到微观交通的各个方面,主要包括:区域交通控制系统、互联网上广播闭路电视影像、交通管制及监察系统、自动收费系统、八达通、电子停车收费系统、冲红灯摄影机及行车时间显示系统、行车速度图、交通控制中心、运输资讯系统、行车速度屏、香港乘车易和香港行车易智能手机应用程序等。智能交通系统提供的运输资讯以及发放全面的交通路况信息,不仅为出行者和道路使用者了解交通情况提供方便和便捷的服务,同时有助于政府部门对交通情况的有效地监控和管理。无线射频技术在香港机场行李确认及管理方面得到广泛应用。香港机场安装无线射频识别（RFID）行李确认及管理系统，与传统的行李分拣系统不同，该系统的行李标签里安装识别芯片，芯片记载有关该行李的简单信息，如行李主人姓名、航班号等。在行李分拣时，分拣系统通过无线电讯号可实现以非直线的角度快速、自动读取行李信息，识别率高达 97% 至 100%，而传统条码识别只能以直线角度在视线内识别，且识别率仅为 80%。香港机场无线射频识别行李确认及管理系统保障了行李分拣的准确度和机场工作效率。

（4）电子政务应用。为了方便普通大众网上办事等事宜，香港政府推出"香港政府一站通"网站（www.gov.hk）。2010 年，该网站新加入个人账户注册功能，提供"我的政府一站通"服务，实现查询政府账单、税务等服务。该网站提供公众最常用的政府服务和政府信息的两个板块（如图）："我要知……"和"我想……"。其中，"我要知……"板块主要提供出入境、通讯、税务、医疗保健、教育培训、法律治安、环境等信息；"我想……"板块主要提供证件的预约申请以及政府网站和设施的查询工作。"香港政府一站通"整合政府不同部门职能，有利于政府各部门之间信息共享和政府云建设。

（5）信息安全保障。香港政府制定并修订了《电子交易条例》，确立电子签名和电子记录与传统纸质文件同等法律地位，进一步保障了电子交易的有效性和安全性。在互联网管制方面，香港政府指定了香港互联网注册管理有限公司负责管理及编配香港地区互联网顶级域名（.hk）下的域名。

8. 斯德哥尔摩

瑞典首都斯德哥尔摩是一座历史悠久的城市，其智慧城市建设的概念和布局可由欧洲学术方面研究所得的"智慧城市发展金字塔"表示。

（1）城市建设管理应用。为改善瑞典首都斯德哥尔摩交通拥挤严重的现象，在通往市中心的道路上设置 18 个路边控制站，通过使用 RFID 技术以及利用激光、照相机和先进的自由车流路边系统，可以自动识别进入市中心的车辆，自动向在周一至周五（节假日除外）6:30 到 18:30 之间进出市中心的注册车辆收税。通过收取"道路堵塞税"减少车流，交通拥堵降低 25%，交通排队所需的时间下降 50%，道路交通废气排放量减少 8%—14%，二氧化碳等温室气体排放量下降

40%。通过智能公共交通系统,用户可以随时随地用手机查阅交通工具到达时间,也可以通过短信来买票。

(2)绿色城市建设。为进一步改善城市环境,斯德哥尔摩市建成各种电子垃圾桶,分别用于接收食物垃圾、可燃物垃圾以及废旧报纸等不同类别的垃圾。垃圾桶通过各自的阀门与同一条地下管道相连,阀门分别在每天自动打开两次,不同类别的垃圾进入地下管道,并以每小时70公里的速度被输送到远郊,在电脑的控制下自动分离并输送到不同的容器里,使用新技术进一步提升垃圾处理效率,改善城市建设环境。

9.首尔

韩国政府启动以首尔为代表的智慧城市建设,该计划被称作U–City(如图(6),其核心即通过建设遍布整个城市的互联网网络使市民可以从各个角落方便地使用或办理各项社会服务。首尔市政府在"智慧首尔2015"计划中,提出"利用大数据解决市民小烦恼"的口号,努力打造以人为本,以信息技术为基础的富有创造力的智慧城市。

(1)信息化基础设施。首尔市的网络系统由正在普及的公共免费无线网络、连接市政府与各区政府的专用政务网络以及监控探头网络三个部分组成。2003年建成"e–首尔网"行政光纤网络,并在2011年对该网络进行了升级,为了适应移动互联网技术的发展,开发一系列智能手机应用,其中以"智慧首尔地图"为代表,用户通过该应用可以查询市区免费无线网络热点、图书馆以及行政信息等,同时推广建立NFC(近距离无线通信技术)基础上的支付系统。目前正在推行的"智慧首尔2015"计划目的也是为了增加智能设备普及率并让新用户学会使用这些智能设备。

(2)城市建设管理应用。在城市设施管理方面,利用无线传感器网络发回的信息,随时随地掌握道路、停车场、地下管网等设施的运行状态;在城市安全方面,利用红外摄像机和无线传感器网络,在监测火灾时突破人类视野限制,提高灾难监测自动化水平;在城市环境方面,智慧环境系统可自动将气象和交通信息发送到市民的移动终端,为市民是否适宜户外运动提供信息服务。在城市交通方面,智慧交通系统可实现对公交信息和公共停车信息的管理,并智能地实现支持残障人士出行和控制交通信号。在城市生活方面，首尔街道或广场安装有一种生态友好的媒体显示屏，这种显示屏利用电子芯片，可以使 LED 的能耗降低 26.7%。

（3）电子政务应用。为促进信息化技术的广泛应用，首尔市政府全力打造电子政府。首次开始通过社交网络服务（SNS）施政，进一步提高了市政透明度和开发性。完善"市民参与预算制度"和"首尔市民规划参与团"等，力争使市民随时随地参与到市政预算使用、城市未来规划等各项政府机构事务中。目前，首尔市行政审批、费用缴纳、各类证件办理等市政业务已全面实现移动终端查询办理。现阶段首尔政务领域建设的重点工作是扩大公共服务范围，实现电子政务服务"惠及所有人"，从而实现无差别无歧视的信息化市政公共服务和高效率、智能化的政府工作。

10. 新加坡

新加坡政府大力推动"智慧国 2015"计划，利用信息与网络科技提升数码媒体与娱乐、教育与学习、金融服务、电子政府、保健与生物医药科学、制造与后勤、旅游与零售等七大经济领域，意在使新加坡达成一个信息技术产业所驱动的智慧国家。

（1）信息化基础设施。新加坡高速宽带网络竞争非常激烈，截至 2013 年 10 月，新一代高速宽带的覆盖率已达 95%，增值应用和提升用户黏性已成为各网络运营商的业务发展侧重点。实现"三网合一"和无线覆盖，每个家庭通过网络适配器就可满足电视、电话、宽带上网，同时还可提供收费电视和无线网络服务的功能。手机 3G 服务已覆盖新加坡全岛，并计划到 2016 年将被 4G 服务全面替代。政府进一步通过渐进式部署地面（AG）设施和异构网（HetNet）技术建立无线热点，使手机和平板电脑能在移动网络和 Wi-Fi 热点之间无缝切换，同时预留建设超级 Wi-Fi 网络频谱，以实现 Wi-Fi 网络信号传输距离更远、覆盖范围更广、能耗更低。

（2）社会公共服务应用。建立综合医疗信息平台，该平台是基于互联网信息技术建设的新型医疗行业综合信息服务系统。通过整合医疗信息资源，利用传感器、电子记录等多种信息化手段，将医疗相关服务一体化，改变人们传统就医方式，提升医疗信息共享水平和就医效率。开发建成 Carestream 医疗影像信息管理系统，通过该系统，可以在任何地方快速地访问影像数据，为集团下属的医院、专科中心与诊所创建一个统一的患者影像档案，以及更好地访问 SingHealth 和 EH Alliance 旗下医院、专科中心和诊所的信息。信息技术在教育领域中的应用十分广泛。"未来学校"项目把人工智能以及自动在线系统等创新技术应用于教学过程中，实现对课程评估、教学内容和学习资源共享、人力资源开发等信息化处理。新加坡资讯通信管理局联合新加坡教育部推出第三代未来教室项目，打造一个融合动力学、4D 沉浸技术、语义搜索以及学习分析等 20 多种新技术在内的智能教室空间。通过利用资讯通信技术，极大促使学校内部、学校之间，以及学校与外部世界之间的联系更加密切和有效，增强教育管理的有效性。

（3）城市建设管理应用。新加坡在城市智能交通建设方面推出多个智能交通系统，连接公交车系统、出租车系统、城市轨道交通系统、城市高速路监控信息系统、道路信息管理系统、电子收费系统、交通信号灯系统等子系统。城市智能交通管理体系的规划和建设大致经历了交通管理系统整合、公共交通系统整合、智能交通体系建设三个阶段，实现了对城市智能交通建设的智能化管理，为出行者和道路使用者提供方便和便捷，同时更注重对车辆最佳行驶路线、繁忙时间道路控制、公共交通的配合和衔接，为高密度的人流和车辆提供优质的服务。

新加坡城市公共安全监管体系规划将整个城市综合安全防范与治安监控的整体技术性能和自动化、多功能的协同联动响应能力作为其基本要求，同时重视城市公共安全管理在信息层面上的执行和运作过程。建立新加坡全岛统一的城市公共安全信息平台，通过实时监测城市公共安全运行情况，实现对影响城市公共安全事件的快速发现，实时响应、协同处置的统一监管、信息集成、高效协同指挥，并将城市公共安全各单一业务及监控系统在网络融合、信息交互、数据共享。在路灯和公交车站等室外公共场所部署与光纤相连的技术设备，该设备与具有检测空气污染情况、雨量或交通堵塞情况等功能的传感器相连，通过传感器发回的信息方便工作人员采取措施，达到监测环境质量和清淤的目的。新加坡当局研发出能够报告垃圾桶是否装满垃圾的传感器以及发现并提醒乱丢垃圾者捡起垃圾的摄像头，这种带有语音提示的传感器和摄像头对增强市民环境保护自觉性有很大的帮助。充分利用海浪发电、太阳能光伏发电等再生清洁能源并网供电,极大节省发电能耗。

(4)电子政务应用。电子政府作为新加坡智慧城市建设的一部分,其建设先后分为几个阶段:第一阶段:以推进新加坡政府机构办公自动化为重点,引导、带动全社会信息化水平的提高。第二阶段:实施"国家信息技术计划",建成连接23个政府主要部门的计算机网络,逐步推进政府跨部门的行政业务流程实现自动化与集成化。第三阶段:建立包含广泛公共服务的网络体系,推行融合政府资源的电子服务。第四阶段:设计电子政务的主体框架和各个层面的具体应用,提供最广泛的公共事务网上服务。目前,新加坡已经建立起一个"以市民为中心",市民、企业、政府合作的电子政府体系,市民和企业可随时随地参与到各项政府机构事务中。

以上十个城市的先进案例告诉我们,智慧城市其实质是利用先进的信息技术,实现城市智慧式管理和运行,进而为城市中的人创造更美好的生活。

数字政府

· 第 十 章 ·

数字政府的"立身之地"

数字政府一词很热火，因而一些地方官员几乎逢会必讲。然而，有些地方互联网没有普及，大数据中心没有建设，有的甚至连一个统筹性的机房都没有。数字政府何以"安身立命"？在我国中西部，这样的地方依然存在。

数字 政府

当前,数字政府一词很热火,因而一些地方官员几乎逢会必讲。然而,有些地方互联网没有普及,大数据中心没有建设,有的甚至连一个统筹性的机房都没有。数字政府何以"安身立命"?在我国中西部,这样的地方依然存在。

本章主要论述数字政府的建设基础,是数字政府的"立命之基"。

10.1 没有大数据中心就没有数字化

当前,国内越来越多的城市将发展的目光投向数字政府、数字经济以及智慧城市建设。2013年,住房和城乡建设部公布了首批90家智慧城市试点名单,智慧城市作为未来城市发展形态从概念逐步走向建设和应用。

而数字政府、数字经济、智慧城市首先要做的一件事就是解决大数据的问题。智慧城市一定是基于大数据,没有大数据就没有智慧城市。由于各个国家的国情千差万别,智慧城市没有可以直接照搬的模型,也没有可以复制的硬性标准。智慧城市该如何去做,需要进行深度的思考,也需要各个城市通过不断实践来检验。

如今,物联网时代来临让智能化技术应用达到了一个新的高度,这个智能化的阶段,会对城市整个运营和管理乃至服务产生一个很深远的影响。智慧化设备让我们所处的社会处在一种全面可感知的状态,这样就帮助城市的运营管理实现数字化、智能化,公共服务体现平等和个性化。移动互联网的发展更加速了这一过程,它首先带来了大数据,大数据是数字化、智慧化的基础。没有大数据中心,数字化、智慧化,就是一个空架子,一个漂亮的说辞。

大数据中心是政务必备。数字化、智慧化落地,最重要的工作就是建立大数据中心。比如,智慧城市面临的问题就是人的问题,我们的信息是部门私有化的,大家不愿意拿出来,是极度分散的。政府有很多有用的信息,但是没有共享出来,如果不解决这个问题,没有办法建设智慧城市。

要实现数字化、智慧化,首先需要突破部门的利益壁垒,建立一个开明的,至少能促进信息自由共享和交换的一个环境。因而,需要有上一级横向信息主管部门,牵头成立一个城市的大数据中心以及运营团队,其职责是负责相关信息的整合共享、实时监控,实现多部门的协同,并通过应用平台提供开放式的服务。比如智慧城市运营中心,应该是一个高效协同的平台,能够协调进行数据分享、数据分析的工作,包括绩效考核、激励措施等等系统,可以处理城市应急事件和城市公共服务事件。形象地说,智慧城市的运营中心是一个城市的心脏。与此同时,为实现这一点需要做好立法工作,规定好哪些信息需要保密,哪些信息可以共享,在保护好信息安全的基础上最大限度让信息得以充分利用。

以前,我们由于受到技术的限制,往往都是通过虚拟三维技术来打开虚拟之门,这个技术比较复杂,制作工艺流程非常烦琐,费用也相当高。如果通过过去这种方式来完成中国的数字化,那几乎是不可能完成的工作。当前,地理信息技术为我们凿开了现实和虚拟之墙,移动测量与实景三维技术帮我们打开了通向虚实社会的大门。据悉,作为移动测量与实景三维技术的服务商,立得公司通过15年的发展形成了从移动测量技术、实景三维智慧城市解决方案到移动互联网产品等覆盖全产业链的技术、产品与服务,形成了从智慧城市顶层设计到整合、实施建设的全方位解决方案。其主要产品和解决方案包括:空/陆基移动测量系统、GNSS/INS 惯性组合导航系统、"采、编、存、发、用"一体化数据生产及服务云平台、面向车联网及公众的"我秀中国"实景地图网站以及为城市管理、公安、应急、交通、铁路、旅游等行业定制的信息化解决方案。而这一切,没有大数据中心作支撑,大量的数据就无处存放和处理。

10.2 没有大数据中心何谈云计算

近年来,大数据中心从无到有,从小机房、独立建筑物到大园区,大数据中心快速增加。截至 2019 年底,中国大数据中心数量约 7.4 万个,约占全球数据中心总量 23%。但这还远远不够,因为在中国中西部,这项工程还没破土动工。

在这个大数据的时代,数据的重要性不言而喻,越来越多的行业和企业将数据当作核心资源、资产和财富,纷纷制定数字化转型战略,以抢占数字经济新的制高点。然而,没有大数据中心,大数据、云计算等,一切都无从谈起。

互联网和云计算支撑着世界的联系和运转,而大数据中心在互联网和云计算的高速发展中起着重要基础性作用。大数据中心能够帮忙企业推动信息储存和处理能力的发展、发现和满足新的市场需求、节约成本、促进企业转型升级。大数据、物联网、人工智能等新兴技术融合,实现各行各业的数字化转型的跨越式发展。此外,无论是政府的数字化、智能化,还是经济社会的数字化、智能化,大数据中心作为信息化发展的基础设施和数字经济的底座,有利于促进数据要素参与价值创造与分配。

大数据中心不仅仅是传统的数据中心及其承载的分布式海量数据储存和处理的能力,更重要的是运用大数据的思想和技术,在这套大数据中心之上,使产业上下游能更好地利用这些大数据中心基础设施上提供的储存、处理和数据服务能力,来赋能各行各业的数字化、智能化转型,实现产业升级。加快大数据中心的建设及投入使用,对信息产业、制造业、能源和公共事业、金融服务、交通运输等各行业都会产生重大影响。

然而,在大数据中心建设中,传统建设模式面临诸多挑战。(1)灵活性差,难以适应多变需求。一次性建设模式与分阶段使用模式成为矛盾。一旦需求发生变化,已建成的数据中心对新需求无所适从。(2)工程复杂,建设周期长。机房平均建设周期为 500 天,业务上线时间需要 90 天。按专业设计、建设,8 大系统交叉施工,工程复杂建设时间长。而 IT 业务要求上线时间大幅缩短,需要快速部署抢占商机。在节奏日益加快的数字化时代,快速部署、快速应用是非常重要的。(3)能耗高,初期投资高。传统数据中心的建设配套设施需要一步到位,配电系统、空调系统和UPS系统等都需要一次建好,但实际使用的负荷是逐步增加的。这样造成很长一段时间达不到额定的负载能力,造成浪费,导致数据中心高能耗运营。(4)管理效率低,运维体验差。传统数据中心中的各种系统都是分别建成的,造成监控集成度低,部分仍需人工巡视,不能真正实现综合管理,运维体验差。出现故障时,不能快速定位,耗时耗力。

针对以上这些问题,为了更加灵活、快速地响应用户的需求,需要更具弹性、更节能及部署更快捷方便的设计与解决方案,模块化数据中心的设计理念应运而生。大数据中心的模块化概念可分为三个层级:(1)建筑级:大规模的数据中心园区由多个数据中心建筑单体组成,结合整个园区的的供电、供水和光缆等总体基础设施建设,每个数据中心建筑单体可作为一个模块。(2)机房级:在一个数据中心建筑单体内,将供电、供冷和公共区域等前级配套基础设施进行整体规划建设,后级的数据中心机房划分为数个模块化机房,根据不同的需求和进度灵活分批、分期建设。(3)设备级:目前设备级数据中心的一个典型案例就是集装箱数据中心,在集装箱框架内集成IT机柜、UPS、空调和消防等所有机房设备。集装箱数据中心对空间场地要求较低,只需将管道、管线敷设到位即可,可以实现快速部署同时降低建造成本。国外有不少应用案例,主要应用于大空间的单层仓储式建筑。国内由于大多是楼宇式建筑,吊装上楼是一大难题,因此应用得较少。

为了减轻大数据中心的能耗,专家们进行了专业研究。数据中心按其功能可划分成如下几个模块:IT设备、电源系统、制冷系统。因而有了大数据中心节能三定律。(1)IT设备节能是机房节能的基础:采用低能耗主设备是最重要的机房节能措施:IT设备能耗是数据中心总能耗最主要的决定因数;随着PUE标准的采用,IT设备能耗占数据中心总能耗的比重会越来越高。(2)空调设备节能是机房节能的关键:消除274W机房热需要消耗107W的电,采用空调系统节能综合方案是机房节能的关键。(3)供电系统节能是机房节能不可缺的要素:采用高效率的供电系统是机房节能要素。

数据中心节能新技术的应用包括:(1)超大型数据中心的中央空调的主机,已大量使用冷水机组。(2)20kV的电源电压等级已成为市电引入的电压等级。

（3）高频 UPS 已在数据中心不间断电源领域上的应用。（4）液冷的行间空调已广泛应用到高密度计算机房。（5）容灾备份系统已在高密度机房得到广泛采用。（6）三联供系统正稳步推进。（7）智能化的先进技术全方位的渗入到数据中心的领域。（8）动态及飞轮 UPS，新型不间断电源正逐步进入数据中心领域。（9）虚拟化,云计算的软件备份(2N),正部分的取代硬件的 2N。

在大数据中心建设过程中,还有以下方面值得注意。（1）对于执行安全、精准、短时延以及连续不断的数据处理与共享操作为主的数据中心而言, 由于它们对"业务运行中断"的容忍度为零, 宜选用 Tier-4 级的工频机 UPS 供电系统。典型应用行业为金融、民航、石化和军用等领域。（2）对于执行海量存储、高速信息查询的分布式数据处理与共享操作为主的数据中心而言, 由于能容忍偶发性或短暂性的业务中断, 并追求利润最大化, 宜选用 Tier-3 级、Tier-2 级为主, Tier-4 级为辅的高频机 UPS/HVDC 供电系统。典型应用行业为 BAT、电信及托管企业。（3）对于执行超高速,超大容量的工程和科学计算的超算中心而言, 由于允许执行"间断性"的运算, 为了降低 Capex, 宜选用 Tier-2 级 UPS 或 Tier-0 级的市电供电系统。（4）对于既不允许出现"长时间的业务中断"和追求使用便利化、又面临维护能力较弱和地处偏远地区的局面的中、小用户, 宜选用 Tier-2 级模块化 UPS 供电系统。

10.3 新基建写进政府工作报告

要实现数字化转型,5G、大数据中心成为前置条件,因此,这些基础性工程越来越引起国家重视。从以下高层指令可以看出其受重视的程度。

2018 年 12 月 19 日至 21 日,中央经济工作会议在北京举行,会议重新定义了基础设施建设, 把 5G、人工智能、工业互联网、物联网定义为"新型基础设施建设"。随后"加强新一代信息基础设施建设"被列入 2019 年政府工作报告。

2019 年 7 月 30 日, 中共中央政治局召开会议, 提出"加快推进信息网络等新型基础设施建设"。

2020年1月3日,国务院常务会议确定促进制造业稳增长的措施时,提出"大力发展先进制造业,出台信息网络等新型基础设施投资支持政策,推进智能、绿色制造"。

2020年2月14日,中央全面深化改革委员会第十二次会议指出,"基础设施是经济社会发展的重要支撑,要以整体优化、协同融合为导向,统筹存量和增量、传统和新型基础设施发展,打造集约高效、经济适用、智能绿色、安全可靠的现代化基础设施体系"。

2020年3月4日,中共中央政治局常务委员会召开会议,强调"要加大公共卫生服务、应急物资保障领域投入,加快5G网络、数据中心等新型基础设施建设进度"。

2020年3月6日,工信部召开加快5G发展专题会,加快新型基础设施建设。

2020年4月报道,新基建主要包括5G基站建设、特高压、城际高速铁路和城市轨道交通、新能源汽车充电桩、大数据中心、人工智能、工业互联网七大领域,涉及诸多产业链。

2020年4月20日,国家发改委创新和高技术发展司司长伍浩在国家发改委新闻发布会上表示,新基建包括信息基础设施、融合基础设施和创新基础设施三方面。

2020年5月7日,从上海市政府新闻发布会上介绍的《上海市推进新型基础设施建设行动方案(2020—2022年)》获悉,上海初步梳理摸排了这一领域未来三年实施的第一批48个重大项目和工程包,预计总投资约2700亿元,各级政府投资约600亿元,其余2100亿元是社会投资。

2020年5月22日,《2020年国务院政府工作报告》提出,重点支持"两新一重"(新型基础设施建设,新型城镇化建设,交通、水利等重大工程建设)建设。

2020年6月,国家发改委明确新基建范围,提出"以新发展理念为引领、以技术创新为驱动、以信息网络为基础,面向高质量发展的需要,打造产业的升级、融合、创新的基础设施体系"的目标。

10.4 新基建的定义和主要内容

新基建是智慧经济时代贯彻新发展理念，吸收新科技革命成果，实现国家生态化、数字化、智能化、高速化、新旧动能转换与经济结构对称态，建立现代化经济体系的国家基本建设与基础设施建设，包括绿色环保防灾公共卫生服务效能体系建设、5G—互联网—云计算—区块链—物联网基础设施建设、人工智能大数据中心基础设施建设、以大健康产业为中心的产业网基础设施建设、新型城镇化基础设施建设、高新技术产业孵化升级基础设施建设等，具有创新性、整体性、综合性、系统性、基础性、动态性的特征。

2020 年 4 月 20 日，国家发改委给出说法。新型基础设施主要包括三方面内容：（1）信息基础设施，主要指基于新一代信息技术演化生成的基础设施，比如，以 5G、物联网、工业互联网、卫星互联网为代表的通信网络基础设施，以人工智能、云计算、区块链等为代表的新技术基础设施，以数据中心、智能计算中心为代表的算力基础设施等；（2）融合基础设施，主要指深度应用互联网、大数据、人工智能等技术，支撑传统基础设施转型升级，进而形成的融合基础设施，比如，智能交通基础设施、智慧能源基础设施等。（3）创新基础设施，主要指支撑科学研究、技术开发、产品研制的具有公益属性的基础设施，比如，重大科技基础设施、科教基础设施、产业技术创新基础设施等。伴随技术革命和产业变革，新型基础设施的内涵、外延也不是一成不变的，将持续跟踪研究。

10.5 新基建的七大产业链

新基建是与传统基建相对应，结合新一轮科技革命和产业变革特征，面向国家战略需求，为经济社会的创新、协调、绿色、开放、共享发展提供底层支撑的具有乘数效应的战略性、网络型基础设施。其中包括 5G 基建、特高压、城际高速铁路和城市轨道交通、新能源汽车充电桩、大数据中心、人工智能、工业互联网等七大领域。

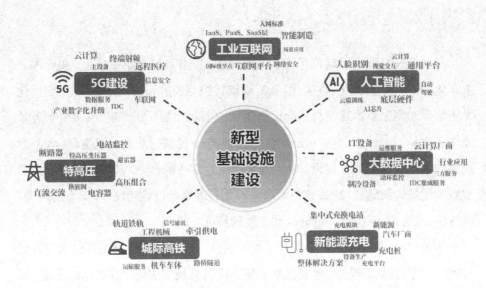

10-1：新基建 7 大领域

下面将从行业定义、产业链全景、产业发展现状规划等角度深入分析新基建七大产业发展现状及前景。

（1）5G 基建。5G 作为移动通信领域的重大变革点，是当前"新基建"的领衔领域，此前 5G 也已经被高层定调为"经济发展的新动能"。不管是从未来承接的产业规模，还是对新兴产业所起的技术作用来看，5G 都是最值得期待的。实际上，我国重点发展的各大新兴产业，如工业互联网、车联网、企业上云、人工智能、远程医疗等，均需要以 5G 作为产业支撑；而 5G 本身的上下游产业链也非常广泛，甚至直接延伸到了消费领域。整体看，5G 网络设备投资将成为 5G 直接经济产出的主要来源，电信运营商在 5G 网络设备上的投资将超过 2200 亿元；预计 2030 年，互联网信息服务收入达到 2.6 万亿元，各领域在 5G 设备上的支出将超过 5200 亿元。5G 产业链条非常之广，含零部件、主设备、运营商和下游应用等环节。前期投入主要包括无线设备、传输设备、基站设备、小基站、光通信设备、网络规划实施等。从应用方向上看，5G 应用包括产业数字化、智慧化生活、数字化治理三大方向；5G 通用应用（即未来可能应用于各行业各种 5G 场景的应用）包括 4K/8K 超高清视频、VR/AR、无人机 / 车 / 船、机器人四大类；

5G应用到工业、医疗、教育、安防等领域,还将产生X类创新型行业应用。

（2）特高压、电力物联网。特高压,指的是±800千伏及以上的直流电和1000千伏及以上交流电的电压等级,它能大大提升我国电网的输送能力。我国是世界上唯一一个将特高压输电项目投入商业运营的国家,早在1986年就开始特高压建设。我国特高压建设潜力依然庞大,截至2019年1月,国家已经规划的各类特高压项目大概在50—60条之间。另外,国家电网早已经启动混改并首次向社会资本开放特高压投资,通过解决资金问题进一步增加特高压持续建设的确定性。2020年电网投资有望超预期,特高压建设加速,同时在电力物联网、芯片/IGBT、配电网等方面仍有结构性增长,稳基建背景下电网加大投资推动龙头公司业绩好转。特高压相关产业链可以分为上游的电源控制端、中游的特高压传输线路与设备、下游的配电设备。其中特高压线路与设备是特高压建设的主体,可进一步分为交/直流特高压设备、缆线和铁塔、绝缘器件、智能电网等。

（3）高铁、轨道交通。高铁是中国技术面向世界的名片,也是中国交通的大动脉;与此同时,在城市化进程中,轨道交通是关键一环。当下,不少重大高铁项目的正在紧锣密鼓的建设之中;与此同时,许多城市正式大力推进城市轨道交通建设,即使是轨道交通相对发达的北上广深,仍有非常大的缺口。就产业方向而言,城际高速铁路和城际轨道交通的产业链条也非常长,从原材料、机械到电气设备再到公用事业和运输服务,它将在推动整个社会发展和交通数字化、智能化方面起到基础性作用。轨道交通产业链环节较长,机械设备聚焦中游。经过数十年发展,轨道交通自身产业结构完整,主要包括设计咨询、建设施工、装备制造、运营和增值服务四个环节。设计咨询是工程开工前期的设计和可行性咨询环节,包括咨询、规划、勘察、测量和设计等域;工程建设指轨道交通项目施工环节,可分为工程建设总承包、土建施工和机电安装,安装机电包括通信、信号、牵引供电和电力供电系统,即"四电集成"工程;装备制造主要指轨道交通的车辆系统和机电系统的制造,涉及机械制造、电子信息、高分子材料等多个领域;运营维护及增值服务,包括轨道交通传统的运营管理和物业、广告、媒体商业、资源开发等行业。

（4）新能源汽车、充电桩。《智能汽车创新发展战略》提出,推动有条件的地方开展城市级智能汽车大规模、综合性应用试点，支持优势地区创建国家车联网先导区。在培育新型市场主体方面，提出鼓励整车企业逐步成为新能源智能汽车产品提供商，鼓励零部件企业逐步成为智能汽车关键系统集成供应商。截至 2019 年 10 月，全国公共充电桩和私人充电桩总计保有量为 114.4 万个，同比增长 66.7%——尽管增长看似非常迅猛，但充电桩的缺口依然很大。目前根据国家四部委联合印发的《电动汽车充电基础设施发展指南（2015–2020 年）》，到 2020 年，新增集中式充换电站超过 1.2 万座，分散式充电桩超过 480 万个，以满足全国 500 万辆电动汽车充电需求——显然，整个领域还有很大的增长空间。充电桩全产业链涉及上游充电桩及充电站建设及运营所需设备的生产商，包括充电桩和充电站的额壳体、底座、线缆等主要材料供应企业和充电设备生产商；充电桩产业链的中游为充电运营商，负责新时期充电桩的运营，充电桩下游的整体解决方案商，能够统筹上下游及客户需求，合理布局提供整体的运营方案。

（5）大数据中心。大数据中心，可以说是海量信息时代的挪亚方舟。新兴产业的未来发展将大量依赖于数据资源，因此从国家政务到各大行业，建立数据中心将有助于促进行业转型和实现企业上云。根据市场研究机构 Synergy Research 的调查数据，全球顶级云计算服务提供商要想在市场竞争中获得成功，每家公司在基础设施方面的支出至少达到每季度 10 亿美元的投资水平。而全球数据总量每 18 个月翻番，数据中心建设会跟不上大数据爆发的步伐。观察中国 IDC 市场，2017 年的在用数据中心达 1844 个较上年增长 12.4%，其中超大型数据中心 36 个较上年增长 125%，大型 166 个较上年增长 52%。与此同时，中国超大型数据中心数量占全球比由 2017 年的 8% 提升至 2019 年的 10%。中国 IDC 数量增长速度明显快于全球。大数据中心产业链包括：上游基础设施及硬件设备商、中游为运营服务及解决方案提供商、下游为数据流量用户，温控设备是底层设施的保障。大数据中心是新基建的能量，汇聚了所有行业的数据、存储和分析，其重要性可见一斑，而大数据中心背景下，IDC 和服务器是枢纽，也是行业最先受益的重要领域。

（6）人工智能。2020 年 1 月 21 日五部门发布《加强"从 0 到 1"基础研究工作方案》，人工智能被作为第一个重大科学问题给予重点支持；2020 年 3 月

3日三部门联合印发《关于"双一流"建设高校促进学科融合 加快人工智能领域研究生培养的若干意见》。目前就市场判断看,2016年全球人工智能市场规模6.4亿美元,权威机构预测其到2025年市场规模将达到369亿美元,年均复合增速达57%,2015年国内人工智能市场为12亿元,到2020市场规模将达到91亿元,年复合增长率约50%。人工智能产业链包括三层:基础层、技术层和应用层。其中,基础层是人工智能产业的基础,为人工智能提供数据及算力支持;技术层是人工智能产业的核心;应用层是人工智能产业的延伸,面向特定应用场景需求而形成软硬件产品或解决方案。从产业链角度观察,基础层、应用层——目前摩尔定律助力,服务器强大的计算能力尤其是并行计算单元的引入使人工智能训练效果显著提速,除原有CPU外,GPU、FPGA、ASIC(包括TPU、NPU等AI专属架构芯片)各种硬件被用于算法加速,提速人工智能在云端服务器和终端产品中的应用和发展;技术层——已有数学模型被重新发掘,新兴合适算法被发明,重要成果包括图模型、图优化、神经网络、深度学习、增强学习等。故从技术的研发速度判断,目前国内人工智能行业处于爆发期。

(7)工业互联网。工业互联网是智能制造发展的基础,可以提供共性的基础设施和能力;我国已经将工业互联网作为重要基础设施,为工业智能化提供支撑。2012年,"工业互联网"被提出,2017年年底,国家出台工业互联网顶层规划,2019年,"工业互联网"被写入《政府工作报告》,工业互联网逐渐进入实质性落地阶段。工业互联网:到2025年,工业互联网产值将达到3710亿元,占世界GDP的0.34%。在工业互联网上的应用是吸引各国在5G技术角逐的动力,工业互联网所体现的价值将逐步提升,自动化工厂、智慧工厂等一系列的应用将成为未来工业领域发展的趋势之一。工业互联网具有很长的产业链,且工业互联网的产业链协同性很强,上游通过智能设备实现工业大数据的收集,在通过中游工业互联网平台进行数据处理,才能在下游企业中进行应用。任何一个环节缺失都会导致产业链的效用丧失。工业互联网产业链上游主要是硬件设备,提供平台所需的智能硬件设备和软件,主要有传感器、控制器;工业级芯片;智能机床;工业机器人等。行业中游为互联网平台,从架构上可以分为边缘层、平台层和应用层。边缘层是工业互联网应用的基础,主要负责工业大数据的采集;平台层主要解决的是数据存储和云计算,涉及到的设备如服务器、存储器等。应用层主要是各种场景应用型方案,如工业 App 等。下游应用场景是工业互联网典型应用场景的工业企业,如高耗能设备、通用动力设备、新能源设备、高价值设备和仪器仪表专用设备等。

10.6 新基建怎么推进

梳理政策可以发现,党中央于 2018 年就提出加快新型基础设施,证明这一想法早已在最高领导层的视野之中。

经过连续多年大规模投资,传统基建领域的存量基数很高,但能效减弱,以数字型基础设施为代表的新基建却处在起步阶段,拥有广阔发展空间。

美国哈佛商学院教授迈克尔·波特在《国家竞争优势》一书中也提到,每一个国家的发展将经历生产要素驱动、投资驱动、创新驱动和财富驱动四个发展阶段,不同发展阶段形成不同的竞争优势。兴业证券在整理中国经济发展相关数据后指出,1981—2017 年间,我国主要是由地产、传统基建为代表的投资驱动发展;近年来 GDP 增速呈下行趋势,呈现出明显的 L 型。在经济增速趋缓的背景下,我国经济发展必将踏上由投资驱动转向创新驱动的转型之路。大创新时代必须有新的、成熟的基础设施,去支撑传统产业的改造升级和新兴产业的蓬勃发展。而围绕新型基础设施建设展开的创新,可以通过推动人力资本增长、提高企业生产效率、促进经济结构转型等途径,促进经济增长,推动我国迈入"大创新时代"。

那么,新基建应该怎么推?

加快新型基础设施建设,是促进当前经济增长、夯实长远发展基础的重要措施,其出发点和落脚点都在于推动我国经济转型升级、实现高质量发展。相关专家学者、一线人士认为,加快推进新基建要从以下四个方面入手:

(1)加快新基建需要新观念、新人才。王健认为,各级政府部门、各企业要从战略高度认识。新基建的必要性、紧迫性，新基建既是经济高质量发展的重要驱动力，也是激发全球竞争力的胜负手，因此必须着眼长远、谋长久功效，同时积极培养新基建相关人才，为"人才战"做好储备。

（2）要加快完善新基建规划，明确各类建设标准和规范问题。不同于传统基建，新型基础设施承载着海量数据，呈类型多样化、来源多元化特点，因此，数据交换、数据接口、开放模式、数据安全、网络安全、数据及产权归属等不同环节都亟须一个较为明确、统一的标准和规范来作指导。包括何训在内的多位专业人士呼吁，必须围绕解决数据融合、数据共享、数据安全等重点问题，强化标准体系建设和发展路线研究，用标准的规范引领作用，保障新基建不走歪路。

（3）在发挥好"国家队"作用的同时，要注意引入社会生力军，形成多元化的投融资体系。虽然新型基础设施与传统基础设施同样具备较强的公共产品特性，但其建设和发展的核心在于技术创新。相比政府部门和国企，很多民营企业已经探索出了不错的解决方案。因此，有必要在扩大新基建过程中，激发民间投资参与的积极性，充分调动民营龙头企业的专业能力、创新能力和市场应变力，形成"共建、共商、共赢"的合作生态。同时，由于新基建既包含硬件设备也包含软件服务，既聚焦科技创新也带动其他产业，因此在顶层设计上，宜高度重视 5G、云计算、人工智能、工业互联网等新技术软硬件环境的建设，制定适应新基建相关能耗、环保等审批和监督政策，并酌情在电力、土地、税收等政策层面给予相应支持和激励。

10.7 新基建改变现在和未来

近年来，以 5G 网络、数据中心、人工智能、物联网建设等为代表的"新基建"正改变着社会治理、生产制造、民众生活等各个方面。

10.7.1 新基建创新社会治理

当前，物联网、人工智能、大数据等新型基础设施正加速应用到社会治理

新基建的未来展望

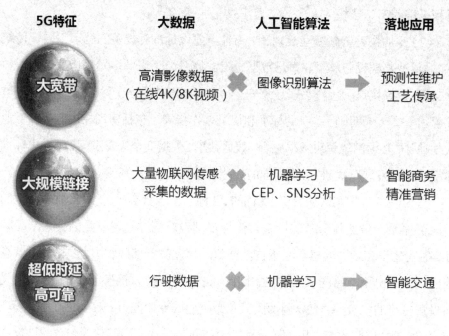

5G特征	大数据	人工智能算法	落地应用
大宽带	高清影像数据 （在线4K/8K视频）	图像识别算法	预测性维护 工艺传承
大规模链接	大量物联网传感 采集的数据	机器学习 CEP、SNS分析	智能商务 精准营销
超低时延 高可靠	行驶数据	机器学习	智能交通

10-2：新基建的未来展望

中,帮助各地解决政务、交通、应急等领域的难题。

"新基建"让社会治理更精细。例如,93 岁的张潮住在石板巷 167 号某单元 208 室。安装有门磁报警设备。2020 年 2 月 28 日下午,浙江省杭州市下城区潮鸣街道"城市大脑"管理员注意到,系统显示老人已经 24 小时没开过门了,管理员立即将此事告知社区网格员。网格员马上联系老人,确定老人安全后才放心。潮鸣街道的"城市大脑"可以通过门磁报警器收集 150 名独居老人的开关门情况。一旦有突发情况,社区工作人员可以快速作出响应。再如,上海市闵行区 2019 年度平安建设大数据得出一条结论:"全天第一波警情高峰出现在早上 8 点;上午 10 点,纠纷类警情进入高位区;下午 3 点,诈骗类警情达到峰值;晚上 10 点,人身侵害类警情增加最显著……"通过这些信息,让社会治理变得更精细。中国信息通信研究院产业与规划研究所所长徐志发认为,有了大数据等新技术手段,社会治理开始向精准预测、智能决策的精准治理方向迈进。

"新基建"让社会治理更高效。例如,"身穿黑色外套、黑色裤子,长发……"以前,通过这些特征寻找失踪人员可谓大海捞针。如今,在重庆市合川区社会治理大数据中心,将"黑色外套"、"黑色裤子"这些模糊的人物特征输入系统后,只需几秒钟,24小时内辖区监控摄像头拍摄到的、符合查询条件的几万张照片就跳了出来。再经过时间、地点等分析,就可以初步锁定失踪人员。再如,2020年3月10日,北京市海淀区"城市大脑样板间"建成开放,集中展示了海淀区智能城市管理场景。为防治污染,海淀区引入卫星遥感技术,每月采集城市地貌数据。通过比对这些数据,可以及时发现违规施工等问题。还有,福建省福州市乌龙江湿地公园使用 AR(增强现实技术)进行河道巡检。工作人员戴上 AR 设备,眼前可直观看到河道相关信息,仿佛装上了一双"透视眼",在地面就能完成实时数据采集与常规巡检,还可根据异常提示快速定位问题,确定解决方案。

"新基建"让群众办事"零跑腿"。例如,四川省成都市的张女士很爱读书。以前,为了找一本书,她常常要跑好几家图书馆。现在,只要点开"天府市民云"App,进入"图书馆"页面,就能查询到成都图书馆、青羊图书馆等10家图书馆的书目检索、借阅情况等信息。当前,全国各地纷纷打造线上便民应用。北京市推出"北京通"App,集合了结婚证、驾驶证等55类证照的办理事项;广东省上线"粤省事"微信小程序,实现在线查社保、查公积金、查机动车违章罚款等,目前实名注册用户已超过2500万。

"新基建"让城市更安全。新冠疫情防控期间,"新基建"的作用凸显。实时监测辖区重点场所,实时掌握居民出入动态。山东省济南市历城区郭店街道综合治理服务中心能够指挥调度16个下辖村居网格、63个疫情防控工作点开展智慧防疫。借助大数据、物联网等多项技术,郭店街道实现了对疫情的高效防控。居民线上填写信息后,生成线上智慧通行证,这样工作人员就无须上门收集居民信息,实现了"无接触"社区服务。重点管控人员一旦外出,系统会立刻向值守人员报警,解决了开放式小区的管理难题。不止济南市,河南省郑州市部分社区安装智能人脸识别系统,居民可以通过"刷脸"快速进入社区;辽宁省营口市通过大数据分析,实现全市疫情一张图,提高了疫情防控应急指挥效率。疫情防控期间还出现了一项重要数字技术创新——"健康码"。"健康码"用于对人员进行精细化管理，目前已从局部试验发展到了全国推广。上海市科学学研究所所长石谦研究员表示，抗击新冠肺炎疫情是对国家治理体系和治理能力的一次大考。其中一个重要考点是如何更好地适应并运用大数据、人工智能技术提升治理能力。各部门依托信息技术创新治理模式、优化治理流程，同时促进了通信、交通、公安等多系统数据对接，为提升治理能力积累了经验。

10.7.2 新基建加速智能生产

国务院指出，"大力发展先进制造业，出台信息网络等新型基础设施投资支持政策，推进智能、绿色制造。"当前，"新基建"正为生产制造注入新动力。

"新基建"催生了一批智能工厂。40台智能小车接管了6000平方米的工厂。这样的场景出现在重庆市长安民生物流公司的"智能仓"中。在这个拥有1469个存储库位的汽车物流厂房中，工作的主力军是40台灵活的自动引导搬运车——AGV小车。当零部件有出库需求时，系统发布指令给AGV小车，小车就会将零部件搬运至发货通道。工人只需要进行贴标签、发货等操作，仓内搬运工作均由AGV小车完成。"智能仓"只需几名工人值守，每小时可以实现800箱汽车零部件出入库，每年为企业节省约200万元成本。尤其是疫情防控期间，"智能仓"可以有效弥补用工缺口，让企业尽早复工复产。2020年3月20日，工业和信息化部办公厅发布的《关于推动工业互联网加快发展的通知》指出，引导平台增强5G、人工智能、区块链、增强现实、虚拟现实等新技术支撑能力，强化设计、生产、运维、管理等全流程数字化功能集成。

农业生产同样智能。如今，"云养牛"成为一种趋势。将奶牛全部连接上物联网，只需一部手机和一套软件就可以管理牧场了。这是蒙牛集团和阿里云联合打造的"数字奶源智慧牧场管理平台"。在部分农场，奶牛还配有计步器，根据奶牛每天的步数，系统可以判断出它们的健康状况。蒙牛集团首席信息官张决向本报表示，"有了智慧平台，800多个牧场的100万头奶牛就有了'云管家'、'云医生'。"再如，正值春耕时节，受到疫情影响，技术员无法及时回到农业园，但他可以通过手机对大棚进行实时监控并指导生产。这得益于农业智慧园引进的智能感应器、自动喷淋系统等一系列物联网设备。2020年2月5日对外公布的《中共中央国务院关于抓好"三农"领域重点工作确保如期实现全面小康的意见》指出,依托现有资源建设农业农村大数据中心,加快物联网、大数据、区块链、人工智能、第五代移动通信网络、智慧气象等现代信息技术在农业领域的应用。

"新基建"让生产决策更加智能。随着物联网、5G 网络和工业互联网的普及,生产过程中越来越多的数据将得到有效收集和保存。经过深度分析,这些数据将为生产决策提供重要依据。"有 97.8% 的用户每次用水时长不超过 5 分钟,71.1% 的用户用水时长在 1 分钟内。在加热方式上,日加热时间不超过 60 分钟的占比约 38%,60—120 分钟的占比约 28%……"这是海尔集团利用"海尔 U+"大数据对电热水器用户进行的精准画像。有了这样的大数据分析,海尔在产品研发时可以在保障用户洗浴舒适的前提下,提出更具有针对性的节水节电方案。大数据有效解决了企业在创新决策时遇到的信息不完整和分析不合理问题,能很好地帮助企业正确把握决策方向,实现可持续发展。

10.7.3 新基建方便民众生活

"新基建"带来许多新的应用场景,极大方便了民众教育、医疗、出行等生活的方方面面。例如,新冠疫情防控期间,"5G+教育"火了起来。2020 年 2 月 28 日下午,上海市洋泾菊园实验学校的 2000 多名学生在"上海热线"网上一起观看了 5G 直播的"体育大课",并跟着老师做中小学生武术操。此次"体育大课"由 16 台 4K 摄像机共同完成拍摄。技术人员实时采集每个摄像头的音、视频数据并进行拼接。16 台摄像机拍摄的数据容量较大,而 5G 网络刚好可以满足带宽需求,让直播流畅进行。学生们可以通过滑动屏幕切换不同摄像头,多角度观察老师的示范动作。

"新基建"让医疗资源分配突破空间限制。"患者的病情复杂,存在代谢的问题、心动过缓的问题……"2020 年 2 月 27 日,在武汉雷神山医院远程会诊中心,北京、上海、广州 3 地医疗专家通过"5G 远程 CT"进行在线诊疗。5G 网络可以实时同步传输大量医疗影像,3 地专家能够清楚看到患者 CT、核磁等数据。5G 网络具有高速率、广连接、低时延的特点。相关研究显示,5G 网络下远程操控的延迟时间仅在20—30毫秒之间，而人每眨一次眼需要300毫秒。也就是说，医生看到的5G传输画面已接近实时画面。全球移动通信系统协会大中华区总裁斯寒近日表示，中国的运营商和企业在5G发展过程中逐渐取得了领先地位。中国消费者对5G表现出更大的热情，更愿意接受创新服务和新终端。得益于与运营商早期合作试点的成果，中国工业制造、港口物流、交通出行、医疗和教育等领域的企业也更愿意拥抱5G。

"新基建"让居家生活更智能。"叮咚。""请问要去几楼？""6楼。""请稍后。"这是乘梯人和电梯智能系统之间的对话。疫情防控期间，四川省绵阳市一家电梯公司研发出一款"智能防疫电梯"。乘坐电梯时无须碰触电梯按钮，通过语音或手机扫码就可以操作电梯。老旧电梯只需加装智能模块，就能升级为"智能防疫电梯"。如今，人工智能、物联网和5G网络让智能家居走入千家万户。"智能魔镜"可以根据天气情况和用户穿搭习惯为其提供穿着建议；"智能照明"可以感应室外光线，自动调整灯光明暗，更加节能实用；"智能扫地机器人"可以通过住户远程操控，按指定路线进行清扫。

"新基建"将许多娱乐活动搬上云端。粉色的樱花次第开放，在微风中摇曳……这样的画面出现在5G直播活动中。受疫情影响，人们无法到武汉大学观赏樱花，但是可以线上"云赏樱"。2020年3月12日，中国移动正式上线了"樱花树下·爱和希望"大型直播活动，通过5G+VR（虚拟现实技术）的方式带领游客"云旅游"。疫情防控期间，"云旅游"大受欢迎。大唐移动5G产品线副总裁李文表示，"与传统直播相比，5G+VR直播的形式具备全景、3D以及交互3个特点。5G带来的超低延迟满足了设备全景视频的分辨率和码率，给用户带来更好的观看体验。"中国政策科学研究会经济政策委员会副主任徐洪才认为，"新基建"涉及新的产业链重构，其上游是基站、天线、传感器、存储器、光纤光缆等，下游是智能手机、智能汽车、智能家居、智能机床等终端硬件以及软件开发服务，呈现出资金密集型和技术密集型特点。可以说，每一细分领域都有巨大发展空间。

10.8 新基建必须构建防护体系

随着一系列新基建政策落地,5G、数据中心、工业互联网等新型基础设施建设加快推进,各行各业都在加快数字化转型步伐。万物互联、人机交互、天地一体……网络空间与物理空间进一步联通融合。这也意味着,对网络的攻击可能直接渗入物理世界,影响人们的生活、社会稳定和国家安全。例如,2019 年,国际上出现多起针对关键基础设施的攻击:挪威 Norsk Hydro 的全球 IT 网络遭勒索软件恶意攻击,自动化生产线无奈关闭;伊朗石油、金融乃至军事导弹发射控制系统遭不明来源网络攻击,多次陷入瘫痪状态;委内瑞拉水电站遭网络攻击,多地水电网崩溃。

10-3:新基建要注重信息安全

在新冠肺炎疫情之下,新一代信息技术与各行各业进一步融合,也暴露出更多薄弱环节。今年以来,来自境外具有强烈政治、经济意图的网络攻击频率显著增加,网络成为疫情下"第二战场",目前我国已经成为该类攻击的主要受害者。多个网络安全企业监测发现,自疫情发生以来,有境外国家级黑客组织对我国发起持续攻击。比如某组织针对政府机构、军工业、电力、核工业等目标投放含有木马的文件,对相关目标主机进行远程控制,劫持虚拟专用网络(VPN)服务器漏洞,向驻外机构、政府机构发动定向攻击、探查信息等。

数字和信息技术的智能、多元、复杂化发展,让网络攻击技术不断进化。网络攻击行为往往是多种复杂技术的结合,且能够自我复制、迅速蔓延,因此,新基建的安全防护手段亟待升级。

新技术新应用带来新挑战。新一代信息技术、新材料技术、新能源技术等的革命性变革,是新基建的技术源泉,新技术和新应用将带来新的安全挑战。包括:(1)供应链安全风险加剧。新基建内容丰富,从大数据、物联网到5G,几乎每一项内容都离不开集成电路和人工智能。可以这么说,集成电路是新基建的必要条件,人工智能是充分条件。(2)新技术产生新威胁。就人工智能来说,在当前广泛的应用建设过程中,除了人工智能基础的软硬件和设施的安全之外,还面临自身特有的一些算法安全问题。(3)数据安全面临挑战。根据前瞻产业研究院发布的数据,2019年中国数据中心IT投资规模达3698.1亿元,预计2020年这一规模将增长12.7%。各类数据中心承载的国家、社会和个人的海量数据,将面临严峻的安全问题。一方面针对数据中心的高级别网络安全威胁可能导致大规模数据泄露事件,另一方面数据拥有者可能因担忧数据安全和隐私泄露,而不愿共享数据,从而阻碍数据流动和协同。

伴随着新基建的推进,必须构建数字时代防护体系。为确保新基建安全平稳可靠运行,需要从规划设计、基础建设、大数据安全和实战检验等方面推进网络安全防护体系建设。新基建网络安全防护需要具备整体思维,开展体系化的顶层设计。需要全面考虑安全防护体系的检测、响应、防御等威胁应对环节需求,覆盖终端、网络、服务器等,贯通安全防护、安全运营、应急响应和安全培训等业务体系。

数字时代的安全防护体系应该怎么做?专家教授们已有研究。中国网络安全审查技术与认证中心首席专家李京春认为，新基建在网络安全方面要做到"内外保管治"。"'内'指内生安全，系统、平台、产品要有更多的自限性安全机制；'外'指威胁情报共享、联防联动，加强不同层级层面保障；'保'指保障信息化建设和网络安全建设同步规划、建设、运行；'管'指管好系统运行的连续性、核心人员、数据、应急；'治'指针对网络安全乱象进行治理，打击网络犯罪，加强网上监督。中科院科技战略咨询研究院院长潘教峰认为，新基建具有技术密集的特征，必须建立在安全可控的技术体系基础上。安全可控不仅要在关键核心技术上自主可控，还要通过科技创新掌握颠覆性、引领性的先进技术。

参考文献

[1] 王晓栋,崔伟宏.数字地球的时空维实现.地理科学进展.1999年6月第18卷第2期.

[2] 孙枢,史培军.数字地球及其在全球变化研究中的应用前景.第四纪研究.2000年5月第3期.

[3] 朱庆.《数码城市地理信息系统》.武汉大学出版社.2004.

[4] 王晶."数字中国"助推国家治理现代化.学习时报.2019-11-22.

[5]《数字政府意义》.中国经济网2014-04-01.

[6] 黄永富.《"数字中国"将引领亚洲数字化进程》.中国政府网2018-04-28.

[7] 陈秋喜.《2018年电子政务数字政府行业分析报告》.百度文库.

[8] 薛大龙.信息系统项目管理师考试32小时通关.中国水利水电出版社.2018.

[9] 徐晓琳.中国公共管理研究精粹.武汉出版社.2003.

[10] 中山大学(课件).电子政务.

[11] 姜德峰.国脉电子政务网.2018-01-04.

[12] 郑爱军.数字政府的内涵、特征与实施路线图.搜狐.2018-12-04.

[13] 王少泉.天中学刊.2018-09-13.

[14] 基于Web面向知识管理的企事业OA系统设计与开发研究.中国知网.2016-08-08.

[15] 陆峰.加快数字政府建设的七大思维.学习时报.2019-1-18.

[16] 马长俊.把握数字政府建设的理念变革.学习时报.2018-08-27.

[17] 赵涛 马长俊 . 数字政府建设的几个原则 . 学习时报 .2019-06-03.

[18] 陆峰 . 加快数字政府建设的七大要点 . 光明日报 .2018-04-26.

[19] 第二届数字中国峰会闭幕 五大趋势勾勒数字建设未来 . 中国日报网 .2019-05-15.

[20] 黄其松 . 充分发挥数字政府作用 着力提升治理现代化水平 . 光明日报 .2020-04-13.

[21] 数据观 . 搜狐 .2018-01-17.

[22] 网信河北 .2019-05-29.

[23] 和讯名家 .2017-09-11.

[24] BCG 波士顿咨询 . 微信公众号 .2019-4-1.

[25] 深圳新闻网 .2017-11-24.

[26] 搜狐 .2017-11-30.

[27] 党芬,王敏芳 . 我国信息化人才培养的问题与对策 . 南京理工大学 . 现代情报 .2005 年 11 期 .

[28] CTI 论坛 .2018-09-11 .

[29] 机器学习的种类 . 译言网 .2013-02-28.

[30] 新浪科技 .2003-05-02.

[31] 陈纪英 . 云计算的支点效应:阿里撬动数字政府 2.0 大时代 . 和讯名家 .2019-08-17.

[32] 王莉莉 .5G+ 数字政府为城市赋能 . 中国对外贸易杂志 .2019-08.

[33] 用大数据推动数字政府发展 . 中国电子政务网 .2019-09-03.

[34] 华宇智能 . 物联网如何推动数字化转型 . 电子说 .2020-09-29.

[35] 商永超 . 浅谈人工智能在构建"数字政府"中的运用 . 扩黑科技 .2020-4-24

[36] 粤府〔2018〕105 号 . 广东省"数字政府"建设总体规划(2018-2020 年).

[37] 浙政办发 [2018]70 号 . 浙江省数字化转型标准化建设方案(2018—2020 年).

[38] 向颖羿 . 数字政府的"贵州经验". 贵州日报 .2019-12-30.

[39] 中安 IT.2004-01-19.

[40] 球球时报.2004-11-10.

[41] 李万祥.在线政务服务重在办成事办好事.经济日报.2019-05-13.

[42] 刘恒.政府信息公开制度.中国社会科学出版社,2004 年.

[43] 苏彦.互动是政府网站的生命之源.青岛文明网.2014-12-03.

[44] 马新超.以互动增强网站"政"能量.四川日报.2016-01-30.

[45] 2019 年"政务新媒体"20 个典型案例.澎湃新闻.2020-01-02.

[46] 金婷.第一论文网.2018-11-27.

[47] 人民日报海外版.2019-03-22.

[48] 半月谈.2019-04-22.

[49] 邓海建.政务新媒体"好用"应优先于"好看".济南日报.2019-05-08.

[50] 徐冰倩.让政务新媒体有温度有速度有态度.文玩收藏家.2020-06-14.

[51] 刘淑春.中国行政管理.2014 年第 1 期.

[52] 创新 2.0 视野下的政府创新.百度文库.2013-07-16.

[53] TOP 办公研究院.全球 12 个智慧城市案例.2018-01-22.

[54] 佚名.没有可靠高效的数据中心别谈云计算大数据.搜狐.2016-09-23.

[55] 北京电子学会.2020 年中国新基建七大产业链发展全景图.澎湃新闻.2020-06-26.

[56] 李瑶.新基建是什么？新华网.2020-04-26.

[57] 潘旭涛 谭翊晨."新基建"将改变什么.新华网.2020-03-25.

[58] 朱涵.新基建时代的大安全挑战.新华社客户端.2020-10-19.

致谢

十年磨一剑,苦乐我自知。

十年来,在研究和写作过程中,获得了新的知识,有了新的开悟,也有过诸多次惶恐和豁然开朗的惊喜,得到过诸多的帮助,收获过诸多的感动。

本论著是在诸多专家学者的帮助指导下完成的。他们渊博的专业知识、严谨的治学态度、精益求精的工作作风、诲人不倦的高尚品德,以及严于律己、宽以待人的崇高风范,朴实无华、平易近人的人格魅力,都对我影响深远。不仅促使我树立了远大的研究目标、掌握了更多的研究方法,还使我明白了许多为人处事的道理。这套论著从选题到提纲,从润色到校对,从起草到完成,都倾注了大家的心血。在此,谨向所有提供帮助的专家学者们表示崇高的敬意和衷心的感谢!

在调研过程中,还要感谢广东省政府、浙江省政府、贵州省政府、佛山市政府、宜昌市政府、襄阳市政府,清华大学、信息产业研究院、国脉公司、中国网联,在研究中给予的大力支持。同时更要感谢参考文献中的那些专家学者和媒体,他们为我们的研究提供了丰富而翔实的基础材料。

路漫漫其修远兮,吾将上下而求索。在未来的日子里,我会更加努力地向着已经确定的研究方向不断进取,不辜负各界朋友对我的殷殷期望!以实际行动报答他们的深恩厚谊。

"生命不息,奋斗不止。"这是我的座右铭。就用这话作为论著的结尾,告诫自己心怀梦想,永不放弃,心之所向,无问西东。

由于时间关系及本人水平有限,论著中难免存在诸多不足之处,敬请各位专家学者批评指正。

严谨

2020 年 10 月 1 日于佛山

① 数据赋能与精准营销

②

③

↑ 创新性专著3册 ↑

《趣论人工智能》

《趣论物联网应用》

《趣论大数据分析》

↑ 技术性专著3册 ↑

《智慧社会》

《数字经济》

《数字政府》

↑ 知识性专著3册 ↑

严谨的网络科技系列专著示意图